HEYNE
BÜCHER
SACHBUCH

W0198261

Sigrid-Maria Größing

Schatten über Habsburg

Schicksalsstunden im Kaiserhaus

WILHELM HEYNE VERLAG
MÜNCHEN

HEYNE SACHBUCH
19/433

2. Auflage

Ungekürzte Taschenbuchausgabe
Wilhelm Heyne Verlag GmbH & Co. KG, München
Copyright © 1991 by Verlag Kremayr & Scheriau, Wien
Printed in Germany 1997
Umschlagillustration: Archiv für Kunst und Geschichte, Berlin
Umschlaggestaltung: Atelier Ingrid Schütz unter Verwendung
des Gemäldes HOFBALL IN DER WIENER HOFBURG
von Wilhelm Gause, 1900
Druck und Verarbeitung: Ebner Ulm

ISBN 3-453-09717-3

Meinen Kindern Nikolaus und Gudrun gewidmet

Inhalt

Vorwort

Welches Glück es bedeutet, Mensch sein zu dürfen, kann nur der ermessen, dem es vergönnt ist, nach dem eigenen Wollen und den eigenen Vorstellungen leben und handeln zu können. Für die Dynastien Europas aber hat es zu allen Zeiten Regeln, Vorschriften und Gesetze gegeben, die es den scheinbar Priviligierten fast unmöglich machten, ein zufriedenes und erfülltes Leben zu führen, das ihren wahren Neigungen und Begabungen entsprochen hätte. Und die stimmten selten mit ihrer Bestimmung überein. Nur wenige waren bloß aufgrund des angeborenen Vorrechts geeignet, die Geschicke eines Landes zum Wohle aller zu lenken. Das mußte nicht immer Unfähigkeit bedeuten: das Gesetz der Primogenitur, das dem Erstgeborenen die Nachfolge zusicherte, brachte auch Menschen auf den Thron, die ein stilles Gelehrtendasein, das Leben eines Forschers oder Künstlers oder auch nur ein ganz normales Familienleben mit Frau und Kindern der Macht vorgezogen hätten. Friedrich III. oder Rudolf II. etwa waren Habsburger Kaiser, die an ihrer Aufgabe litten und sich ins Nicht-Handeln zurückzogen, um der ungeliebten Politik und den Wirren der Zeit zu entgehen. Aber es gab auch den umgekehrten Fall: Mitglieder des Erzhauses, denen die bloßen Repräsentationspflichten zu wenig waren, die ein aktives Leben suchten, denen man aber jede politische Tätigkeit verwehrte, worauf sie sich in Rebellion oder sinnlose

Abenteuer flüchteten – und daran zerbrachen. Johann Salvator, der junge Erzherzog aus der Toskana-Linie, der als Johann Orth eine bürgerliche Existenz aufzubauen versuchte, oder Erzherzog Ferdinand Max, der Bruder Kaiser Franz Josephs, der als Kaiser Maximilian von Mexiko ein traurig-unrühmliches Ende fand, sind nur zwei Beispiele dafür.

Aber auch private Tragödien warfen immer wieder ihre Schatten über das Haus Habsburg und beeinflußten manchmal sogar die Politik. Körperliche Leiden und früher Tod waren häufige Gäste auch bei den Reichen und Mächtigen; so verlor etwa der als düsterer Tyrann in die Geschichte eingegangene Philipp II. nicht nur in rascher Folge alle seine vier Frauen (drei davon im Kindbett), sondern auch mehrere Kinder. Immer wiederkehrende Krankheiten und primitive Behandlungsmethoden verurteilten manchen zu lebenslangem Siechtum und ließen etwa einen fähigen und begabten Herrscher wie Maximilian II. nie seine volle Schaffenskraft erlangen.

Und daß schließlich auch Heiraten aus Staatsräson eine verhängnisvolle Rolle spielen konnten, beweist die Geschichte der Kaisertochter Marie Louise, die aus Opportunitätsgründen mit dem Gewaltherrscher Napoleon vermählt wurde, und die ihres unglücklichen Sohnes, des jung verstorbenen Herzogs von Reichstadt.

»Schatten über Habsburg« beschäftigt sich nicht mit historischen Gesetzmäßigkeiten oder Zusammenhängen, sondern mit dem, was die fernen Gestalten auch für Heutige noch verständlich und zugänglich macht: mit dem Schicksal, das allen Menschen gemeinsam ist und sie über die Jahrhunderte hinweg mit uns verbindet.

Zum Kaiser nicht geboren

FRIEDRICH III.

Ein bildhübsches junges Mädchen war sie, die portugiesische Königstochter Eleonore, verwöhnt, bewundert und geliebt. Ein Mädchen, von dem die europäischen Prinzen nur träumen konnten, denn es brachte außer Schönheit auch noch Geld mit in die Ehe: Eleonores Elternhaus war der Palast König Eduards des Bekenners, eines der reichsten Herrscher von Europa.

Was mag wohl in der kapriziösen Prinzessin vor sich gegangen sein, als sie bei der Nachricht, der Habsburger König Friedrich habe um sie geworben, den folgenschweren Ausspruch tat: »Den will ich und sonst keinen!« Die junge Eleonore hatte damit ihr weiteres Schicksal festgelegt, wohl aus einer augenblicklichen Laune heraus, denn hätte sie gewußt, was eine Ehe mit dem eingefleischten Junggesellen bedeutete, hätte sie wohl nie und nimmer so entschieden.

Eleonore hatte zwar als kleines Kind politische Wirren und Intrigen miterlebt, dann aber unter der Obhut ihres Bruders ein Luxusleben ohne Sorgen und Nöte führen können. Ihr frühes Leben war von düsteren Schatten umwölkt gewesen: ihre Mutter hatte sich in Portugal nie wohl gefühlt und sich auch an ihren Mann nicht gewöhnen können. Nach Eduards überraschendem Tod im Kampf war sie eines Tages spurlos verschwunden. Zurück blieben minderjährige Kinder, die das Glück hatten, daß sich ihr Oheim gewissenhaft und liebevoll um sie kümmerte, nachdem er die Regierungsgeschäfte übernommen hatte. Und nun war die kleine Prinzessin am Hofe ihres Bruders Alphons umschwärmter Mittelpunkt; die Kavaliere machten ihr verliebte Augen, waren charmant und ritterlich und erwiesen ihr jede nur mögliche Aufmerksamkeit. Sie konnte haben, was ihr Herz begehrte, und zu allem Überfluß schien ihr das Schicksal noch eine besondere Gunst zu erweisen: der Mann, der eines Tages die Kaiserkrone tragen sollte, warb um ihre Hand. Mit ihm Kaiserin zu werden – welch verlockende Aussicht! Der Kaiser war der wichtigste Mann in Europa – was war dagegen die Krone Frankreichs? Denn auch der französische Dauphin hatte durch Boten seinen Wunsch übermitteln lassen, die Prinzessin zu ehelichen. Frankreich! Das Land besaß für Eleonore keinen Reiz, es war zu bekannt und zu nahe. Die Ferne lockte sie, in ihren Jungmädchenträumen erschien der fremde Mann in Österreich geheimnisvoll anziehend. Was konnte ihr der spätere französische König schon bieten? Luxus? Den war sie ohnehin gewöhnt, und daß man in Frankreich noch mehr Komfort haben könnte als am heimatlichen Hof, davon machte sie sich keine Vorstellung. Das Land am Atlantik war durch den Überseehandel reich geworden, und die Seefahrer hatten aus den fernen Ländern mitgebracht, was man nur erträumen konnte. Kostbare Teppiche aus dem Orient bedeckten die Marmorböden in den Palästen, Seidentapisserien zierten die Wände, wohlig konnte man sich in den weichen Kissen räkeln und köstliche Süßigkeiten genießen, wie sie dem gemeinen Volk noch lange verwehrt bleiben sollten. Auch in Frankreich sollte es dies alles geben, so war Eleonore berichtet worden, auch die französischen Adeligen wußten zu leben und sorgten durch Turniere und andere Lustbarkeiten für Abwechslung. Aber all das war der Prinzessin bekannt, das barg kein Geheimnis für sie: so wie sie ihr bisheriges Leben geführt hatte, so würde es auch sein, wenn sie dem Dauphin die Hand reichte.

Wie oft mag Eleonore in ihrem späteren Leben an der Seite eines langweiligen, eigenbrötlerischen Mannes ohne Humor und ohne Charme, als sie im düsteren, kalten Palast in Wiener Neustadt die Tage verrinnen sah, an die Entscheidung gedacht haben, die sie so leichtfertig als fünfzehnjähriges halbes Kind getroffen hatte! Oft mag sie ihre Worte unter bitteren Tränen bereut und sich nach dem fröhlichen, abwechslungsreichen französischen Hof gesehnt haben, wenn sie in einsamen Nächten wach lag und die Stunden zählte. Und dabei hatte sie selbst entschieden! Das konnten nicht viele heiratsfähige Königstöchter zu ihrer Zeit. Meist schlossen die Eltern die Eheverträge, und den Töchtern blieb nichts übrig, als sich wohl oder übel zu fügen, mochte der zugedachte Mann noch so alt und häßlich sein. Eleonore hatte selbst gewählt, und der Mann ihrer Wahl war wohl selbst erstaunt darüber, daß seine Werbung sofort ihre Zustimmung gefunden hatte.

Friedrich, zu Königsehren dadurch gekommen, daß sein Neffe, der junge Ladislaus Postumus, nach dem frühen Tod seines Vaters Albrecht V. noch nicht regierungsfähig war, war alles andere als ein attraktiver Mann, der ein junges Mädchen hätte betören können. Für seine Zeit ungewöhnlich groß, überragte er die meisten seiner Zeitgenossen um Haupteslänge und schritt wohl deshalb leicht vorgebeugt durchs Leben. Schon von weitem wirkte er mißmutig, ja griesgrämig. Für Freundschaften hatte der mißtrauische Mann wenig übrig, und für Liebschaften überhaupt nichts. Man wunderte sich schon am Hof über ihn, daß er sich so gar nicht für die charmanten Frauen erwärmen konnte, von denen so manche versuchte, sein Herz zu gewinnen. Aber keiner war es bisher gelungen, den eisernen Hagestolz aus der Reserve zu locken.

Im Gegenteil, er verurteilte das lockere Leben der jungen Adeligen, die vor ihrer offiziellen Verheiratung reichlich Erfahrung in den Betten willfähriger Damen sammelten und auch nach dem heiligen Sakrament ihr Treueversprechen nicht allzu ernst nahmen. Friedrich mißbilligte alle Annäherungen und wandte sich entsetzt ab, wenn eine Frau mehr von ihrem Körper zeigte, als die Schicklichkeit erlaubte. Schon als junger Mann galt Friedrich als ungewöhnlich prüde, und man munkelte, er wolle gar nicht wissen, was man mit einem jungen Mädchen alles machen konnte. Da war sein Bruder Albrecht aus anderem Holz geschnitzt, der war ein Kerl aus Fleisch und Blut, der die Frauen nahm, wo er konnte, der sich mit Essen vollstopfte und mit Wein vollaufen ließ, bis er umfiel, der das Geld mit vollen Händen unters Volk warf, um es sich dann mit brutalen Mitteln wieder zurückzuholen. Die Leute nahmen ihm sein ausschweifendes Leben nicht übel, im Gegenteil: Albrecht war immer greifbar, im Gegensatz zu seinem älteren Bruder, er mischte sich unters Volk, er war ein Herr zum Anfassen. Er hätte herrschen sollen, nicht der verschlossene Spintisierer Friedrich. So dachten nicht nur die Anhänger Albrechts, so empfand auch er selbst und unternahm alles, um seinem Bruder das Leben schwer zu machen und selbst an die Macht zu kommen.

Friedrich war kein Kämpfertyp. Ihn interessierte nicht, was die Leute über ihn flüsterten; er vergrub sich in seine alchimistischen Versuche, ließ sich die Sterne deuten und war überzeugt, selbst einmal Gold machen zu können. Auf diese Weise konnte er natürlich keine Frau finden, und allmählich regte sich der Verdacht, der König würde überhaupt nie heiraten. Daß dies aber im Interesse der Dynastie ausgeschlossen war, das wußte auch Friedrich und ließ sich nach langen Überlegungen doch dazu überreden, auf Brautschau zu gehen. Es war vor allem der Herzog von Tirol, Siegmund (der Münzreiche), der Friedrich von den positiven Seiten einer Ehe zu überzeugen versuchte. Der Tiroler hatte beste Beziehungen zum burgundischen Hof, und Herzog Philipp III. von Burgund wiederum war mit dem portugiesischen Königshaus verwandt. Was lag also näher, als Fäden in diese Richtung zu spannen, noch dazu, wo man wußte, daß in Portugal Geld in Hülle und Fülle vorhanden war. Geld, das konnte den König locken, kämpfte er doch, solange er denken konnte, gegen ein Heer von Schuldnern.

Natürlich wußten sowohl der Herzog von Tirol als auch der Herzog von Burgund, daß sie den Habsburger in eine gewisse Abhängigkeit bringen konnten, sollte diese Heirat zustande kommen. Sie waren schließlich keine bloßen Wohltäter. Eines Tages würde Friedrich Kaiser werden; dann würde er sich erkenntlich zeigen müssen.

Friedrich war mittlerweile 32 Jahre alt geworden, hager, mit fahlem, dünnem Haar, das schlaff herunterhing und wahrscheinlich auch in seiner Jugend nicht üppiger gewesen war. Man sah ihm den Asketen an, das schmale Gesicht zeigte einen leidenden Ausdruck, von Lebhaftigkeit und Weltaufgeschlossenheit war nichts zu bemerken. Im Gegensatz zu vielen seiner Zeitgenossen war er schlank, verabscheute üppiges Essen, Völlerei war ihm in tiefster Seele zuwider, und an den Freß- und Saufgelagen, wie sie so üblich waren, nahm er nicht teil. Sicher war er selbst überrascht, daß sich die hübsche Prinzessin so rasch für ihn entschieden hatte – wahrscheinlich hatte er in seiner mißtrauischen Art schon mit einem Korb gerechnet. Die Sache schien verdächtig; gab es vielleicht eine Fußschlinge, in der er gefangen werden sollte? Friedrich wollte keineswegs die Katze im Sack kaufen. Er hielt zwar ein Medaillon mit dem Bildnis Eleonores in Händen, aus dem ihm ein reizendes junges Mädchengesicht entgegenlachte, aber Leinwand war geduldig, wer garantierte ihm schon, daß die Prinzessin nicht verwachsen oder gar verkrüppelt war? Zwar hatte ihm ihr Onkel Pedro, den er in Wien persönlich kennengelernt hatte, das Gegenteil versichert, aber konnte man ihm trauen, wenn es darum ging, eine Nichte an den zukünftigen Kaiser des Heiligen Römischen Reiches zu verheiraten?

Friedrich, der auf Nummer sicher gehen wollte, beauftragte zwei vertrauenswürdige Geistliche mit einer delikaten Mission: Sie sollten sich auf den weiten Weg durch das unsichere Europa machen, um die Braut in Augenschein zu nehmen und dann zu berichten, wie Eleonore wirklich beschaffen war. Der knauserige König gab den Boten allerdings so wenig Geld mit, daß die beiden ganz und gar nicht wie königliche Brautwerber auftreten konnten. Schmutzig und zerlumpt zogen sie ihres Weges, wurden zu allem Überfluß von Strauchdieben überfallen, die nicht wissen konnten, daß bei den beiden wirklich nichts zu holen war, und kamen endlich nach Portugal, wo man sie als verdächtiges Gesindel aufgriff und ins Gefängnis warf. Nur unter größten Mühen gelang es, dem portugiesischen König glaubhaft zu machen, daß diese abgerissenen Gestalten die Abgesandten des Habsburgers seien. Die beiden Geistlichen schworen alle Eide des Himmels, und schließlich erlaubte man dem einen, Jacob Mocz, den Ehevertrag »per procurationem«, als Stellvertreter Friedrichs, zu unterzeichnen.

Über die Prinzessin konnten die beiden nur Gutes berichten. Eleonore war ganz bezaubernd, mit makelloser Haut und glänzendem braunem Haar, allerdings ungewöhnlich klein und grazil, beinahe zerbrechlich, was fast als Fehler gelten konnte. Die Herrscher bevorzugten robuste Frauen, die jedes Jahr ein Kind zur Welt bringen konnten, ohne Schaden zu nehmen. Für den Fortbestand einer Dynastie war es wichtig, eine große Zahl von Erben zur Verfügung zu haben; der

Tod raffte viele Nachkommen schon im Kleinkindesalter hinweg.

Nach ihrer Rückkehr waren die beiden Boten voll des Lobes über die Schönheit und Anmut der jungen Prinzessin und versicherten Friedrich, daß er keine bessere Wahl treffen könne. Aber um ganz sicher zu sein, wollte er auch noch die Sterne befragen: Der Hofastrologe mußte ein genaues Horoskop erstellen. Was darin stand, erfüllte ihn mit Genugtuung: Eleonore war die richtige Frau für ihn.

Hektisches Leben erfüllte den Hof von Lissabon, als der Tag der Abreise festgesetzt war. Die Vorbereitungen für die große Reise wurden mit aller Sorgfalt getroffen, jedes Stück, das die Prinzessin in ihre neue Heimat mitnehmen sollte, wurde liebevoll ausgewählt, es sollte ihr an nichts mangeln. Ein Dutzend Schneider fertigte kostbare Kleider an, seidene Schuhe und Täschchen, alles passend, sollten die junge Frau schmücken. Auch Teppiche und weiche Kissen wurden auf die Schiffe verladen. Nach dem Auftreten der beiden bettelhaften Brautwerber war man wohl etwas unsicher, ob die Braut in Österreich nicht vieles entbehren würde.

Solange Eleonore noch zu Hause war, folgte ein Fest auf das andere. Die Heimat feierte sie zum letzten Mal, um zu zeigen, wie man sie liebte. Dichter verfaßten neue Theaterstücke, in denen Mohren und Drachen die Hauptrollen spielten, wilde Männer kämpften gegen übermächtige Stiere, allegorische Gestalten versinnbildlichten die Zukunft der Prinzessin, bunte Bilder stellten dar, welch hohe Ehre ihr beschieden sei, da sie den zukünftigen Kaiser zum Mann bekommen würde. Eleonore, auf dem Balkon des Palastes stehend, genoß den Jubel und die Hochrufe, die ihr galten. Aber nur zu bald hieß es Abschied nehmen von den Gespielinnen, vom Bruder, von der Heimat. Eine kleine Flotte war ausgerüstet worden, die nun abfahrbereit im Hafen lag. Sie sollte Eleonore nach Italien bringen, wo ihr zukünftiger Gemahl sie erwartete. Die Fahrt ging die Küsten von Portugal, Nordafrika und Spanien entlang, wobei man sich nicht zu weit aufs Meer hinauswagte: nicht nur die Stürme auf offener See waren gefährlich, es war auch ständig mit Überfällen der Seeräuber zu rechnen, die überall im Mittelmeer ihr Unwesen trieben.

Für die junge Frau wurde die Seereise zum Alptraum. Zwar war die Jahreszeit günstig, aber der Wettergott hatte alle Prophezeiungen Lügen gestraft und schwere Stürme geschickt. Wie Nußschalen schaukelten die Schiffe auf den meterhohen Wellen, wurden hin und her geworfen, bis die Segel in Fetzen von den Masten hingen, und Eleonore und ihre Gefährten mußten froh sein, nicht über Bord gespült zu werden. Kaum hatte sich der Wind gelegt, kaum glaubte die Besatzung wieder Mut fassen zu können, als am Horizont schwarze Schiffe auftauchten: Piraten! So gut es ging, wehrte man sich seiner Haut, versteckte die Prinzessin, damit ihr nicht ein Leid geschehe, konnte aber nicht verhindern, daß die Räuber sich der Schätze bemächtigten, die Eleonore ihrem Mann als Mitgift überreichen sollte. Als der Spuk vorüber war, dankten die Reisenden dem Himmel, daß man mit dem nackten Leben davongekommen war. Von der stolzen Flotte war kaum etwas übrig, es fehlte an allem, vor allem an Trinkwasser, denn die meisten Wasserfässer waren schon in den Stürmen über Bord gegangen. Wie sollte man in der glühenden Sonne den quälenden Durst löschen? Allein die Weinfässer waren heil geblieben, und wollte man nicht verdursten, mußten sie angezapft werden, ein harter Schlag für die Prinzessin, die, obwohl sie aus einem Weinland stammte, dieses Getränk verabscheute.

Die Unglücksfälle und Mißstände auf der langen Reise hielten die junge Frau so sehr in Atem, daß sie nicht dazu kam, ihr Vorhaben zu verwirklichen und die Sprache ihres

Bräutigams zu erlernen. Sie war fest entschlossen gewesen, Friedrich mit deutschen Worten zu begrüßen. Daß der Bräutigam sich die Mühe machte, seine kleine Braut auf portugiesisch willkommen zu heißen, ist eher unwahrscheinlich. So sollten sich zwei grundverschiedene Menschen verbinden, von denen eins nicht die Sprache des anderen verstand, die sich überhaupt nicht miteinander unterhalten konnten, wenn auch später Eleonore die deutsche Sprache erlernt haben soll, die sie freilich zeitlebens mit Akzent sprach.

Endlich landeten die Schiffe doch noch an der italienischen Küste, zwar nicht in dem vorgesehenen Hafen, aber dennoch in Livorno, unweit von Siena, wo der deutsche König unruhig auf seine Braut wartete. Die Tage vor der geplanten Hochzeit waren für Friedrich kein wahres Vergnügen. Die italienische Bevölkerung wollte nichts von ihm wissen und verschloß die Stadttore, weil man Schwierigkeiten mit den Begleittruppen des Habsburgers befürchtete. Es war immer riskant, fremdes Kriegsvolk, auch wenn es in friedlicher Absicht gekommen war, in die Stadt zu lassen, denn man wußte nie, wie es sich aufführen würde. Nur allzu schnell konnte aus einem kleinen Streit eine Welle der Gewalt hervorbrechen, die zu Brandschatzung und Plünderung führte. Die Soldaten vergaßen leicht, daß man eigentlich befreundet war, begannen zu rauben und zu morden und fielen über die Frauen her, und den Herrschern war es dann unmöglich, dem wilden Treiben Einhalt zu gebieten. Es dauerte lange, bis Friedrich die Stadtväter von Siena überzeugen konnte, daß er seine Braut nicht gut auf freiem Feld empfangen könne. Schließlich willigte man – aber nur der Braut zuliebe – ein, die Stadttore zu öffnen, bewachte aber den König und sein Gefolge mißtrauisch auf Schritt und Tritt, selbst als Eleonore schon eingetroffen war.

War man also dem Habsburger eher feindlich gesinnt, so

eroberte die kindliche Portugiesin die Herzen des Volkes im Sturm. Jubel klang auf, wo sie sich zeigte, ihre Schönheit und ihr Charme bezauberten alle. Hätte Friedrich nur einen Funken Glut in sich verspürt, er hätte sie vor allem Volk an sich gezogen und herzlich geküßt. Nicht nur Eleonore wäre glücklich gewesen, auch die Menschen hätte er für sich gewonnen. Aber er konnte nicht aus seiner Haut, er war viel zu verschlossen, um vor aller Augen menschliche Regungen zu zeigen. Es wird berichtet, er habe am ganzen Körper gezittert, als er Eleonore begrüßte. Er scheute wohl davor zurück, vor den Augen der Menge etwas von seiner Person preiszugeben, sein Privatleben wie in einem Theater zu demonstrieren. Viel lieber hätte er in aller Heimlichkeit geheiratet, wenn es schon unbedingt sein mußte. Aber eine solche Zurückhaltung entsprach nicht dem Stil der Zeit und den Anforderungen, die man an einen Herrscher stellte. Damals und auch noch lange Zeit danach galt das Privatleben des Herrschers als öffentlich, und in aller Öffentlichkeit wurden sogar Intimitäten ausgetauscht und auf das Schamgefühl vor allem der Frauen wenig Rücksicht genommen.

Nach dem ersten Treffen zog sich Friedrich, wann immer es möglich war, vor seiner Braut zurück, vermied es, mit ihr allein zu sein und haßte das Spektakel, das man um sie machte. Die Städte Italiens glaubten sich an Festen überbieten zu müssen, die alle der jungen Braut galten; sie hatte die Herzen erobert und fühlte sich unter den warmherzigen, ungestümen Italienern wie zu Hause. Alles erinnerte sie an ihre ferne Heimat, der Gesang, das Temperament der Leute, die glühenden Blicke der Männer und das köstliche Essen. An der Seite des wortlosen, mürrischen Friedrich genoß sie bei herrlichem Wetter all diese Vergnügungen und vermißte seine Unterhaltung gar nicht, hätten sie sich doch ohnehin nicht verstanden.

Die kirchliche Trauung sollte in Rom stattfinden, zusammen mit der Kaiserkrönung (Friedrich, als deutscher König der Vierte, war übrigens der einzige Habsburger und der letzte Kaiser, der nach alter Sitte in Rom vom Papst – es war Nikolaus V. – gekrönt wurde). Es war ein großer Tag für alle, die mit Friedrich nach Rom gekommen waren. Feierlich schritt der Papst die Stufen der Peterskirche hinunter, um den König zum Eintritt aufzufordern. Begleitet von den Würdenträgern des Reiches zogen Friedrich und der Papst langsam in den Dom ein. Laute Gesänge begleiteten ihren Weg, bis sich endlich Nikolaus auf seinem Thron vor dem Altar niederließ, umgeben von Kardinälen und Bischöfen. Eleonore und Friedrich hatten auf außerhalb des Altarraumes errichteten Tribünen Platz genommen. Beide sollten vor dem Mauritiusaltar vom Bischof von Ostia zwischen dem rechten Arm und dem Schulterblatt gesalbt werden, zuerst der König, dann seine Frau.

Nach der Salbung führte man das Paar vor den Petersaltar. Mönche zogen dem König ein weißes Kleid über und warteten, bis der Papst ihm ein Schwert übergab, das Friedrich dreimal aus der Scheide zog und schwenkte. Darauf nahm ihm der Papst die Waffe aus der Hand und gürtete sie ihm um, worauf er ihm Reichsapfel und Szepter reichte. Alle hielten den Atem an, als der Papst nun aus den Händen von Friedrichs Bruder Albrecht die Krone des Reiches nahm und sie dem König aufs Haupt setzte. Krone, Szepter und Reichsapfel hatte Friedrich eigens aus Nürnberg nach Rom bringen lassen und sich außerdem, mißtrauisch wie er war, noch extra eigene Insignien anfertigen lassen. Man wußte nie, was auf einem so langen und beschwerlichen Zug alles geschehen konnte.

Unmittelbar nach der Krönung des Kaisers schritt der Papst auf Eleonore zu und krönte auch sie. Die Zeitgenossen berichteten ausführlich über den zauberhaften Anblick, den die liebreizende Prinzessin geboten habe, als sie die Krone aufs Haupt gesetzt bekam. Friedrich und Eleonore knieten nun im Gebet vor dem Altar, während die Gläubigen ein Bitt- und zugleich Dankgebet gen Himmel richteten. Dann erhob sich das Kaiserpaar und küßte dem Papst Hände und Füße. Kirchliche Würdenträger geleiteten die beiden auf ihre Plätze zurück.

Nikolaus V. zelebrierte nun feierlich die Heilige Messe, wobei Friedrich ministrierte. Als der Segen über das Kaiserpaar und die Gläubigen erteilt worden war, verließen Friedrich und Eleonore getrennt den Petersdom. Die Kaiserin wurde in ihren Palast eskortiert, um sich von den Strapazen der Krönung auszuruhen, Friedrich hingegen trat seinen traditionellen Rundritt durch Rom an. Er hielt dem Papst ehrfurchtsvoll die Steigbügel und führte das Roß des Heiligen Vaters noch einige Schritte am Zügel; eine Szene, die den Zuschauern den Eindruck vermitteln mußte, die Macht des Papstes triumphiere über die weltliche, und der jahrhundertelange Streit um die Vorherrschaft sei endgültig entschieden.

Die Zeremonien waren damit noch lange nicht beendet. Papst und Kaiser ritten gemeinsam hinauf zur Engelsburg, der Kaiser mit der Krone auf dem Haupt, während das Volk in den Straßen jubelte. In der Engelsburg überreichte Nikolaus V. dem Kaiser die goldene Rose von Jericho, und Friedrich schlug dreihundert Adelige zu Rittern. Dann begab er sich auf den Weg zum Lateran, wobei es zu einer kritischen Situation kam: Zuschauer, die sich zu nahe an den Kaiser herandrängten, um ihn in seinem prächtigen, von Gold und Juwelen strotzenden Königsmantel besser zu sehen, ja vielleicht sogar berühren zu können, umringten sein Pferd. Friedrich fühlte sich bedroht, es kam zu einem Handgemenge zwischen seinem Gefolge und den Römern. Als die Situation gefährlich zu werden schien, gab Friedrich seinem Pferd die Sporen und sprengte durch die zurückweichende Menge davon.

So viel über die Kaiserkrönung berichtet wurde, so wenig ist über die Eheschließung bekannt, die ebenfalls in Rom stattfand. Friedrich berührte diese Feier wenig, er gab sein Jawort, und damit war für ihn der Fall erledigt. Wahrscheinlich fürchtete er sich sogar vor der Hochzeitsnacht, denn nur so ist zu erklären, daß das Ehepaar auch nach der Hochzeit noch in getrennten Palästen wohnte und nicht mehr Kontakt hatte als vorher. Friedrich ging Eleonore nach wie vor aus dem Weg, wo er nur konnte, und die junge Frau wird es wohl auch nicht besonders zu dem griesgrämigen Sonderling hingezogen haben.

Das Paar setzte seine Reise nach Neapel fort, wo ein Onkel Eleonores residierte. Das merkwürdige Verhalten Friedrichs seiner Frau gegenüber war nicht verborgen geblieben, und auch dem König von Neapel waren Gerüchte zu Ohren gekommen, der Kaiser habe die Ehe noch nicht einmal vollzogen. Kurz entschlossen nahm Alphons Friedrich ins Gebet, befragte ihn, wie es um die delikate Sache stehe und versuchte ihn zu überreden, sie wenigstens in Neapel hinter sich zu bringen. Aber der frischgebackene Kaiser hatte große innere Vorbehalte; er war von der Vorstellung beseelt, Eleonore unmöglich auf italienischem Boden zu seiner Frau machen zu können, da er befürchtete, hier einen »welschen Bastard« mit unbändigem Temperament zu zeugen. Der Himmel sollte ihn vor einem solchen Sohn bewahren! Aber Alphons gab nicht auf. Rauschende Feste und opulente Gastereien sollten den spröden Friedrich animieren, das Beilager mit seiner jungen Frau zu halten. Glanzvolle Bankette wechselten mit Schauspielen, Turnieren und Jagden. Aber all dies konnte die Vorurteile Friedrichs nicht zerstreuen, bis es dem König von Neapel schließlich zuviel wurde: Nach langen, eindringlichen Gesprächen erklärte sich Friedrich endlich bereit, am 16. April 1452 das öffentliche Beilager mit Eleonore zu halten. Mitten auf einem weiten Platz stellte man ein breites Bett auf, das Kaiser und Kaiserin in Anwesenheit des Königs von Neapel und des gesamten Hofstaates gemeinsam bestiegen, beide bis an den Hals bekleidet. Dann zog Friedrich kurz die Bettdecke über ihre Köpfe, so daß sie einen Augenblick lang vor der Öffentlichkeit verborgen waren, gab Eleonore einen Kuß – und die Ehe galt als vollzogen.

Was mag in der jungen Kaiserin vor sich gegangen sein, als sie in aller Öffentlichkeit mit ihrem Gemahl das Bett besteigen mußte, obwohl er nach wie vor überhaupt kein Interesse an ihrer Person zeigte? Es wird ihr auch nicht verborgen geblieben sein, daß ihr Schicksal alle am Hofe, Gesinde wie Adelige, vor allem aber ihre eigenen Hofdamen über die Maßen beschäftigte. Durch Liebeszauber wollten sie den Kaiser ins Gemach seiner Frau locken, mit Parfüm vermischtes Weihwasser wurde ausgesprengt, schmelzende Liebeslieder erklangen – aber alles war umsonst, ja, Friedrich verdächtigte sogar Eleonores Amme der Hexerei. Um sie aber nicht vor dem ganzen Hof zu brüskieren, befahl er sie schließlich doch zu sich auf sein Zimmer: und dort konnte er nun endlich dem Reiz der jungen Frau nicht mehr widerstehen. Aeneas Silvius Piccolomini, der Vertraute des Kaisers (und spätere Papst Pius II.), berichtet in seinen Aufzeichnungen pikante Details von dieser verspäteten Hochzeitsnacht.

Nach den glanzvollen Monaten in Neapel traten Friedrich und Eleonore getrennt die Weiterreise nach Venedig an. Die Lagunenstadt gab den hohen Gästen zu Ehren ein rauschendes Fest. Wieder flogen der Kaiserin alle Herzen zu, und als die Stunde des Abschieds nahte, schenkten die Stadtväter Eleonore einen kostbaren Ring im Wert von 1750 Dukaten, der sie immer an die Tage in Venedig erinnern sollte.

Im Kaiser wurden in Venedig alte Erinnerungen wach: Als Kaufmann verkleidet war er vor Jahren hier durch die Märkte gezogen und hatte die Waren aus fernen Ländern bestaunt. Von hier war er 1436 nach Jerusalem gezogen und hatte sich dort unter die Händler gemischt. In den engen, winkeligen Gassen voller fremdartiger Gerüche hatte er nach langem Feilschen so manchen Edelstein erworben. Friedrich konnte sich an den kostbaren Steinen nicht satt sehen, er liebte nicht nur ihren Glanz und ihre Farben, sondern beschäftigte sich auch wissenschaftlich mit ihnen. In seiner Alchimistenküche versuchte er ihrem Geheimnis auf die Spur zu kommen, ja sie eventuell sogar selbst künstlich herzustellen. Alles Geld, das er erübrigen konnte, hatte Friedrich im Orient für Juwelen ausgegeben, und er verfügte über eine phantastische Edelsteinsammlung, obwohl er ständig unter Geldsorgen litt. Es gibt heute noch ein Schmuckstück, das aus dieser Zeit stammt, »ain ring gancz von saffir«. Friedrich kaufte die Steine aber nicht für die Schmuckschatulle; obwohl meist schäbig gekleidet, trug er die wertvollsten Pretiosen selber und hatte an seiner Seite immer einen schwer vergoldeten Dolch hängen, von dem er sich nie trennte, den er aber auch nie benutzte.

Jetzt in Venedig war der Kaiser wieder ganz in seinem Element. Er kaufte orientalische Waren, die man in Österreich kaum kannte, gab ein kleines Vermögen für feinsten Damast und schillernden Atlas, aber auch für Teppiche und scharfe Damaszenerklingen aus. Unauffällig gekleidete Diener mußten die von Friedrich selbst ausgesuchten Waren abholen, da der Kaiser befürchtete, man würde ihn sonst übers Ohr hauen.

Für die Kaiserin ging die Zeit in Italien nur allzu rasch vorüber. In der allgemeinen Festesstimmung hatte sie ihren Mann gar nicht vermißt, der schon bald wieder keine Notiz von ihr nahm. Friedrich war nun einmal kein feuriger Liebhaber, und auch eine entzückende Frau wie Eleonore konnte ihn nicht dazu machen. Einzig der Gedanke, einen Sohn zeugen zu müssen, bewog ihn zu intimen Kontakten mit ihr. Dieser Sohn aber sollte, wenn schon hier gezeugt, so doch unter keinen Umständen das Licht der Welt in Italien erblicken. Als man daher raunte, Eleonore sehe Mutterfreuden entgegen, brach er jäh auf. Ein schweres Gewitter stand am Himmel, als der Kaiser mit seiner Frau die Grenze zu seinen Ländern überschritt, und so mancher im Gefolge vermeinte in den zuckenden Blitzen und im Krachen des Donners ein böses Omen für das zukünftige gemeinsame Leben des Kaiserpaares erkennen zu müssen.

Schließlich erreichte man Wiener Neustadt, wo der Kaiser seine Residenz aufgeschlagen hatte. Grau in Grau zeigte sich die neue Heimatstadt der Kaiserin, nichts erinnerte auch nur im geringsten an die Pracht und die Helligkeit des Südens, kalt und feucht schienen die dicken Mauern der Burg. Das Herz zog sich Eleonore bei dem Gedanken zusammen, hier ihr weiteres Leben verbringen zu müssen, an der Seite eines Mannes, den sie nie für sich gewinnen konnte, so sehr sie sich auch bemühte.

Es blieb ihr nichts anderes übrig, als sich das Leben so angenehm wie nur irgend möglich zu machen. Im Laufe der Monate hatte sie Vertraute gefunden, mit denen sie sich gerne umgab und portugiesisch sprechen konnte. Vor allem einer Hofdame, die sie aus der Heimat mitgebracht hatte, konnte sie in ihrer Einsamkeit ihr Herz ausschütten. Die Kaiserin entbehrte so ziemlich alles, was sie gewöhnt war. Der Kaiser ließ sie meist allein, denn eben um diese Zeit hatte er wieder mit vielen Feinden zu kämpfen. Die Anhänger des jungen Ladislaus Postumus machten ihm das Leben schwer, ebenso sein Bruder Albrecht, der es geschickt verstand, die Gegner

Friedrichs aufzuwiegeln. Jede noch so kleine Gelegenheit nützten die Feinde, um die ohnehin geringe Macht des Kaisers noch mehr zu untergraben. Wann immer Friedrich nicht in Wiener Neustadt weilte, zogen Söldnerhaufen plündernd und brandschatzend durch die Straßen der kleinen Stadt und versetzten die junge Frau, die gerade ihr erstes Kind erwartete, in Angst und Schrecken.

Drei Jahre waren einstweilen seit der Hochzeit vergangen, und Eleonore hatte noch immer keinem Kind das Leben geschenkt. Die Gerüchte in Venedig hatten sich als falsch erwiesen. Hinter vorgehaltener Hand flüsterte man schon, das sei kein Wunder bei dem Desinteresse Friedrichs an seiner Gemahlin. Und als sich dann doch die ersehnte Schwangerschaft einstellte, munkelten böse Zungen, dann müsse wohl ein anderer der Vater sein als Friedrich.

Im November 1455 jedenfalls brachte Eleonore in einer langen, schweren Entbindung einen Knaben zur Welt, der auf den Namen Christoph getauft wurde. Endlich hatte sie ein Wesen, auf das sie ihre Liebe konzentrieren konnte; aber schon im nächsten Jahr klopfte der Tod an die Tore des Palastes. Christoph starb ganz plötzlich am 25. März 1456. Der Tod des Kindes war für Eleonore ein schwerer Schlag, nicht nur, weil sie das Liebste verloren hatte; Friedrich machte ihr auch noch heftige Vorwürfe, sie hätte den Knaben falsch ernährt.

Zwischen dem Kaiser und seiner Frau gab es häufig Diskrepanzen, und die Frage des Essens wurde beinahe täglich aufs neue zum Zankapfel. Friedrich, der Asket, bevorzugte die schweren heimischen Speisen: Breie, Gemüse und Salate durften auf der kaiserlichen Tafel nicht fehlen. Wein war verpönt; der Kaiser trank nur Wasser. Eleonore dagegen liebte Süßspeisen und Leckereien, die sie durch Boten aus Portugal erhielt. Friedrich sah das mit scheelen Augen; oft hatte er versucht, ihr dieses Vergnügen einfach zu verbieten, aber vergeblich: Wenn Eleonore sich auch mit dem kargen Leben in Wiener Neustadt und später in Wien abfand, in einer Sache ging ihr südländisches Temperament mit ihr durch: Beim Essen ließ sie sich nichts vorschreiben.

Im März 1459 kam der zweite Sohn des Kaiserpaares zur Welt, Maximilian. Sofort nach der Geburt wollte Friedrich seiner Frau das Kind wegnehmen, um es nach österreichischer Sitte erziehen zu lassen, aber Eleonore gelang es doch, ihn zu überzeugen, daß ein Säugling in der Obhut seiner Mutter bleiben sollte. Friedrich willigte, wenn auch widerstrebend, ein; als aber die Tochter Helena, einhalb Jahre nach Maximilian geboren, als Kleinkind starb, war er endgültig überzeugt, die von der Mutter verabreichten Leckereien wären der Grund ihres frühen Todes. Friedrich verbot ihr strikt, den Kindern weiterhin Süßigkeiten zu geben, und der kleine Maximilian verstand die Welt nicht mehr, als er nur noch dicken, schweren Haferbrei zu essen bekam. Kunigunde, eine weitere Schwester Maximilians, mußte in die Gemächer des Kaisers gebracht werden, wo er sie eigenhändig mit Hirse- und Haferbrei vollstopfte.

Ja älter Friedrich wurde, desto ausgeprägter traten seine eigentümlichen, ja skurrilen Charaktereigenschaften hervor. Die Menschen wichen scheu vor ihm zurück, und alles was er anfaßte, schien zu mißlingen. Er war kein Politiker, und doch mußte er sich ein Leben lang mit politischen Kämpfen und Intrigen herumschlagen. Nach dem überraschenden Tod des jungen Ladislaus Postumus (man munkelte von Gift; jüngste Forschungen haben allerdings bestätigt, daß er eines natürlichen Todes gestorben ist) im Jahre 1457 stellten sich die Wiener unter der Führung ihres Bürgermeisters Wolfgang Holzer offen gegen den Kaiser und auf die Seite seines Bruders Albrecht und belagerten die Kaiserfamilie in der Hofburg;

Friedrich mußte Albrecht Österreich unter der Enns abtreten.

Die Zeit in Wien zählte zu den schrecklichsten Monaten im Leben der Kaiserin. Die Belagerer hatten die Familie von allem abgeschlossen, was zum Leben notwendig war. Der spätere Kaiser Maximilian, damals ein dreijähriger Knabe, erinnerte sich ein Leben lang an diese düstere Zeit, in der nur die Mutter nicht verzweifelte und in ihrer heiteren Art die vor Hunger weinenden Kinder tröstete. Wie glücklich hätte ein Mann mit einer solchen Frau sein können! Friedrich aber wußte wahrscheinlich selbst nicht, was er an Eleonore hatte; er zog sich immer mehr in die Einsamkeit seiner vier Wände zurück und gab sich seinen Spintisiererreien hin, an denen er niemanden teilhaben ließ. Den misanthropischen Einzelgänger kümmerte es wenig, was man über ihn dachte und redete, er lebte ganz nach seiner Façon. Räte und Gesinde hatten sich nach seinen Vorstellungen zu richten, und nicht selten ließ er sie mitten in der Nacht zusammenholen, um zu konferieren. Nach solchen nächtlichen Intermezzi legte er sich dann noch einmal zur Ruhe und schlief bis in den Vormittag hinein, obwohl damals Langschläfer als Faulpelze galten. Was kümmerte das Friedrich? Weckte ihn jemand zu ihm nicht genehmer Stunde, dann konnte er äußerst unwirsch werden und die Person, die ihn aus seinen Träumen gerissen hatte, kurzerhand hinauswerfen.

Was sollte bei einem solchen Lebenswandel eine junge Frau an seiner Seite? Wenn sie sich schon mit ihm zeigte, behandelte er sie eher als Tochter, als Ehefrau, meist aber sah er bloß über sie hinweg und verbot ihr alles, woran sie Freude gehabt hätte. Wie die meisten jungen Frauen, auch zu dieser Zeit, war sie an Mode und schönen Kleidern interessiert, liebte weichen Samt und knisternde Seide, aber Friedrich fand dies überflüssigen Tand, ja fast Teufelswerk. Näherte sich ihm eine Dame mit allzu offenherzigem Dekolleté, schloß er die Augen und befahl, die Versucherin aus dem Saal zu führen. Er haßte auffällige Kleidung, besonders wenn sie die Grenzen der Schicklichkeit überschritt, wie es auch bei den damals modischen enganliegenden Beinkleidern der Männer der Fall war. Solche Kleidung mußte ja zu Laster und sittlichem Verfall führen! Aber auch der Tanz galt für ihn als Versuchung des Teufels. Nur zweimal im Leben war es Eleonore gelungen, ihren Mann durch langes Bitten zu einigen Tanzschritten zu bewegen, beileibe kein Vergnügen für die junge Frau, die bald merkte, wie widerwillig er sich bewegte, so daß ihr bald jede Lust verging. Friedrich soll einmal geäußert haben, daß er lieber fieberkrank darniederliegen wolle als noch einmal das Tanzbein zu schwingen.

Die portugiesische Prinzessin lebte am Hof ihres Mannes wie eine Fremde und führte ein Schattendasein, das nur durch die Kinder Lichtblicke erhielt. Die Kleinen liebten ihre Mutter zärtlich, und Eleonore verbrachte jede freie Stunde bei ihnen. Den Vater sahen Maximilian und Kunigunde selten, und sie waren nicht allzu traurig darüber, denn zeigte sich der Kaiser, so fand er nie ein freundliches Wort für die Mutter oder sie; stets wurde nur genörgelt und getadelt. Eleonore durfte die Räume ihres Mannes nicht betreten, die Friedrich als seine Privatsphäre betrachtete. Nie diskutierte der Kaiser mit ihr politische Probleme, bei denen sie mit ihrem gesunden Realitätssinn durchaus eine Stütze hätte sein können. Eleonore verstand die Passivität ihres Mannes nicht; für sie mußte ein Herrscher tatkräftig, rege und leutselig sein, wollte er zum Wohl des Volkes regieren. Sie selbst war durch das Desinteresse Friedrichs an ihrer Person zur Macht- und Bedeutungslosigkeit verurteilt. Es ist wie ein Wunder, daß sie an der Seite ihres Mannes nicht innerlich völlig verkümmerte, daß sie trotz der Abgeschiedenheit, in der sie lebte, immer noch Gelegenheiten fand, bedeutende Persönlichkeiten ihrer Zeit um sich zu scharen. Die Feste, die sie – oft gegen den Willen des Kaisers – gab, wurden zu glanzvollen Höhepunkten in ihrem Leben. Hier konnte sie Politik machen, hier verteidigte sie die Machtansprüche der Habsburger auf den böhmischen und ungarischen Thron, hier fand sie offene Ohren gegen die Ungarn, deren ehrgeiziger König Matthias Corvinus Friedrich schwer zu schaffen machte, und hier zeigte sie bedeutenden, namhaften Männern, die es sich zur Ehre anrechneten, bei der Kaiserin geladen zu sein, die Ziele und Wünsche der habsburgischen Politik auf. Charmant, wie sie war, konnte sie ihre Theorien auf unkomplizierte Art so vortragen, daß alle von der schönen Frau hingerissen waren. Und mit diesen Einladungen nützte sie ihrem politisch unklugen Gemahl wahrscheinlich mehr, als er wahrhaben wollte. Eleonore wurde in den wenigen Jahren, in denen sie in Österreich lebte, innerlich mehr ein Mitglied der Familie Habsburg, als es Friedrich jemals gewesen war. Die feste und enge Bindung an das Geschlecht hat sie ihrem Sohn Maximilian mit auf den Lebensweg gegeben. Er vergaß es nie, daß die »Casa d'Austria« die Vorrangstellung in Europa einnehmen sollte. Die Kaiserin hatte sich im Laufe der Jahre zu einer echten Persönlichkeit entwickelt, sie war es, die ihrem Sohn glänzende Eigenschaften vererbte, und letztlich wurde sie zu einer echten Stammutter der Habsburger. Als sie am 3. September 1467, wenige Tage vor ihrem 31. Geburtstag, starb, weinten am Kaiserhof viele um sie, am wenigsten wohl ihr eigener Mann, mit dem sie sich überworfen haben soll. Er konnte von nun an ganz in seiner eigenen Welt leben, und keiner störte ihn mehr. Nur selten zeigte er sich seinen Kindern, meist verbunden mit lautem Türengeknall, denn der Kaiser hatte die seltsame Angewohnheit, Türen nicht mit der Hand, sondern mit den Füßen zu schließen. Alles hielt den

Atem an, wenn er sich näherte, und besonders die Kinder hatten unter seinen ständigen Rügen und Nörgeleien zu leiden. So waren alle froh, wenn er wieder in seinen Gemächern saß und ungefähre Berechnungen über den Lauf der Gestirne anstellte – er hatte nie genau studiert, wie man dies wissenschaftlich durchführen könne. Das überließ er seinen Hofastrologen und -astronomen, die in seinem Auftrag zu arbeiten hatten. Alles, was mit der Zukunft zusammenhing, interessierte ihn brennend, und je mehr er versuchte, durch allerlei Künste Einblick in ferne Zeiten zu gewinnen, desto mehr vergaß er die Gegenwart und überließ sehr bald die Politik seinem jungen Sohn Maximilian. Er aber konnte sich zu kuriosen Experimenten zurückziehen, bei denen ihn die Hoffnung leitete, doch noch blinkendes Gold in den Phiolen zu entdecken oder das »Lebenswasser« ausfindig zu machen, ein Allheilmittel für sämtliche Krankheiten.

Friedrich gilt als der ewige Zauderer auf dem Thron, die »Erzschlafmütze des Reiches«; bedenkt man aber, daß er sich diese Rolle nicht hat aussuchen können, so urteilt man doch verständnisvoller über einen Mann, der lieber Alchimist oder Medicus geworden wäre oder als Einsiedler sich ganz seinen Versuchen hingegeben hätte. Friedrich war ein Sonderling, der nie hätte heiraten dürfen. So war er nicht nur selbst unglücklich in seinem Amt, er vergällte auch seiner Frau und seinen Kindern das Leben.

In seinen letzten Lebensjahren war der seltsame Kaiser beinahe zur Legende geworden. Er lebte nun zurückgezogen in Linz, wo er in seinem Garten Blumen und Gemüse anbaute. »Stolz wie ein König« zeigte er sich, wenn seine Früchte die größten und schönsten in der ganzen Umgebung waren. Die Bauern liebten ihn und zogen ehrerbietig die Mützen, wenn er in der Kutsche vorbeifuhr; die Vertreter des Adels und der Geistlichkeit freilich rümpften die Nase, wenn sie hörten,

Friedrich III. Gemälde von Hans Burgkmair d. Ä.

Eleonore von Portugal. Gemälde von Hans Burgkmair d. Ä.

daß der Kaiser nicht zu Pferd übers Land fahre, sondern sich wie eine Frau kutschieren lasse. Da der alte Mann so anders war als die anderen, konnte es nicht ausbleiben, daß man ihm allerlei Teufelsmagie in die Schuhe schob, daß man behauptete, er fange Fliegen und sammle Mäusekot, sei verblödet und abartig. Niemand wurde zu ihm vorgelassen, der berichten hätte können, wie es um den Kaiser wirklich stand. Längst schon hatte er sich aus dem öffentlichen Leben zurückgezogen, und erst als er vom Altersbrand befallen wurde und ihm die Ärzte ein Bein amputieren mußten, wurde man wieder auf ihn aufmerksam. Es grenzte an ein Wunder, daß die mit äußerst primitiven Mitteln durchgeführte Amputation glückte. Obwohl sich der Kaiser auch erstaunlich rasch erholte, verschied er aber dennoch kurze Zeit darauf ganz plötzlich: Wie die Ärzte konstatierten, hatte er zuviel Melonen gegessen.

Ein ungeliebter, unbekannter und vielfach auch verkannter Kaiser war tot. Schon zu Lebzeiten hatten hervorragende Künstler in seinem Auftrag ein Hochgrab im Stephansdom zu Wien errichtet; hier wollte Friedrich allein beigesetzt werden. Eleonore ruhte schon seit langem in Wiener Neustadt. Man zögerte, den Leichnam nach Wien zu überführen, in die Stadt, mit der er zu Lebzeiten so große Schwierigkeiten gehabt hatte. Aber die Volksseele ist wandelbar, besonders das Gemüt der Wiener: Jetzt waren alle verstummt, die ständig mit dem Kaiser unzufrieden gewesen waren. Hunderte säumten seinen letzten Weg, und so mancher, der Friedrich zu Lebzeiten gehaßt hatte, wischte sich nun heimlich eine Träne aus dem Auge. Der Tod ließ vergessen, daß niemand diesen Kaiser haben wollte, der nicht für dieses Amt geboren war und sich ein Leben lang selber im Weg gestanden hatte.

Der Tod war sein Begleiter

PHILIPP II. VON SPANIEN

»Sosegaos!« Beinahe unhörbar flüsterte es der König, kaum bewegten sich seine blutleeren Lippen, und starr blickte er auf den Bittsteller, der vor ihm auf den Knien lag. »Beruhigt Euch!« Zitternd hob der Diplomat, der in den gefährlichsten Situationen furchtlos seinen Mann gestanden hatte, die Augen und sah König Philipp leibhaftig vor sich: das unheimlich bleiche Gesicht von der starren Halskrause umrahmt, den Blick wie in unendliche Fernen gerichtet, ganz in Schwarz gekleidet. Ein Anblick, der einem das Blut in den Adern stocken lassen konnte.

Der König von Spanien war zu einem Monument seiner selbst geworden, eine Statue, die er aus sich selbst in Stein gehauen hatte. Das burgundisch-spanische Hofzeremoniell, von seinem Vater Karl V. in Spanien eingeführt und durch ihn zur Vollendung gebracht, hatte alles freie Leben im Palast erstickt. Reglement und Vorschrift beherrschten nun den König und sein Gefolge, keiner konnte aus dieser Ordnung ausbrechen. Im Palast des Herrschers wurde Theater gespielt, und jeder hatte die ihm zugedachte Rolle zu erfüllen. Der strenge Regisseur aber, dessen Augen alles überwachten, der alles eisern im Griff hatte, war der unnahbare König selbst; bei ihm liefen die weit gespannten Fäden zusammen, er war der Dirigent, der die Instrumente seiner Macht zum Klingen bringen konnte.

Ein Mann aus Stein, ein Mensch ohne Herz. So ist der spanische König Philipp II. für alle Zeiten in die Geschichte eingegangen, als der Verantwortliche für den Tod Tausender, die er nach den Prozessen der Inquisition bei lebendigem Leib dem Feuertod überantwortete, als der Mann, der gnadenlos alles bekämpfte, was vom alleinseligmachenden katholischen Glauben abwich, mitleidlos gegen alles, was seinen Vorstellungen widersprach. Ein düsterer Tyrann auf dem Königsthron.

Die äußeren Umstände seiner Politik zeichneten dieses dunkle Bild von Philipp II., und die Dichter, besonders Friedrich Schiller in »Don Carlos«, haben das Ihre dazu beigetragen, daß das, was von dem spanischen König auf die Nachwelt kam, ihn in nichts sympathisch oder auch nur menschlich erscheinen läßt.

Aber auch Philipp war ein Mensch aus Fleisch und Blut, mit all den Fehlern und Tugenden, die einem Menschen eigen sind, ein Mann, der lieben und hassen konnte, der weinte und lachte und die Frauen liebte. Er war ein liebevoller Vater und rührender Ehemann, für den der frühe Tod seiner Gemahlinnen (drei davon starben im Kindbett) jedesmal eine Katastrophe darstellte. Was er der Außenwelt gegenüber zeigte, war ein Wall, eine Maske, hinter der er sich verstecken wollte oder auch mußte. Sein wahres Gesicht kannten nur wenige, und die, die ihn wirklich kannten, verehrten, ja liebten ihn. Kaum ein anderes Dokument zeigt so sehr sein eigentliches Wesen wie die besorgten und rührenden Briefe an seine beiden Töchter aus der Ehe mit Isabel (Elisabeth) von Valois, die er während einer längeren Abwesenheit in Lissabon in den Jahren 1582 und 1583 schrieb.

»Ich höre, daß es Euch allen gut geht – das sind herrliche Nachrichten für mich! Wenn Eurer kleinen Schwester die ersten Milchzähne kommen, so scheint mir das etwas verfrüht: das soll wohl ein Ersatz für die zwei Zähne sein, die ich im Begriff bin zu verlieren – wenn ich drüben ankomme, werde ich sie kaum mehr haben! Finde ich keinen andern Grund zum Klagen, so soll es mir recht sein... Es verwundert mich und beunruhigt mich auch sehr, daß ich von meiner Schwester seit dem Tag ihrer Landung nichts mehr vernommen habe, ich weiß nicht, was die Ursache dieses Schweigens sein mag. Ich nehme an, daß ein Kurier ertrunken sein könnte. Es ist auch wirklich schrecklich, wie schlecht hier das Wetter ist und wie stark es regnet, manchmal unter Blitzen und gewaltigen Donnerschlägen. Derlei habe ich zu dieser Jahreszeit noch nie erlebt. Das wäre etwas für Euch, meine ältere Tochter, wenn Ihr Euch noch bei Gewittern fürchtet! Dabei ist es nicht kalt, aber es regnet ohne Unterlaß, und jetzt in diesem Augenblick ist der Regen so stark, als möchte der ganze Himmel in Wasser zerrinnen. Es hat arge Stürme gegeben, aber es sind nicht so viele Schiffe zugrundegegangen, wie Luis Tristan es Euch geschrieben hat... Neulich brachte man mir, was in der mitfolgenden Kiste verpackt ist, angeblich eine süße Limette. Ich meine freilich, daß es ganz einfach eine Limone ist, aber ich wollte sie Euch doch schicken. Wenn es aber wirklich eine süße Limette sein sollte, so habe ich allerdings noch nie eine so große gesehen. Ich weiß nicht, ob sie drüben in gutem Zustand ankommen wird; wenn Ihr sie aber bekommt und sie noch frisch ist, müßt ihr sie kosten und mich dann wissen lassen, wie sie schmeckt; denn ich kann nun einmal nicht glauben, daß eine süße Limette es zu solcher Größe bringt. Darum wäre ich glücklich, wenn ihr mir Nachricht geben würdet... Die gelbe Narzisse, die man Euch aus Aranjuez brachte, ist wahrscheinlich auf dem Feld gewachsen, eher als im Garten, aber sie hat wohl keinen so guten Duft. Es wird wohl dort von allem etwas geben, und so ist es sehr gut, daß meine Schwester das sieht, denn als sie Spanien verließ, gab es dies alles wahrscheinlich noch nicht. Wenn die Handschuhe so groß sind, wie ihr sagt, werden sie Euch, meine ältere Tochter, besser passen und wohl nicht zu groß sein; für Eure Kusine wären sie, denke ich, zu groß. Ihr aber, meine jüngere Tochter, sollt mir schreiben, welche von Euch die größere ist, Ihr oder die Kusine. Dieser aber müßt Ihr beide meine Empfehlung ausrichten, in der Euch passend erscheinenden Form. Ich bin sicher, daß ich mich hierin auf Euch verlassen kann... Mit Ungeduld erwarte ich die Nachricht von der Abreise (meiner Schwester) zur Fahrt hierher, denn ich sehne mich sehr, sie wiederzusehen. Ihr werdet das begreifen, da es doch 26 Jahre oder nahezu so lange her ist, daß ich sie das letzte Mal sah... Von Euch beiden kommen mir von allen Seiten sehr gute Nachrichten zu, und man berichtet mir, daß Ihr sehr groß geworden seid; demnach müßt Ihr tüchtig gewachsen sein, wenigstens Ihr, die Jüngere. Wenn Ihr die Maße habt, laßt mich wissen, um wieviel Ihr größer seid, seit wir uns nicht mehr sahen, und schickt mir Bänder aus Seide oder Zwirn mit Euren genauen Maßen. Legt auch das Maß Eures Bruders bei: ich werde mich freuen, die Maße zu haben, wenngleich es mich viel mehr freuen würde, Euch alle in Person zu sehen. Ich hoffe zu Gott, daß es bald sein kann. Bittet Gott darum, Ihr beiden! Und bittet ihn auch, alles zu schlichten, daß es bald geschehen kann! Er möge Euch behüten, wie es mein Wunsch ist.

Euer guter Vater«

Meist war es schon tiefe Nacht, wenn sich der König an sein Schreibpult setzte, um Isabella und Katharina für ihre Briefe zu danken. Er war jedesmal erfreut und gerührt zugleich, wenn er ein Schreiben seiner beiden Kinder aus dem fernen Madrid erhielt, war dies doch ein Zeichen dafür, daß sie gesund und munter waren und auch ihre kleinen Brüder sich wohl befanden.

Die Politik hatte Philipp gezwungen, seinen Wohnsitz im Escorial, jenem riesigen, düsteren Palast, jahrelang mit dem Schloß in Lissabon zu vertauschen, hatte er doch nach dem unglücklichen Tod des jungen portugiesischen Königs Dom Sebastião, seines Neffen, das Erbe in Portugal angetreten. Dieser Sohn seiner Schwester Doña Juana, ein Bild von einem Mann, hatte sich in einem Anfall von Verblendung auf ein gewagtes Abenteuer in Marokko eingelassen, das ihm Leib und Leben kosten mußte. Aber Dom Sebastião mit seiner makellosen Gestalt und dem edlen Gesicht war bloß das Abbild eines unerschrockenen Ritters ohne Furcht und Tadel, in Wirklichkeit war er ein verschrobener Sonderling, der sich durch falsche Ratgeber und schmeichelnde Einflüsterer dazu bringen ließ, die Macht Portugals in Marokko erweitern zu wollen. In der grauenvollen Schlacht von Alcázer-Qibir wurde er in Stücke gehauen, und das, was von dem schönen Mann übrig geblieben war, verscharrten Beduinen im Wüstensand. Da er den Frauen, wie sehr sie ihn auch umschwärmten, abgeneigt war und weder eheliche noch uneheliche Kinder hinterließ, fanden sich nach seinem Tod zahlreiche Personen aus dem adeligen und geistlichen Stand, die Erbansprüche auf Portugal geltend machten. Es konnte nicht ausbleiben, daß in dieser Kontroverse Philipp II. als Sieger hervorging, konnte er doch die meisten verwandtschaftlichen Beziehungen zum Nachbarland nachweisen. Und wer sollte ihm auch trotzen, war er doch zu dieser Zeit – man schrieb das Jahr 1580 – der mächtigste Mann im Süden Europas. Gut gerüstet zog er mit seiner Armee in Portugal ein und nahm Stadt um Stadt in Besitz, als gäbe es keinen Widerstand.

Philipp wußte aber auch, daß er in den nächsten Monaten unbedingt in Portugal bleiben mußte, um nach dem Rechten zu sehen. So rüstete man sich in Madrid zur Reise in den

Westen. Mit Sack und Pack sollte die königliche Familie nach Lissabon übersiedeln; Philipp wollte sich nicht über längere Zeit von seiner vierten Frau Anna von Österreich und ihren kleinen Kindern trennen.

Für Anna war es eine Reise in den Tod. Sie erwartete ihr sechstes Kind, als die ganze Familie von einer bösartigen Grippe befallen wurde. Die Ärzte versuchten ihr Möglichstes, um die königliche Familie zu heilen, mußten aber mit Schrecken feststellen, daß der Zustand der jungen Frau (Anna war dreißig Jahre alt) immer bedenklicher wurde. Natürlich griff man sofort auf das traditionelle Mittel des Aderlasses zurück, das in den Augen der damaligen Mediziner in diesen und vielen anderen Fällen angezeigt war; eine solche Gewaltkur hat wahrscheinlich drei der vier Gemahlinnen Philipps unter die Erde gebracht. Auch Anna, die vierte Frau des Königs, konnte, geschwächt von der Grippe, belastet durch die Schwangerschaft und strapaziert von der Reise, die Roßkur nicht überstehen. Nach tagelangem Sichaufbäumen brachte die arme Frau unter unendlichen Qualen eine nicht lebensfähige Frühgeburt zur Welt, dann starb sie an Herzschwäche.

Anna, Tochter Kaiser Maximilians II., hatte mit 21 Jahren ihren spanischen Onkel Philipp nach einer päpstlichen Dispens geheiratet. Eigentlich war sie als Braut des spanischen Infanten Carlos ausersehen gewesen; nachdem aber diese Heirat – zu ihrem Glück – nie zustande gekommen war und sich Philipp nach dem Tod seiner dritten Gemahlin Isabel nach einer neuen Frau umsehen mußte, kam Anna wieder ins Gespräch. Warum sollte nicht der Vater das Mädchen heimführen, das ursprünglich dem Sohn zugedacht war, noch dazu, wo Carlos gar nicht mehr unter den Lebenden weilte? Die verwandtschaftlichen Beziehungen zu den österreichischen Habsburgern mußten genutzt werden; wer wußte schon, ob es nicht wieder einmal zu einer Vereinigung der beiden Teile des Großreiches kommen würde? Und noch eine Tochter der ehrgeizigen, undurchsichtigen Katharina von Medici wollte Philipp nicht zum Traualtar führen, obwohl seine ehemalige Schwiegermutter alles daransetzte, ihm die jüngere Schwester der verstorbenen Isabel in den schönsten Farben anzupreisen. Er war mit Isabel zu glücklich gewesen und wollte nicht durch ihre Schwester daran erinnert werden.

Philipps Eile rührte wohl aus der Angst her, keinen männlichen Nachfolger zu hinterlassen, hatte er doch bisher aus drei Ehen nur einen einzigen Sohn gehabt, Don Carlos, den er schließlich selbst vor der Welt hatte verbergen müssen und der ihn und Spanien durch seinen frühen Tod vor Fürchterlichem bewahrt hatte. Kinder gab es viele, die Philipp ihren Vater nannten, aber die außerehelichen, die zwischen seinen Ehen gezeugten Früchte der Leidenschaft, diese Söhne konnten für den König von Spanien nicht zählen. Anders als sein Vater Karl V. anerkannte er sie nicht als königliche Sprosse; er sorgte zwar für sie und ihre Mütter, aber für einen König von Spanien konnte nur ein Sohn aus einer legitimen Ehe der Nachfolger sein. Und auf den wartete Philipp immer noch. Die österreichischen Habsburger waren für ihren Reichtum an gesunden Kindern bekannt; vielleicht konnte ihm die junge Anna einen Sohn und Erben schenken.

Anna war ein natürliches, bezauberndes junges Mädchen, das keinen Anstoß daran nahm, daß der Bräutigam beinahe doppelt so alt war wie es selber. Mit ihr kam frisches Blut nach Spanien, und die verwaisten Kinder der Königin Isabel bekamen eine liebevolle Spielgefährtin und Mutter. Philipp brauchte seine Wahl nicht zu bereuen; Anna brachte neues Leben in den düsteren Escorial, sie hielt nichts von besonderen Förmlichkeiten und Zeremonien und konnte mit ihrer Unbefangenheit ihren Gatten, zumindest im Bereich der

Familie, ein wenig aus den Fesseln des Zeremoniells befreien. Alle, die das feierliche Schweigen im Palast gewöhnt waren, hielten verblüfft den Atem an, wenn sie das heitere Lachen der jungen Königin hörten, die ihre Stunden am liebsten bei Handarbeiten verbrachte. Anna hatte das überschäumende Temperament ihrer ungarischen Großmutter geerbt, deren Namen sie trug, einer Frau, die mit beiden Beinen im Leben gestanden war und die ihr Mann, Kaiser Ferdinand I., über den Tod hinaus geliebt hatte. Philipp schätzte die ungezwungene Fröhlichkeit seiner Frau, war froh über ihre Beliebtheit bei Hofe und über ihre robuste Gesundheit und vor allem darüber, daß sie ihm in den zehn Jahren ihrer Ehe vier Söhne und zwei Töchter schenkte. Freilich wurde das Familienglück immer wieder durch den Tod eines der Kinder überschattet; nur ein einziger Sohn, der spätere Philipp III., sollte das Kindesalter überleben, alle anderen trug man unter Weinen und Wehklagen in die kalte Gruft des Escorial, die Philipp II. in seinem die Zeiten überdauernden Palast hatte errichten lassen.

Philipps Leben war immer wieder von schweren Schicksalsschlägen geprägt, deren er sich trotz seiner Machtfülle nicht erwehren konnte. Der Tod hielt reiche Einkehr in den Mauern seiner Paläste, er machte nicht halt vor den glücklichen kleinen Familien, die der König sich immer aufs neue zu schaffen wußte. Es war das Los der Frauen jener Zeit: Kinder in die Welt zu setzen, um dann kurz darauf doch wieder deren kleinen Särgen nachfolgen zu müssen, bis sie selbst zum Grab getragen wurden, weil sie eine neuerliche Geburt nicht überlebt hatten.

Als Philipp auch seine dritte Gemahlin Isabel durch einen viel zu frühen Tod verloren hatte, war er kaum vierzig Jahre alt. Das Hinscheiden der jungen, ungewöhnlich liebenswürdigen Isabel traf den bis dahin glücklichen Ehemann in seinem

Innersten, war für ihn doch gerade diese Frau der Inbegriff der Jugend und Heiterkeit gewesen; er hatte sie wie eine Tochter, aber auch wie eine angebetete Ehefrau geliebt. Isabel war als kapriziöses französisches Prinzeßchen nach Spanien gekommen; ihre Eltern, Heinrich II. von Valois und die berühmt-berüchtigte Katharina von Medici, hatten diese seltsame Heirat mit viel diplomatischem Geschick zustande gebracht. Bis zu diesen Tagen war es undenkbar gewesen, daß eine französische Prinzessin mit einem habsburgischen Erzfeind verheiratet wurde; zu tief war die Kluft zwischen den Häusern der Valois und der Habsburger seit den Zeiten von Franz I. und Maximilian I., zu lange und schwer die Kämpfe, die die beständig rivalisierenden Herrscher mit Waffengewalt oder – auf französischer Seite – mit List und Tücke geführt hatten. Die Auseinandersetzungen gipfelten in der für Spanien siegreichen Schlacht von Saint Quentin 1558; Heinrich II. konnte dem Himmel danken, mit heiler Haut davongekommen zu sein. Obwohl die Spanier drückend überlegen waren, ließ Philipp sein Heer doch nicht auf Paris marschieren; eine Einnahme der Hauptstadt hätte für den französischen König ein unvorstellbares Desaster bedeutet. Der Kampf um die Vorherrschaft im südlichen Europa schien aber trotz allem entschieden; da konnte auf französischer Seite nur noch weibliche List helfen. Wozu hatte man schließlich eine Tochter, deren Tugend landauf, landab ebenso gerühmt wurde wie ihre Schönheit? Und natürlich war den königlichen Eltern längst zu Ohren gekommen, daß der König von Spanien verführerischen Frauen nicht widerstehen konnte. Über den Umweg des Ehebettes wollte man den ehemaligen Feind zur Strecke bringen.

Heinrich II. sollte allerdings diesen Triumph der Gefühle nicht mehr erleben. Nachdem die offiziellen Verhandlungen mit Frankreich zur allgemeinen Zufriedenheit abgeschlossen waren, erschien der Herzog von Alba als Abgesandter und Stellvertreter des spanischen Königs am französischen Hof. Der große Augenblick, auf den Heinrich und Katharina hingearbeitet hatten, fand am 22. Juli 1559 statt: Wie es der Sitte der Zeit entsprach, wurde die Ehe in der Heimat der Braut per procurationem – durch einen Stellvertreter des Bräutigams – geschlossen. Der Vertreter hatte dabei nach der offiziellen Zeremonie mit der Braut ein öffentlich aufgestelltes Bett zu besteigen, beide schlüpften unter die Bettdecke, und der Herzog entblößte das rechte Bein. Damit galt die Ehe als vollzogen.

Nach dieser Prozedur folgte eine Woche voller rauschender Feste. Das Königspaar von Frankreich wußte zu feiern und zeigte aller Welt – und natürlich den staunenden spanischen Abgesandten –, welch unglaublichen Luxus es aufzubieten imstande war. Jeden Abend erstrahlten die Räume der Spanier im Licht Hunderter Kerzen, man schlief auf knisternder Seide, aß und trank die erlesensten Köstlichkeiten und wurde nicht müde, Vergleiche zwischen dem düster-schweigsamen spanischen Hof und der trunkenen Lebensfreude der Franzosen anzustellen.

Turniere wechselten mit Scharaden, Festbankette mit Theateraufführungen. Jeder Tag bot neue Überraschungen, und so stand auch eines Tages ein Tjost, ein »gestach über die schranke«, auf dem Programm, an dem der Brautvater selbst teilnehmen wollte. Die Ritter versammelten sich auf ihren unruhig scharrenden Pferden im geräumigen Palasthof, das Visier tief ins Gesicht gezogen, die Lanzen zum Angriff erhoben. Das Kommando zum Beginn wurde gegeben, alles stürmte los, auf den Gegner zu, als ein Aufschrei durch die Menge ging: Der König war getroffen worden, er wankte auf seinem Pferd und konnte nur mit Mühe vor einem Sturz bewahrt werden. Die zersplitterte Lanze eines Gegners war ihm durch den Schutz des Visiers hindurch ins Auge gedrungen. Ratlos standen die Leibärzte um den Verwundeten: was war zu tun, um den erst vierzigjährigen König zu retten? Um die Art der Verletzung nachvollziehen zu können, köpfte man vier zum Tode Verurteilte und stach Holzlanzen in ihre Schädel. Auf diese Weise hoffte man einen Weg zu finden, wie man die Splitter am besten entfernen konnte. Erst nach dieser Prozedur versorgte man die Wunde des Königs. Aber alles war vergebens: Heinrich II. starb am 10. Juli 1559.

Mit dieser schweren Last auf dem Herzen reiste die junge Braut mit großem Gefolge ab. Der Abschied von der Mutter war doppelt schmerzlich für die kindliche, erst dreizehnjährige Isabel, hatte sich Katharina doch – mag man ihr auch sonst viel Übles nachsagen – immer rührend um ihre Kinder gekümmert. Mitten im Winter zog das Mädchen in das ferne Spanien, schlotternd vor Kälte, obwohl in die feinsten Pelze gehüllt. Vielleicht zitterte sie eher aus Furcht vor dem unbekannten Bräutigam, von dem sie bloß wußte, er gelte als gutaussehender Mann – aber war er nicht mehr als doppelt so alt wie sie? Was sollte sie an der Seite eines solchen Mannes im fremden Land anfangen? Ihre Stimmung war auf dem Tiefpunkt, als sie im Kloster Nuestra Señora de Roncesvalles offiziell ihrem neuen Hofstaat übergeben wurde: nicht eine strahlende, glückliche Braut, eher ein verängstigtes, einsames Kind. Alle wichtigen Positionen in ihrer Entourage waren mit Spaniern besetzt, die sie nicht kannte und die ihr von vornherein unheimlich waren. (Später gelang es ihr sehr bald, ihrem Gatten einige französische Bedienstete abzuschmeicheln.)

Das erste Zusammentreffen zwischen Braut und Bräutigam soll – einer durch Jahrhunderte weiterverbreiteten Anekdote nach – eher peinlich verlaufen sein. Angeblich soll Isabel ihren zukünftigen Gemahl so lange und intensiv gemustert haben, daß es Philipp schließlich auffiel und er kühl fragte: »Was starrt Ihr mich so an? Wollt Ihr etwa prüfen, ob ich schon graue Haare habe?« Eine Frage, die natürlich in das Klischeebild vom düsteren Herrscher passen mußte.

Philipp von Spanien war damals, zur Zeit seiner dritten Eheschließung, 32 Jahre alt und keineswegs ein ergrauter Misanthrop. Sein blondes Haar war voll, seine blauen Augen verrieten nicht im mindesten seine portugiesische Mutter. Wenn ihn auch die Geschichtsschreiber im allgemeinen nicht besonders freundlich behandelt haben, so konnten sie doch nicht leugnen, daß er mit seiner schlanken Gestalt und der nur wenig hervortretenden »Habsburgerlippe« in seinen jungen Jahren ein schöner Mann war. Warum also hätte Isabel ihn erschreckt anstarren sollen?

Die kirchliche Hochzeit allerdings mußte die Braut frösteln lassen. Nach den ausgelassenen Festen am französischen Hof kam das, was sie jetzt an der Seite ihres frisch angetrauten Gemahls erlebte, wie eine kalte Dusche. Nach der Trauung in der königlichen Kapelle des Palastes wurde nicht in großem Rahmen gefeiert, wie Isabel es sich vielleicht vorgestellt hatte; schweigend saßen Philipp, seine Schwester Juana und die junge Braut einander gegenüber und nahmen die Speisen zu sich, die ihnen Diener demütig präsentierten. Gesprochen wurde nichts, nur die übrigen Gäste durften sich nach Herzenslust amüsieren, für sie gab es in anderen Räumen Musik und Tanz. Erst am Nachmittag durfte Isabel sich mit ihrem Ehemann auf der Balustrade zeigen und von Ferne die Lustbarkeiten mitansehen.

Der trübseligen Hochzeit folgte für das Mädchen allerdings eine glückliche Zeit. Bald merkte Isabel, daß Philipp ein zartfühlender Ehemann war, der alles tat, um seine Frau zu unterhalten. War er auch nicht selbst der Mann, ständig zu scherzen, so umgab er sich doch gern mit fröhlichen jungen Leuten, mit denen die kleine Königin sich wie mit ihresgleichen unterhalten konnte. An seinem Hof gab es eine muntere Gesellschaft, der seine beiden Neffen Ernst und Rudolf, die Söhne des Kaisers angehörten, dazu kam sein eigener Sohn Don Carlos, der sich, wenn er gesundheitlich dazu in der Lage war, im Kreis der Jugendlichen, alle zwischen 12 und 16 Jahre alt, wohl fühlte, sowie der schöne Halbbruder Philipps, Don Juan d'Austria und dessen Freund Alexander Farnese. In diesem Kreis wurde gescherzt und gelacht, in den Gärten des Palastes spielte man Blinde Kuh oder Ballspiele, so daß Isabel jeden Tag neue Abwechslung fand. Der König war glücklich, festzustellen, daß seine kindliche Frau ihr Heimweh verloren hatte und sich an die neue Umgebung gewöhnt hatte. Er umgab sie mit Liebe und Fürsorge und umhegte sie, wo er nur konnte. Stundenlang saß er ängstlich an ihrem Bett, wenn sie bisweilen von kleinen Unpäßlichkeiten befallen wurde.

Mit einem allerdings wartete er fast ein Jahr: er vollzog die Ehe mit dem halben Kind erst, als es ihm ratsam schien. Er war Herr über sich selbst und über die Vorschriften, die den Vollzug der Ehe in aller Öffentlichkeit forderten. Philipp II. war alt genug geworden, um sich gegen die peinlichen Traditionen aufzulehnen und das zu tun, was ihm gerechtfertigt erschien. Und wie sich zeigte, ergaben sich noch alle möglichen Schwierigkeiten beim ehelichen Beilager. Die junge Königin litt an Hämorrhoiden, und die besorgte Mutter Katharina von Medici, die alle möglichen Rezepte schickte, um das Leiden zu lindern, konnte mit ihrer Quacksalberei nicht helfen. Auch sonst verursache der König »wegen seiner Körperbeschaffenheit« seiner Gemahlin große Schmerzen, wie eine Hofdame der besorgten Mutter nach Frankreich berichtete. Aber hierin hatte Katharina Erfahrung und tröstete die Tochter damit, daß sich diese Schwierigkeiten nach der ersten Geburt von selber legen würden.

Es waren glückliche Jahre, die Philipp II. an der Seite der bezaubernden Isabel verbringen durfte. Politische Kontroversen, die ihre Ursache vor allem in den ununterbrochenen Glaubensstreitigkeiten hatten, hielten sich in dieser Zeit im Rahmen, und Isabel fungierte als Vermittlerin zwischen ihrer Mutter Katharina, die ihre politischen Ziele noch lange nicht aufgegeben hatte, und ihrem Gemahl, so daß sich ernste Konflikte nicht abzeichneten. Einzig und allein der Thronerbe fehlte. Isabel brachte unter großen Komplikationen zwei Töchter zur Welt, Isabella und Katharina, die Philipp II. zärtlich liebte und an die er nach dem frühen Tod Isabels jene rührenden Briefe schrieb, die der Nachwelt erhalten sind. Ihre Mutter war die Perle des spanischen Hofes, es gab nichts Schöneres und Liebenswürdigeres als diese junge Frau. Ein Zeitgenosse berichtete über sie, daß es in Spanien kein Kavalier bei Hofe wage, sie recht anzusehen, aus Angst, sich unsterblich in sie zu verlieben.

Aber auch diese Blüte wurde allzu früh und jäh vom Tod geknickt. Isabels Gesundheit war von Kindheit an labil gewesen, allzu leicht befiel sie aus unerklärlichen Ursachen stark schwächendes Fieber. Nur der Heilkunst ihrer Mutter war es zu verdanken, daß sie bisher alle Infektionen doch überstanden hatte. Jede erneute Schwangerschaft aber war lebensbedrohend für die junge Frau. Alle ahnten dies, am deutlichsten natürlich ihr eigener Mann Philipp. Er wußte es und konnte sie doch als Mann und als Herrscher nicht davor bewahren, immer wieder ein Kind zu erwarten. Die ganze Tragik des Unwissens früherer Zeiten wird in dem Schicksal der jungen Isabel sichtbar, denn das, was sie erlitt, war das Los von Millionen Frauen – und letztlich auch das Geschick von Millionen Männern. Kinder zu gebären bedeutete für weniger robuste Frauen meist den sicheren Tod, und doch konnten sie sich dem nicht entziehen. Philipp II., der mächtige Herrscher über Leben und Tod, der Herr über weite Gebiete Europas, mußte tatenlos zusehen, wie drei seiner Gemahlinnen unter den Händen der Ärzte starben. Und nicht einmal Gott im Himmel, an den der König so sehr glaubte, konnte ihm und den Sterbenden helfen.

Das Jahr 1568 wurde zum schrecklichen Unglücksjahr für den spanischen König. Isabel erwartete wieder ein Kind, den ersehnten Thronerben, aber sie konnte in ihrer Angst des Lebens nicht mehr so recht froh werden. Obwohl Philipp versuchte, alles Bedrückende und Unerfreuliche von ihr fernzuhalten, mußte sie den tragischen Tod ihres Stiefsohnes Don Carlos miterleben, was sie tieftraurig stimmte. Ihr Gesundheitszustand verschlechterte sich rapide, und die Ärzte entschlossen sich wieder einmal zum Allheilmittel der Zeit, zum Aderlaß. Die überschüssigen, giftigen Säfte des Körpers müßten unbedingt verringert werden, damit die guten, positiven Platz zur Wirkung haben könnten. Man setzte der erschöpften jungen Frau Schröpfköpfe an, zapfte ihr Blut ab, bis sie schier keines mehr hatte. Die Geburt eines winzigen Zwillingspärchens, das tot zur Welt kam, war die Folge dieser Torturen. Isabel überlebte ihre Kinder nicht lange, eine Herzschwäche beendete auch ihr kurzes Leben.

Wahrscheinlich hat Philipp seine französische Frau mehr als alle anderen geliebt, wahrscheinlich war er an ihrer Seite am glücklichsten. Und doch waren seine Ehen im Laufe seines Lebens nur Episoden, die ihn aus seiner selbstgewählten Einsamkeit rissen. Er hatte schon lange eine Mauer des Schweigens um sich aufgebaut, eine Barriere, die kaum einer durchbrechen konnte – mit Ausnahme seiner Frauen und seiner Kinder. In der Familie zeigte sich ein eher bescheidener Mensch, den vielleicht das Zeremoniell, das er um sich aufgerichtet hatte, selbst am meisten bedrückte. Hier war er nicht der kalte Richter, der darüber entschied, wer als nächster auf dem Scheiterhaufen der Inquisition zu brennen hatte, nicht der unnahbare König, der in den Niederlanden in Glaubensfragen verhaßt war, nicht der glücklose Staatsmann, der gewaltige Siege wie die von Saint Quentin oder bei Lepanto nicht für sich nützen konnte, nicht der Verlierer und strenge Eiferer: hier war er ein geliebter Mann und Vater. Was Philipp in seinem öffentlichen Leben nie finden konnte, erlebte er im Kreis seiner Lieben, denn jede seiner vier Frauen liebte ihn auf ihre Weise. Auch er brachte ihnen zumindest ungewöhnliche Freundlichkeit entgegen, auch seiner zweiten Gemahlin, der farblosen, viel älteren, vom Schicksal gezeichneten Maria von England.

Die englische Heirat war ein vom Vater Karl V. ausgeklügelter politischer Schachzug gewesen, dem sich Philipp als guter Sohn willig fügte. Man wollte eine direkte Verbindung zum wieder katholischen England herbeiführen, und sei es auch über das Ehebett. Freilich wußte auch der Kaiser, daß Maria nicht die Frau war, bei deren Anblick feurige Jünglingsherzen höher schlugen. Mit ihren 37 Jahren glich sie eher einer alten Jungfer, die sich damit abgefunden hatte, keinen Ehemann mehr zu finden. Als Tochter Heinrichs VIII. von England und dessen erster Frau Katharina von Aragon hatte sie eine denkbar unglückliche Jugend hinter sich und allmählich das Lachen verlernt. Der Vater hatte alles daran gesetzt, damit sie unter keinen Umständen den englischen Thron bestieg, aber trotz seiner sechs Ehen hatte es der berüchtigte Blaubart nur zu einem einzigen schwächlichen Sohn gebracht, der im zarten Alter von sechzehn Jahren das Zeitliche segnete. Übrig geblieben waren die kleine Elisabeth, Tochter der hingerichteten Anna Boleyn, und die vergrämte Katholikin Maria, die mit allen Mitteln versuchte, dem verschmähten Glauben zu neuem Glanz zu verhelfen. Nur wenn es ihr gelang, die Angehörigen der anglikanischen Kirche, die ihr Vater ins Leben gerufen hatte, zur Umkehr zu bewegen, konnte sie sich auf dem Thron sicher fühlen. Maria muß befriedigt gewesen sein, als der Kaiser für seinen jugendlichen Sohn um ihre Hand bat. Hinter Philipp stand der Schutzherr des katholischen Glaubens, und durch ihn gestärkt, würde auch sie ruhig schlafen können.

Mit großem Pomp zog der Kaisersohn ins kalte, graue England. Philipp hatte seine Jugendzeit hauptsächlich in Spanien und in südlichen Gefilden verbracht und sah wahrscheinlich seinem englischen Abenteuer mit gemischten Gefühlen entgegen. Er ließ Luxusgegenstände auf Schiffe verladen, um wenigstens das gewohnte Ambiente nicht vermissen zu müssen. Ganze Schlafzimmereinrichtungen wurden an Bord geschafft, Himmelbetten mit starrer Seide und glänzendem Brokat, Staatskostüme in verschiedenen Farben, immer auf den Anlaß abgestimmt – noch gab sich Philipp farbenfroh –, Hüte, der französischen Mode nachempfunden, verziert mit kostbaren Juwelen und schweren Goldketten. Silbernes und goldenes Tafelgeschirr durfte natürlich nicht fehlen, und dazu die passenden Leuchter.

Am 13. Juli 1554 stachen 125 Schiffe von der nordspanischen Küste in See und erreichten nach fünf Tagen, in denen sich das Meer überraschend ruhig und friedlich zeigte, die englische Küste. Der Bräutigam wurde mit artiger, aber zurückhaltender Höflichkeit begrüßt; man heftete ihm den Hosenbandorden ans Knie; darum konnte Philipp die Reise nach Winchester fortsetzen, wo Maria ungeduldig wartete.

Als die Königin, in schweren schwarzen Samt gekleidet, Philipp entgegentrat, als er die unscheinbare, ältliche Frau erblickte, zeigte sein Gesicht keine Regung. Nach einer tiefen Verneigung küßte ihr die Hand und begann eine zwanglose, liebenswürdige Unterhaltung. Maria war von Anfang an von Philipp äußerst angetan. Ihre anfängliche Scheu verlor sich,

und bald liebte sie ihren gutaussehenden jungen Mann über alles. Und Philipp war viel zu sehr Kavalier und vielleicht in seinem Innersten zu weich, um seiner Frau, für die er beileibe nicht viel empfinden konnte, seine Gleichgültigkeit zu zeigen. Die Voraussetzungen für Marias Glück waren allerdings nicht besonders günstig. Die anglikanischen Engländer begannen die stolzen Spanier wegen deren demonstrativ zur Schau gestellter katholischer Einstellung zu hassen, und aus dem Haß wurde Verfolgung, so daß gar mancher froh sein konnte, bei nächtlichen Händeln mit dem Leben davonzukommen. Und je mehr man sich gegen die Spanier stellte, um so weniger konziliant zeigte sich die Königin gegenüber den vielen Andersgläubigen. Das Volk war sicher, daß nur Philipp der Anstifter sein konnte, wenn die Anhänger der anglikanischen Kirche verfolgt wurden und schließlich ihre Überzeugung mit dem Leben büßen mußten. Man sah, daß die Königin ihrem spanischen Prinzgemahl mit Haut und Haaren verfallen war, daß er mit ihr machen konnte, was er wollte. Und so gab es nur ein Mittel, sich von dem unerträglichen Joch zu befreien: die spanischen Tagediebe mußten weg, koste es, was es wolle. Noch war Zeit, noch hatte die Königin kein Kind geboren!
Die Meinung des Volkes war natürlich bei weitem nicht die Meinung seiner Königin. Mit der ganzen Liebe ihres einsamen Herzens vergötterte sie Philipp, und er war ihr ein aufmerksamer Gatte. Maria wünschte sich nichts sehnlicher als ein Kind von ihm, und stets aufs neue glaubte und hoffte sie, in gesegneten Umständen zu sein. Sie steigerte sich in hysterische Zustände, besuchte junge Mütter mit neugeborenen Kindern, streichelte und liebkoste die Kleinen, als könnte sie so den Himmel gnädig stimmen. Als sich ihr Bauch zu wölben begann, war sie selig und bereitete alles für die zu erwartende Entbindung vor. Aber die unglückliche Frau mußte

erkennen, daß das Anschwellen ihres Leibes nichts mit der ersehnten Schwangerschaft zu tun hatte, daß sie vielmehr an Wassersucht litt.

Auch ihre Macht im Lande glich nicht der, die die an autokratische Herrschaft gewöhnten Spanier kannten. Parlament und Räte bestimmten die politischen Entscheidungen, was ein Spanier aus dem Gefolge Philipps mit folgenden Worten beschrieb:

»Hier haben die Könige so wenig zu sagen, als ob sie Vasallen wären. Hier befehligen die Räte, sie sind die wahren Herren im Lande, sie werden höher geschätzt und mehr gefürchtet als die Könige selber.«

Das war keine Situation nach Philipps Gewohnheit und Geschmack. Inwieweit er Maria in ihren politischen Entscheidungen beeinflußte, ist allerdings schwer nachvollziehbar. Vielleicht hielt er sich aus diplomatischen Gründen zurück und zeigte an der englischen Politik kein besonderes Interesse; was aber die religiöse Einheit betraf, dachte er genauso wie seine Frau und war ebenso unnachgiebig wie sie. Obwohl seine Tage in England gezählt waren, nahm Philipp doch entscheidende Lehren für sein späteres Leben aus dem fernen Land mit: Nie und nimmer sollte es in den von ihm regierten Ländern ein gleiches oder ähnliches Mitspracherecht des Adels oder des Volkes geben wie in England, und es konnte unter keinen Umständen eine ähnliche Spaltung der christlichen Lehre zugelassen werden. Der Herrscher durfte keine Konzessionen machen und mußte mit eiserner Strenge gegen Andersgläubige vorgehen, zum Wohl des Volkes und der Länder. Vieles, was man Philipp später anlasten sollte, hat er wahrscheinlich in den regennassen Tagen in England überdacht und geplant, in einer Zeit, in der er praktisch zum Nichtstun verurteilt war, wo seine einzige Aufgabe darin bestand, einen Sohn zu zeugen.

Schneller als erwartet waren die finsteren Tage von England für Philipp vorbei. Der Gesundheitszustand seines Vaters, des Kaisers, hatte sich in den letzten Monaten des Jahres 1555 drastisch verschlechtert: Karl beorderte seinen einzigen Sohn und Erben in die Niederlande, um dort die Huldigung der Generalstände entgegenzunehmen. Gleichzeitig erklärte der Kaiser vor der erstaunten und gerührten Menge seinen Rücktritt, eine Nachricht, die von vielen Getreuen mit Tränen in den Augen entgegengenommen wurde. Aber auch flehentliche Bitten halfen nichts. Am 16. Januar 1556 gab der Kaiser in Brüssel seine Abdankung als Herrscher auch für die übrigen Länder bekannt. Zu Tode erschöpft, nur noch ein Schatten seiner selbst, aber doch von der großen Bürde der Verantwortung befreit, begab sich Karl mit seinen Schwestern Eleonore und Maria, die ihn jahrelang wie ein König als Statthalter in den Niederlanden vertreten hatte, an Bord eines Schiffes, das die drei hohen Herrschaften zu ihrem Ruhesitz nach Spanien bringen sollte.

Philipp wurde nun mit all den Aufgaben konfrontiert, die ihm sein Vater lange Zeit abgenommen hatte. Um den Ostteil des Habsburgerreiches brauchte er sich nicht zu kümmern, hier lenkte sein Onkel Ferdinand I. als Kaiser die Geschicke und führte endlose Kriege gegen die immer wieder vorrückenden Türken; die Niederlande aber verlangten die ganze, ungeteilte Aufmerksamkeit des jungen Königs. So sehr Philipp sich auch bemühte, die Gunst dieses lebensfrohen, vitalen Volkes zu gewinnen, so sehr erlitt er immer wieder Schiffbruch. Wie konnte ein bigotter Spanier, der nicht einmal die Sprache des niederländischen Volkes verstand, geschweige denn beherrschte, die Sorgen und Nöte, aber auch die aufkeimenden Hoffnungen, in eine gesicherte Zukunft gehen zu wollen, verstehen? Kalt und starr erschien den Niederländern der neue König, und hatte man für seinen

Vater noch so manches Mal den Degen gezogen, so konnte der Sohn nicht das geringste mehr erwarten.

Wahrscheinlich wäre es zu einer Klärung der Lage in den Niederlanden schon in dieser Zeit gekommen, wäre Philipp nicht vom obersten Hüter der gesamten Christenheit, dem neuen Papst Paul IV., bis ins Innerste getroffen worden. Es gab wohl selten einen Mann auf dem Stuhle Petri, der die Spanier und alles, was spanisch war, so sehr haßte wie dieser Mann. Die jahrelangen Querelen mit dem Papst gipfelten schließlich darin, daß Philipp dem Herzog von Alba den Auftrag erteilte, gegen den Heiligen Vater mit Waffengewalt vorzugehen. Vorangegangen waren Beschimpfungen Pauls gegen Karl und Philipp, Hetzkampagnen gegen den Kaiser und seine Untertanen; der Papst hatte öffentlich verkündet, daß alle Spanier für ihn verfluchte Häretiker, von Gott verdammte Schismatiker, Samen der Juden und Mauren, ja geradezu die Hefe der Menschheit wären. Man könne sie nicht als Herren auf italienischem Boden dulden, höchstens als Stallknechte, Köche und Kaufleute.

Die Situation konnte für Philipp äußerst unangenehm werden, wenn der Papst weiterhin seinen Reden freien Lauf ließ. Spanien besaß wichtige Gebiete auf italienischem Boden, und nur allzu leicht konnte die Abneigung des Pontifex auch auf das Volk übergreifen und zur Gärung führen. So schickte Philipp also den düsteren Herzog von Alba gegen den Papst ins Treffen. Kaum hörte Paul vom Herannahen der spanischen Truppen, als er sich an Frankreich um Hilfe wandte. Aber auch der französische König konnte ihn nicht davor bewahren, Philipp nachgeben zu müssen. Diplomatisch klug verlangte der König nicht die Unterwerfung des Heiligen Vaters, sondern ließ Alba sich als gehorsamen Sohn der heiligen Mutter Kirche präsentieren und gab auf diese Weise dem Papst, dessen Segen man schließlich zur Legitimation im eigenen Land doch benötigte, die Chance, zum Schein als Sieger aus dieser Auseinandersetzung hervorzugehen.

Philipp selbst war und blieb sein Leben lang ein unkriegerischer Mensch; es gelang ihm allerdings immer wieder, tüchtige Feldherren für sich zu gewinnen. Freilich leuchteten die Sterne der Heerführer hell auf, wenn sie wieder einen glänzenden Sieg für die Fahne Spaniens errungen hatten, und der König verwehrte es ihnen auch nicht, sich in ihrem Ruhm zu sonnen. Nur ein einziges Mal durchbrach er dieses Prinzip, als er das Gefühl hatte, von seinem Halbbruder Don Juan d'Austria nach dessen glänzendem Sieg über die Türken in der Seeschlacht von Lepanto in den Schatten gestellt zu werden.

Maria von England sollte ihren Gemahl nur noch ein einziges Mal wiedersehen. Philipp war mit der Politik in seinen Ländern so sehr beschäftigt, daß er bloß für ein paar Monate nach England zurückkehren konnte, wo er eine vom Tod gezeichnete, abgehärmte alte Frau vorfand. Für einige Tage erhellte er ihr freudloses Leben durch seine Fürsorge, dann riefen ihn seine Geschäfte zurück auf den Kontinent. Im November 1558 starb Philipps zweite Gemahlin, was ihn nur wenig berührte. Der Tod hatte ihn schließlich von Kindheit an begleitet. Seine geliebte Mutter Isabella von Portugal hatte die Familie für immer verlassen, als der Sohn erst zwölf Jahre alt war. Es war ein schwerer Schlag für den Kaiser und die Kinder gewesen. Der Vater, ständig auf Reisen, konnte sich nur wenig um seine Familie in Spanien kümmern, aber trotz seiner vielen Bürden, Ärgernisse und Schwierigkeiten schrieb Karl dem heranwachsenden Sohn ausführliche Briefe, in denen er versuchte, ihn in die Geheimnisse des Lebens einzuweihen. Er scheute auch nicht vor persönlichsten Dingen zurück und rief den Jüngling zu sexueller Enthaltsamkeit auf. Dies mag dem jungen Prinzen nicht allzu schwer gefallen sein, denn schon sehr bald, im Alter von sechzehn Jahren, wurde er mit seiner Cousine Maria von Portugal verlobt. Beide sahen es als glückliche Fügung an, daß ausgerechnet sie füreinander bestimmt worden waren, denn sie hatten schon beim ersten Zusammentreffen aneinander Gefallen gefunden. Etwas verlegen schritten sie zum Altar, um die Trauungszeremonie über sich ergehen zu lassen; noch mehr fürchteten sie sich wahrscheinlich vor der so gut wie öffentlichen Hochzeitsnacht, die ihnen in ihrer Position nicht erspart bleiben konnte. Unter großem Pomp, begleitet von lüsternen Blicken, wurden die beiden zu Bett geleitet, während sich im Nebenzimmer die bedeutendsten Persönlichkeiten des Hofes versammelten, um angestrengt auf die Geräusche aus dem Hochzeitsgemach zu lauschen. Lange regte sich nichts, doch dann öffnete sich die Tür, und man zeigte das prinzliche Bettlaken vor, deutlicher Beweis, daß die Ehe mit einer jungfräulichen Braut vollzogen worden war. Was zwei junge Leute bei einer solchen Zurschaustellung ihrer ersten Intimitäten empfanden, interessierte niemanden. Der Tradition mußte Genüge getan werden.

Das junge Paar verlebte schöne Wochen, obwohl der Prinz seine Frau vorübergehend verlassen mußte; er war am ganzen Körper von einem heftig juckenden Ausschlag befallen worden, und die Ärzte rieten ihm, sich aufs Land zurückzuziehen. Man mutmaßte, er habe sich in den Armen seiner Frau zu sehr verausgabt und benötige daher unbedingt ein wenig Urlaub vom ehelichen Bett. Nur ungern befolgte Philipp den Rat der Ärzte, erinnerte sich aber wohl an die Anweisungen seines Vaters, die ebenfalls besagten, er solle sich ab und zu sexueller Abstinenz befleißigen. Zu intensiver ehelicher Kontakt sei ungesund, schrieb der besorgte Vater, eine Pause daher besonders zu empfehlen. Um so schöner und für die Dynastie erfolgreicher und fruchtbarer gestalte sich dann die Wiedervereinigung mit der geliebten Frau!

Das Rezept des Kaisers verfehlte nicht seine Wirkung: Schon nach kurzer Zeit sah die junge Frau Mutterfreuden entgegen. Die am Hof überaus beliebte, natürliche junge Prinzessin sah ihrer schweren Stunde angstvoll entgegen, wußte sie doch, daß die Frauen ihrer Familie es schwer hatten, Kinder in die Welt zu setzen. Trotzdem verlor sie nicht die Zuversicht, auch nicht, als der Schmerz der ersten Wehen sie überfiel. Lange Stunden voll entsetzlicher Qualen folgten, die kein Ende zu nehmen schienen, bis man endlich dem unruhig wartenden Philipp die Geburt eines Sohnes melden konnte. Das Glücksgefühl des siebzehnjährigen Vaters wurde allerdings durch den Anblick des Knaben getrübt: Das Kind war ungewöhnlich klein, abgrundtief häßlich und blau angelaufen. Aber die Ärzte versicherten, dies sei kein Grund zur Besorgnis, und selbst die Damen des Hofes zeigten sich überzeugt, daß aus den häßlichsten Kindern oft die strahlendsten Helden würden. Zu Ehren des fernen Großvaters taufte man den Knaben auf den Namen Carlos.

Maria hatte die stundenlange Entbindung halbwegs heil überstanden, aber gerade die Frauen, die ihr hätten helfen sollen, hatten bereits den Keim des Todes in sie gelegt. Zwei Hebammen hatten sich mit ihren geheimnisvollen Künsten um die Mutter bemüht, hatten versucht, das Kind im Mutterleib zu drehen und dabei Maria schwer verletzt. Da die weisen Frauen auch keine Ahnung von Hygiene hatten, konnte es nicht ausbleiben, daß Maria infiziert wurde und schon am Tag nach der Geburt heftig zu fiebern begann. Man ließ die stark geschwächte Prinzessin zur Ader und verabreichte ihr zu allem Überfluß auch noch kräftige Abführmittel. Als schließlich Blutungen auftraten, verordnete der portugiesische Arzt, den Maria aus ihrer Heimat mitgebracht hatte, Kochsalzspülungen und ließ sie außerdem in dicke Decken hüllen und ihr Kräutertee einflößen, um sie zum Schwitzen zu bringen. Den spanischen Kollegen war der Portugiese schon lange ein Dorn im Auge; er hatte nämlich vorgegeben, an der berühmten Universität von Bologna studiert zu haben. Mit äußerstem Argwohn beobachteten sie ihn, und als sie merkten, daß der jungen Frau der Schweiß aus allen Poren tropfte, da war für sie der Augenblick gekommen, den Konkurrenten bei Philipp anzuschwärzen. Sie stellten dem völlig verwirrten und überforderten jungen Mann vor Augen, daß das Schwitzen alle Körpersäfte raube und den Leib austrocknen lasse; zudem würde das Blut verdicken und alles, was noch an Feuchtigkeit im Körper sei, in den Kopf getrieben werden. Als Folge dieses Vorganges würde das Gehirn anschwellen, was unweigerlich zu einem Schlagfluß führen müsse.

Was sollte der junge Prinz zu dieser Argumentation sagen? Die erste Therapie wurde abgebrochen und das Gegenteil angeordnet. Nun wurde die hochfiebernde junge Mutter mit Eiswasser abgewaschen, dann legte man sie in kühle Linnen und ließ sie überdies noch einmal ausgiebig zur Ader. Die Folge dieser Experimente war, daß Maria vier Tage nach der Geburt des Don Carlos, nachdem ein schnell herbeigerufener Priester ihr noch die Sterbesakramente gespendet hatte, aus dieser Welt sanft in eine bessere hinüberglitt. Man konnte und wollte die Ursache für den Tod der Prinzessin nicht in der Unwissenheit der Ärzte sehen, und so kam man auf die absurde Idee, im Volk zu verbreiten, Maria sei am Genuß einer Zitrone gestorben (seit altersher galt Zitronensaft als schädlich für Wöchnerinnen). In einem unbeaufsichtigten Augenblick habe Maria sich Zitronensaft verschafft, und das sei eben tödlich gewesen.

In all seinem Schmerz um die geliebte Frau wahrte Philipp doch in übermenschlicher Beherrschung sein Gesicht, so wie er es im Lauf seiner frühen Reifungsjahre gelernt hatte. Er konnte das Weinen und Wehklagen im Palast nicht mehr ertragen und zog sich in die Einsamkeit nach Valladolid zurück. Ein Jesuit beschrieb die Situation am Hof mit den nüchternen Worten eines Unbeteiligten: »Soviel ist im Palast geheult und lamentiert worden, daß man hätte meinen können, ganz Spanien gehe zugrunde und es gebe in diesem Leben keine Möglichkeit, sich über den erlittenen Verlust hinwegzutrösten.«

Philipp II. mußte in seinem ereignisreichen Leben noch oft am Totenbett geliebter Menschen stehen; für ihn war das Leben ein ständiges Abschiednehmen. Er durfte sich niemals innerlich allzu intensiv binden, denn er wußte, daß ihm das unbarmherzige Schicksal immer wieder das nehmen würde, was ihm am meisten bedeutete, was er am meisten liebte. Vielleicht ließ diese lebenslange Erkenntnis das Gesicht des alten Königs steinern werden, vielleicht hatte er, der seine Gefühle nie öffentlich zeigte, viel zu viel in seinem Innersten verborgen. Sein privates Leben besaß kurze Höhen und rasch aufklaffende Tiefen. Er hatte alle seine Frauen, selbst Maria die Katholische von England, geliebt, oder doch gern gehabt. Sein ältester Sohn, um den er sich viele Jahre bemühte, starb in geistiger Umnachtung im Gefängnis, in das ihn sein eigener Vater werfen ließ. Und viele seiner Kinder, denen er ein liebevoller Vater gewesen war und um die er sich ständig sorgte, mußte er tatenlos und ohnmächtig schließlich zu Grabe tragen. Den kurzen Augenblicken des Lichts in seinem Leben folgten lange Zeiten der Dunkelheit, die seine Gestalt für alle Zeiten im Gedächtnis der Nachwelt verschwimmen ließen und verzeichneten. Philipp II. verbarg sein wahres Gesicht vor der Welt, so daß ihn niemand so sehen konnte, wie er war – außer denen, die ihn liebten. Und die nahmen ihr Geheimnis mit ins frühe Grab. Von ihm blieb bloß das Bild eines düsteren Schattens über der Geschichte Spaniens.

Niemand hat ihn geliebt

DON CARLOS, INFANT VON SPANIEN

Düster flackerten die Kerzen in den langen Gängen des Palastes, unruhige Schatten sprangen von Wand zu Wand, als der König, begleitet von fünf Edelleuten und zwölf Wachsoldaten, beinahe lautlos die hohen, reich verzierten Türen zu den Gemächern des Infanten öffnete. Im Dunkel der Nacht hatte sich Philipp II. zum letzten und schmerzhaftesten Schritt gegen seinen Sohn Don Carlos entschlossen. Ihm blieb nichts anderes übrig, nachdem er kurz zuvor erfahren hatte, daß der Thronfolger Vorbereitungen traf, Madrid zu verlassen, um gegen den Willen seines Vaters in die Niederlande zu gehen.

Den König hatte sein Vorgehen einen langen Kampf gekostet. Jahrelang hatte er gehofft, sein Sohn würde doch noch so werden wie alle anderen jungen Menschen, jede Regung des Jünglings, die Anlaß zur Hoffnung gab, hatte er mit frohem Herzen begrüßt – um kurz danach doch wieder enttäuscht zu werden. Und nun schien es zum Wohle des Staates und zum Schutz des einzig wahren Glaubens unvermeidlich, den Prinzen in Gewahrsam zu nehmen. Niemand vermochte noch zu garantieren, daß Don Carlos in seiner Verblendung nicht zum Spielball der niederländischen Rebellen wurde und dadurch ein Glaubenskrieg aufloderte, der ganz Europa in Brand stecken konnte. Don Carlos in seiner unberechenbaren Verrücktheit war gefährlich geworden, für Spanien und für ihn selbst, den König.

Von Kind an war der Prinz von Haß gegenüber seinem Vater erfüllt gewesen. Er wollte nicht erkennen, daß Philipp nach dem Tod seiner knapp achtzehnjährigen Frau Maria von Portugal alles darangesetzt hatte, um dem mutterlosen Knaben eine liebevolle Erziehung bieten zu können. Maria, eine Nichte Karls V. und daher eine Cousine Philipps, war einige Tage nach der Geburt ihres ersten Kindes Carlos, wahrscheinlich an Kindbettfieber, gestorben. Der junge Ehemann war fassungslos gewesen; er hatte sich schon bei seiner ersten Begegnung mit Maria in das hübsche, fröhliche Mädchen verliebt, und aus dieser Schwärmerei war bereits nach kurzer Zeit Liebe geworden. Der Tod hatte das kurze Glück grausam beendet; zurückgeblieben war der ungewöhnlich schwächliche Säugling, dem der Vater seine ganze Aufmerksamkeit schenkte. Obwohl Philipp erst siebzehn Jahre alt war, nahm er seine Aufgabe als Vater sehr ernst und machte sich Tag und Nacht Gedanken über die Erziehung seines Sohnes, der, von Ammen genährt, nur langsam an Gewicht und Größe zunahm. Dem jungen Witwer war klar, daß er das Kind nicht allein erziehen konnte; zu vielfältig waren die Aufgaben, die den zukünftigen König von Spanien erwarteten. Aber er kannte eine Frau, auf die er sich blindlings verlassen, der er sein kostbarstes Gut anvertrauen konnte. Die Obersthofmeisterin Doña Leonora Mascareña, eine liebevolle und mütterliche Frau, sollte Mutterstelle bei Don Carlos vertreten: »Er hat keine Mutter mehr, seid Ihr ihm statt derselben; behandelt ihn wie Euer Kind«, bat der Prinz.

Für die gütige Frau hatte sich damit eine äußerst schwierige Aufgabe eröffnet, denn der Bub entwickelte sich nicht wie andere Kinder. Schon bald merkte man, daß Carlos körperlich und geistig zurückgeblieben war, ja in vielen Dingen geradezu krankhaft reagierte. Alles, was andere Kinder von Natur aus spielend erlernten, bereitete ihm unendliche Schwierigkeiten.

Schon als Kleinkind brauchte er sehr lange, bis er sich aufrichten konnte, er lernte langsam und sehr spät gehen, und statt allmählich zu sprechen, begann er unverständlich zu stammeln und undeutlich zu lispeln. Auch in seiner körperlichen Entwicklung gab es Schwierigkeiten. Der in seiner Jugend gutaussehende Vater mußte bald erkennen, daß sein einziger Sohn ein häßliches Kind war, viel zu klein für sein Alter, das auf dünnen Beinen, wovon eines kürzer war, mühsam durch den Palast hinkte. Ein deutlich sichtbarer Buckel verunzierte den dürren Körper, an dem der aufgeblähte Bauch auffiel. Was Philipp nicht wissen konnte, war, daß die nahe Verwandtschaft zwischen ihm und seiner Frau schuld war an dem geistigen und körperlichen Zustand des Kindes.

Der junge Vater konnte kaum mehr seines Lebens froh werden, wenn er den verunstalteten Sohn, der einst sein Nachfolger werden sollte, zu Gesicht bekam. Er mußte bald erkennen, daß Carlos wohl nie ein normaler, vitaler junger Mann sein würde. So oft er konnte, beriet er sich mit Doña Leonora, schüttete ihr so manches Mal sein Herz aus, und sie versuchte ihn zu beruhigen, obwohl ihr selber beim Anblick des Kindes die Tränen kamen. Warum mußte ausgerechnet der königliche Sproß so anders sein als alle anderen? Auf ihm ruhten die Hoffnungen eines ganzen Landes, er mußte so vieles lernen, um später das Königreich regieren zu können. Aber wie sollte man dies bei einem jungen Menschen bewerkstelligen, der erst mit drei Jahren allmählich zu sprechen anfing, der so gar nicht in der Lage war, einfachste Sachverhalte zu begreifen – und der außerdem noch unwillig und faul war? Philipp spürte, daß Carlos eine strengere Hand brauchte und bestimmte Don Garcias von Toledo zu seinem nächsten Erzieher. Aber auch der konnte dem besorgten Vater kaum Positives über die Entwicklung seines Sohnes berichten.

Der Tagesablauf des Prinzen war auf die Minute genau geregelt, um Don Carlos an Ordnung und Pünktlichkeit zu gewöhnen. Aus einem Brief Don Garcias an den Großvater, Kaiser Karl V., geht hervor, was der Prinz tagtäglich zu seiner geistigen und körperlichen Ertüchtigung tun sollte: Um halb sieben morgens wurde er geweckt, was ihn stets mit besonderem Unwillen erfüllte, da er, wie wohl alle Kinder, gern länger geschlafen hätte. Aber diese Zeit erschien seinem Erzieher und Lehrer angemessen, und so gab es kein Pardon. Bis halb neun durfte gefrühstückt werden, eine lange Zeit, aber bald fiel den Köchen und Dienern auf, daß der Junge einen besonders gesegneten Appetit hatte. Zunächst war man darüber froh, da man hoffte, sein schwächlicher Körper würde sich durch das viele Essen endlich normal entwickeln und aus dem spindeldürren Knaben würde ein wohlgestalteter junger Mann werden. Aber allmählich blickte man besorgt auf die unglaublichen Mengen, die Don Carlos verzehrte, und konnte sich nicht erklären, warum er nicht an Stärke und Gewicht zunahm. Vermutlich hatte er sich schon als kleines Kind einen Bandwurm zugezogen, der alle zu einer körperlichen Kräftigung notwendigen Nährstoffe aufzehrte.

Nach dem Frühstück wurde die Messe besucht; dann begann der tägliche Unterricht in den einzelnen Fächern, über die Don Garcias keine näheren Mitteilungen macht. Sicherlich mußte der Infant die lateinische Sprache gründlich lernen, denn sein Lehrer berichtet, daß sich Carlos bei den Interpretationen und Übersetzungen der Werke Ciceros besonders ungebärdig anstelle.

Um elf Uhr wurde das Mittagessen serviert; wahrscheinlich speiste der Infant allein an einer großen Tafel, wie es das spanische Hofzeremoniell vorschrieb. Danach wurde ihm eine Erholungspause gegönnt, die aber darin bestand, daß er sich im Fechten und Reiten üben sollte. Der körperlichen Ertüch-

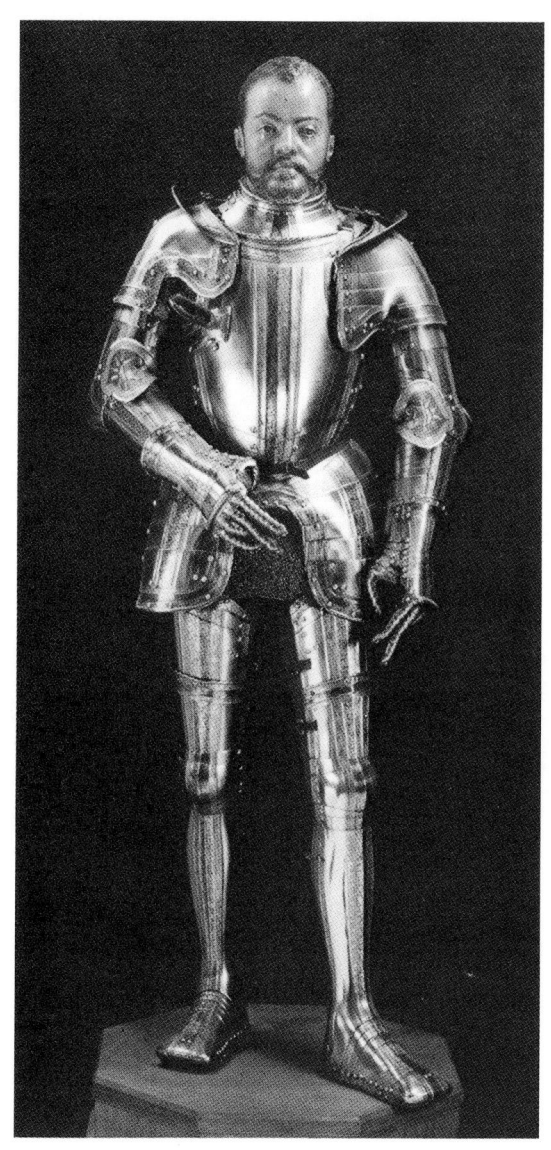

Reiterharnisch Philipps II. mit Ganzfigur des Königs.
Von Desiderio Helmschmid

Links oben: Maria von Portugal. Gemälde aus der Ambraser Porträtsammlung
Rechts oben: Maria Tudor. Gemälde von Anthonis Mor
Links unten: Isabel von Valois. Gemälde von Sanchez Coello
Rechts unten: Anna von Österreich. Gemälde von Sanchez Coello

tigung maß man offensichtlich mehr Bedeutung zu als der geistigen Ausbildung: vielleicht dachte man, daß in einem gesunden Körper allmählich auch ein gesunder Geist wohnen würde.

Die Unberechenbarkeit des Prinzen zeigte sich an vielen Vorfällen, so auch im Reitstall. Es konnte vorkommen, daß Carlos ein Pferd streichelte, nur um im nächsten Moment seinen Dolch zu zücken und es niederzumetzeln. In einem solchen Blutrausch stach er wahllos auf die Pferde im königlichen Reitstall ein und verletzte das Lieblingspferd seines Vaters tödlich. Auch die Diener waren vor seinen Launen nicht sicher; mit seiner schrillen, unnatürlich hohen Stimme laut kreischend stürzte er sich manchmal schäumend vor Wut auf die Ahnungslosen und verprügelte sie. Der venezianische Gesandte berichtete voll Besorgnis über den Geisteszustand des Infanten, daß Carlos niemals Gefallen an »ehrsamen und lobenswerten Dingen« finde, und fügte hinzu, daß er den Prinzen für verstandesschwach halte.

Als Philipp merkte, daß der Sohn kaum mehr Respekt vor Don Garcias zeigte, bestimmte er einen der hervorragendsten Männer Spaniens zum Lehrer des Neunjährigen: Juan Onorato aus Valencia. Man schrieb das Jahr 1554, als Onorato dem Prinzen zum ersten Mal gegenübertrat. Der Anblick muß auch für ihn niederschmetternd gewesen sein: Das Kind hatte sich nicht nur geistig zu wenig entwickelt, auch der Körper war nach wie vor dünn und schwach und trug einen viel zu großen Kopf, der Gesichtsausdruck war einfältig bis boshaft grinsend. Ganz allmählich tastete sich Onorato an seinen Zögling heran, denn auch er mußte bald erkennen, daß Carlos einen seltsamen Zug zur Grausamkeit besaß. Freilich gab es auch Menschen im Palast, die immer noch hofften, der häßliche Prinz würde sich wenigstens als Erwachsener durch innere Werte auszeichnen. Schließlich hatte man seinem Großvater, dem berühmten und verehrten Kaiser Karl, nachgesagt, auch er habe als Kind einen Zug zur Grausamkeit gezeigt. Vielleicht würde der Infant eines Tages dem großen Kaiser ähneln. So verschloß man die Augen vor dem, was ein Blinder sehen mußte: daß der Prinz verunstaltet und zudem noch abartig veranlagt war.

Vielleicht war es Philipp, der früh erkannte, welches Wesen in seinem einzigen Sohn steckte, und vielleicht hat Don Carlos zeitlebens gefühlt, daß sein Vater innerlich vor ihm zurückwich, daß er die Enttäuschung seines jungen Lebens darstellte, eine Enttäuschung, für die das Kind aber ebensowenig konnte wie Philipp für seinen mißgestalteten Sohn. Die nahe Verwandtschaft zwischen Mutter und Vater, das unglückselige Erbe der umnachteten Urgroßmutter Johanna der Wahnsinnigen hatten hier eine Saat ausgestreut, die nur in Unheil aufgehen konnte – und die vor allem eine tiefe Kluft zwischen Vater und Sohn wachsen ließ.

Am Hof diskutierte man eingehend und immer wieder das Thema der Prinzenerziehung. Zunächst sollte die Schwester Philipps diese Aufgabe übernehmen, aber Doña Juana, Witwe Johanns von Portugal, die jetzt in Valladolid residierte und die Interessen des Bruders vertrat, lehnte dies nach einiger Überlegung ab. Ihr gegenüber ließ es der Neffe so deutlich an dem nötigen Respekt fehlen, daß auch Philipp der Meinung war, sie sei wohl ungeeignet.

Als sich der kaiserliche Großvater, Karl V., des Regierens müde 1556 in das Kloster San Yuste zurückzog, kam man auf die Idee, den damals elfjährigen Don Carlos bei ihm aufwachsen zu lassen. Das Kind liebte den alten Kaiser auf merkwürdige Weise und nannte ihn Vater, während es den leiblichen Vater als Bruder bezeichnete. Aber auch Karl konnte sich nicht entschließen, sich eine solche Last aufzubürden und lehnte die Bitte seines Sohnes ab.

Noch größer wurden die Sorgen um den Infanten, als man merkte, daß seine ohnehin angeschlagene Gesundheit zusätzlich durch ein hartnäckiges Fieber litt. Das als Quartalsfieber bezeichnete Leiden schwächte den Knaben jahrelang, und keiner der zugezogenen Ärzte wußte ein Mittel dagegen.

Je älter der Knabe wurde, um so mehr entwickelte er sich zu einer regelrechten Plage im Palast; niemand war sicher vor seinen üblen Scherzen und sadistischen Witzen. Vor allem auf die jungen Mädchen hatte er es abgesehen, denen er hinter Säulen auflauerte, um sich dann mit beinahe tierischem Geheul auf die Wehrlosen zu stürzen und sie zu verprügeln. Hatte er wieder einmal ein ahnungsloses Geschöpf so mißhandelt, überfiel ihn ein seltsames Glücksgefühl, und er beschenkte seine Diener mit wertvollen Gegenständen, gab den Verblüfften Gold, kostbare Ketten, ja manchmal zog er sogar seine Kleider aus und zwang die Bediensteten, diese vor seinen Augen anzulegen.

Aber nicht nur junge Mädchen waren Opfer seines Sadismus, auch Tiere waren vor ihm niemals sicher. Er befahl, kleine Tiere bei lebendigem Leib auf dem Rost zu braten, riß ihnen die Beine aus und weidete sich an den Qualen, die er den hilflosen Kreaturen bereitete. Als ihn eines Tages eine Schlange verletzte, biß er ihr kurzerhand den Kopf ab.

Carlos liebte derbe Scherze. Eines Tages nahm er einem Händler eine Perle ab, scheinbar, um sie zu betrachten und zu bewundern; dann aber steckte er sie blitzschnell in den Mund und schluckte sie. Der Kaufmann sah die Perle, die er für 3.000 Skudi – damals ein Vermögen – in Indien gekauft hatte, schon verloren – bis der Prinz sie hämisch lächelnd nach drei Tagen zurückbrachte.

Was muß der König gefühlt haben, wenn er von solchen Scherzen hörte, wenn er den mißratenen Sohn betrachtete? Das war sein Kind: ein Sadist, ein Tier- und Menschenquäler, ein triebhaft veranlagtes Wesen, dem jeder Zugang zur Kultur fehlte! Und dieser Unhold sollte der zukünftige Herrscher Spaniens sein? Obwohl Philipp all dies längst erkannt hatte, ließ er nichts unversucht, um den Sohn doch noch zu lenken, wachte er ohne Unterlaß über dessen Erziehung, gab er gute Ratschläge und versuchte, den Charakter seines Sohnes zu ändern. Aber vergebens.

1561, mit sechzehn Jahren, wurde Carlos auf die Universität nach Avala geschickt, zusammen mit seinem Onkel Don Juan d'Austria, dem unehelichen Sohn Kaiser Karls V. und der Regensburgerin Barbara Blomberg, und dem Prinzen Alexander Farnese. Was die jungen Leute dort wirklich trieben, verschweigen die Chronisten; wahrscheinlich war es keine außergewöhnliche Belustigung für die jungen Heißsporne, so manchen Abend durch die Gassen zu ziehen und jedes junge Mädchen, das ihren Weg kreuzte, zu küssen, ob es wollte oder nicht. Gegen die stürmischen Umarmungen des schönen Don Juan oder des charmanten Alexander Farnese, die schon so manches Frauenherz im Sturm erobert hatten, mag sich manche Schöne nur schwach gewehrt haben, um so heftiger aber gegen den häßlichen Don Carlos. Der allerdings trieb es wie immer am tollsten und machte geradezu Jagd auf die Unglücklichen. Er schien Gefallen daran zu finden, wenn die Mädchen bei seinem Anblick kreischend auseinanderstoben und er sich dann erst recht auf eine stürzen konnte, die er zu fassen bekam. Das ausgelassene Trio hatte immer neue Ideen: begegnete ihnen eine ehrbare ältere Frau, so begannen die jungen Männer, sie mit unflätigen Worten zu beschimpfen. Schamrot suchten die Frauen das Weite.

Als dem König diese Umtriebe der Prinzen zu Ohren kamen, ließ er voller Empörung die drei Missetäter zu sich rufen und hielt ihnen mit harten Worten eine tüchtige Strafpredigt. Er konnte solche Scherze nicht ausstehen, obwohl er

selbst noch jung war und durchaus etwas für Späße übrig
hatte, allerdings nur im Rahmen von Sitte und Ordnung.

Vielleicht war es auch die Gesellschaft der beiden lebensfrohen Prinzen, die Don Carlos in seinem dreisten Übermut
anstachelte. Seinem zwei Jahre jüngeren Onkel Don Juan
d'Austria gegenüber hegte der Infant zwiespältige Gefühle:
einerseits beneidete er ihn, andererseits imponierte ihm das
selbstsichere Auftreten Don Juans, seine Erfolge bei den
Frauen und seine Beliebtheit bei Hofe. Vielleicht sah Don
Carlos in ihm all das, was ihm selbst vorenthalten war: Ihm
war nicht die glänzende Redegabe gegeben, die alle an Don
Juan bewunderten, ihm fehlte der umwerfende Charme, mit
dem der Halbbruder des Königs die Herzen im Sturm
eroberte. Und doch glaubte der Infant, mehr zu sein, als Don
Juan jemals werden konnte. Als es eines Tages zu einem hef-
tigen Streit zwischen den beiden Jünglingen kam, schrie der
Prinz gellend, daß es durch die Gänge des Palastes hallte:
»Ich kann nicht mit einem Geringeren sprechen. Eure Mutter war eine Dirne, und Ihr seid ein Bastard!« Ruhig, beinahe
verwundert hörte Don Juan die Beleidigung an und antwortete kühl: »Auf jeden Fall war mein Vater ein viel bedeuten-
derer Mann als der Eure.«

Darauf hatte Don Carlos nur gewartet; jetzt glaubte er eine
Handhabe gegen den Bewunderten und Beneideten zu
haben. So schnell ihn seine dürren Beine trugen, hinkte er zu
seinem königlichen Vater, um ihm von dem Sakrileg zu
berichten. Philipp vernahm die heftig hervorgestoßenen
Worte seines Sohnes mit undurchdringlicher Miene und antwortete bloß: »Don Juan hat recht, und Ihr habt unrecht.
Sein und mein Vater war ein viel größerer Mann, als es der
Eure je war oder sein wird.«

Als der Prinz begann, den Mädchen nachzustellen, wurde es
noch schwieriger, ihn zu kontrollieren und im Zaum zu hal-

ten. Er verliebte sich in die Tochter eines Gärtners oder Pförtners oder Haushofmeisters (was der Vater wirklich war, ist ungewiß) und forderte in seiner ungestümen Art ein Rendezvous, von dem natürlich Vater und Mutter der Angebeteten nichts wissen durften. Dabei hätten sie sich um die Tugend ihrer Tochter keine Sorgen zu machen brauchen; der junge Mann war noch gar nicht in der Lage, ein Mädchen körperlich zu lieben. Erst ein späterer chirurgischer Eingriff sollte dieses Manko korrigieren, wovon Carlos auch prahlerisch vor versammeltem Hofstaat berichtete; auch die, die es nicht so genau wissen wollten, mußten Zeugen seiner neu erworbenen Männlichkeit werden.

Am 18. April 1562 bestellte der Prinz das Mädchen zu einem Stelldichein. Er selbst schlich über eine Seitentreppe, um nicht gesehen zu werden, verfehlte aber in der Dunkelheit eine Stufe, stürzte und fiel so unglücklich auf eine Kante, daß er sich eine große, klaffende Wunde am Kopf zuzog. Ohnmächtig lag er in seinem Blut, als man ihn endlich fand. Obwohl die Ärzte schnell zur Stelle waren, einen dicken Kopfverband anlegten und ihn natürlich auch nach der Sitte der Zeit kräftig zur Ader ließen, stellte sich bald hohes Fieber ein, das den ohnehin schwächlichen Körper noch mehr entkräftete. Die Aussicht auf Genesung schien gering, und so mancher mag wohl nicht allzu sehr darauf gehofft haben. Trotzdem wurde im ganzen Land für die Genesung des Thronfolgers gebetet, Tage hindurch las man Messen und setzte das Allerheiligste aus. Aber der Zustand des Jünglings verschlechterte sich immer mehr, und alle Hoffnung schien geschwunden. Da konnte nur ein Wunder helfen! Warum sollte dem Todkranken nicht ein heiligmäßig Gestorbener helfen, dessen Tod wunderbare Rätsel aufgegeben hatte? Der heilige Diego war wohl gestorben, sein Leichnam aber noch nicht verwest. So wie man ihn beigesetzt hatte, so hatte sich der Körper noch erhalten. Nur Fray Diego konnte helfen! Man ließ den Leichnam herbeiholen und legte den phantasierenden Infanten neben ihn. Gespannt warteten die Anwesenden auf ein Wunder. Angeblich verströmte der Tote einen berauschenden Duft, und Carlos erzählte später, in der Nacht sei ihm Diego erschienen und habe versprochen, ihn gesund zu machen. Tatsächlich besserte sich der Zustand des jungen Mannes, aber wohl eher durch das Eingreifen des berühmten Anatomen Andreas Vesalius, Leibarzt Karls V., der eine Öffnung des Schädels vornahm, wobei eine Menge Eiter abfloß.

Langsam erholte sich der Prinz, aber noch Monate nach der Krise redete er wirr, so daß man daran zweifeln mußte, ob er jemals noch einen klaren Gedanken fassen oder formulieren würde. Als er wieder halbwegs bei Sinnen war, betrieb er eifrig die offizielle Kanonisierung Diegos, dem er seine Rettung vor dem sicheren Tod zuschrieb.

Als Carlos zwanzig Jahre alt war, entschloß sich der König, wahrscheinlich schweren Herzens, ihm einen gewissen Anteil an der Regierung einzuräumen. Bevor dem Infanten irgendwelche wichtigen Ämter übertragen wurden, erhielt er seine eigene Hofhaltung, die ganz nach burgundischer Weise ausgerichtet war.

Was wir heute als spanisches Hofzeremoniell bezeichnen, hatte seine Wurzeln in Burgund. Hier entstand aus der Verehrung des Herrschers ein Ritual, das den König immer weiter vom Volk entrückte. Und je mehr dies geschah, desto mehr ähnelte seine Verehrung jener, die man Gott schuldig war. Gottgewollt sei der Auftrag, in dem der Regent das Volk führen solite, aber ebenso wie Gott unfaßbar, nicht von dieser Welt war, sollte auch der Herrscher nichts mit Irdischem gemein haben. Sein Leben mußte sich zwangsläufig anders gestalten, anders entfalten, fern jeglicher menschlicher Kontakte.

Karl V. war der erste Herrscher, der sein Leben, so sehr es ging, nach diesem Prinzip ausrichtete. Da er aber seine Residenz kaum je für längere Zeit in einer bestimmten Stadt aufschlug, war es ihm auch nicht möglich, das Zeremoniell zur Vollendung zu führen, wie es schließlich seinem Sohn Philipp gelang, der es 1548 erstmals in Valladolid einführte. Obwohl sich Philipp, solange er lebte, nie wirklich in dem goldenen Käfig wohlfühlte, den er sich selbst geschaffen hatte und in dem er gefangen war, obwohl er einen Hang zu Bedürfnislosigkeit und Einfachheit besaß, konnte er sich aus seiner Umgebung nicht mehr befreien; er war zu seinem eigenen Opfer geworden. Aber auch alle anderen mußten sich den Vorschriften des Zeremoniells beugen, konnten sich nicht frei am spanischen Hof bewegen, wie sie wollten, sondern hatten alles zu akzeptieren und respektieren, was von Philipp verfügt worden war. Auch Don Carlos war dem Zeremoniell unterworfen, als er seinen eigenen Hofstaat erhielt; allerdings galt noch lange nicht für den Sohn, was der Vater für sich beanspruchte. Philipps Palast und später der von ihm erbaute Escorial glichen einem riesigen Gefängnis, zu dem es nur drei Schlüssel gab, da alle Türen mit dem gleichen Schloß ausgestattet waren. Selbstverständlich verwahrte der Herrscher einen Schlüssel in seiner Geheimschatulle; dieser war nur für den äußersten Notfall vorgesehen. Wenn sich Philipp von einem Raum in den anderen zu begeben wünschte, mußte der Quartiermeister vor ihm die Türen, die dorthin führten, auf- und wieder zusperren. Dieser Mann war es auch, der die geheimsten Wünsche seines Herrn kannte, wenn sich Philipp etwa des Nachts zu seiner Gemahlin begeben wollte, um mit ihr das königliche Beilager zu halten. Selbstverständlich wurde in der Dienerschaft genau registriert, wann und wie oft der König seine ehelichen Pflichten erfüllte, und so mancher stand ungesehen hinter einem Vorhang, um zu lauschen. Schlief Philipp allein, so war eine ganze Dienerschar vorhanden, um jeden geringsten Wunsch zu erfüllen, alles streng nach dem Reglement. Der Primer sumiller de corps – vor der Einführung des burgundischen Zeremoniells der Oberstkämmerer – trug als Zeichen seiner Würde einen goldenen Zeremonienschlüssel; er hatte den König zu wecken und zu Bett zu bringen. Das An- und Ausziehen besorgte der Leibkammerdiener, der außerdem Philipp beim Waschen behilflich sein mußte und ihm das Handtuch zu reichen hatte, wenn sich der Herrscher nach Tisch die Hände wusch.

Die Mahlzeiten waren wieder einem eigenen Zeremoniell unterworfen. Für alle Belange gab es eigene Personen, die nur ihren Aufgabenbereich zu erfüllen hatten: Der Obergeschirrmeister sorgte für die Tischwäsche und das Tafelgeschirr, dazu kam noch die Oberaufsicht über Brot und Salz, bisweilen über Senf und Käse; außerdem entging nichts seinem forschenden Auge. Setzte sich der König an die Tafel, so war es etwa von größter Wichtigkeit, daß auf dem Tisch immer Zahnstocher zur Verfügung standen.

Selbstverständlich gab es eine eigene Backstube, wo der Leibbäcker dreimal täglich frisches Brot buk, das dann in einer verschlossenen Metalldose in die königliche Küche geschickt wurde. Nur der Obergeschirrmeister besaß einen Schlüssel, nur er konnte Brot aus der Büchse entnehmen, und er bürgte mit Leib und Leben dafür, daß es nicht vergiftet war. Wahrscheinlich lebten alle Herrscher der Zeit in ständiger Angst, vergiftet oder anderswie ermordet zu werden, wie diese umständlichen Vorkehrungen beweisen; sie waren beinahe perfekt, aber trotzdem mußte jede Speise und jeder Wein von den Leibärzten vorgekostet werden, um sicherzugehen, daß dem König keine Gefahr drohte.

Frisches Obst und Gemüse durften auf der Tafel nicht fehlen; dafür war der Oberfruchtmeister verantwortlich. Da Philipp größten Wert auf Ästhetik legte, trachtete der Oberfruchtmeister stets danach, das Obst möglichst kunstvoll zu arrangieren. Der Oberkellermeister sorgte für die Weine, der Obersaucenmeister stellte die kalten Speisen und die meist mit Essig angemachten Saucen zusammen. Man liebte zu dieser Zeit die Speisen mit Essig ganz besonders, waren sie doch in der Hitze erfrischend und regten den Appetit an. Außerdem schrieb man dem Essig eine geheimnisvolle, gifttötende Wirkung zu; angeblich zerstöre er jedes Gift, noch bevor es im Körper seine unheilvolle Wirkung tun könne.

Am Hof Philipps II., an dem sich öfter auch viele junge Leute aufhielten, besonders als der Herrscher in dritter Ehe mit Isabel von Valois verheiratet war, liebte man Süßspeisen, deren Zubereitung der Oberküchenmeister zu überwachen hatte. In seinen Aufgabenbereich fiel auch die Auswahl von gebratenem Fleisch oder gedünstetem Fisch, wobei es niemals vorkam, daß er nicht alle Speisen persönlich durchkostete.

Schon für die Vorbereitung der Gerichte war ein ganzer Stab von Dienern nötig; wenn aber der König geruhte, zum Essen zu schreiten, stellte sich lautlos eine ganze Prozession zusammen, einerlei, ob Philipp allein zu speisen wünschte oder in größerer Gesellschaft. Während die Schüsseln und Platten aufgetragen wurden, durfte in den langen Gängen und in den Hallen zwischen der Küche und dem Eßtisch des Königs niemand sitzen oder eine Kopfbedeckung tragen. Bei Tisch wurde alles, was in Küche und Keller zubereitet oder erzeugt worden war und dem König angeboten wurde, vor seinen Augen von den Leibärzten verkostet. War die Kostprobe zur allgemeinen Zufriedenheit ausgefallen, wurde der Wein in den königlichen Becher eingeschenkt, der von der Flasche bis zu Philipp durch vier Hände gegangen war. Es durfte kein Wort gesprochen werden, alles wartete gespannt darauf, welche Miene der Herrscher machen würde. Aber das Gesicht Philipps zeigte meist die Maske der Unbeteiligtheit, so daß man nur an kleinsten Veränderungen ablesen konnte, ob das Mahl seine Zustimmung gefunden hatte. Am Ende der Zeremonie überreichte man ihm kniend eine silberne Waschschüssel, damit er sich die Hände reinigen konnte, und hielt ihm auf Knien das Handtuch hin.

Meist speiste Philipp allein; für die Königin war in einem anderen Gemach die Tafel bereitet, wo sie mit dem gleichen Aufwand bedient wurde wie ihr Gemahl. Auch sie hatte einen eigenen Hofstaat, auch sie hatte sich der gleichen, kaum menschlichen Erstarrung zu unterwerfen. Und je älter der König wurde, desto ausgeprägter zelebrierte er alle Handlungen. Man nahte sich ihm nur noch auf Knien, selbst hohe Würdenträger trugen ihre Anliegen kniend vor; erst wenn Philipp einen Wink gab oder huldvoll nickte, durfte man sich erheben oder gar setzen.

Es konnte nicht ausbleiben, daß sich die Kluft, die zwischen Philipp und Don Carlos schon bestanden hatte, durch solche Rituale und durch die strengen Anordnungen des Vaters noch vertiefte. Alles, was der König gebot, erregte das tiefe Mißtrauen des Sohnes, hinter allem und jedem witterte Carlos eine Schikane oder Finte. Traf man sich zu gemeinsamen politischen Sitzungen, so war das Verhältnis zum Schein so lange gut, so lange es Don Carlos ratsam schien, den gehorsamen Sohn zu spielen. Wurde ihm diese Rolle allerdings zu viel oder wurde er wieder einmal von einer seiner seltsamen Launen befallen, so konnte es geschehen, daß er mitten in einem brisanten Gespräch zu singen anfing, allen Anwesenden sein absolutes Desinteresse bekundete, ja sogar deutlich machte, daß er alle Großen des Reiches verachte – dabei nahm er seinen Vater nicht ausdrücklich aus.

So kam es, wie es kommen mußte: obwohl Don Carlos anfangs zu den Sitzungen des Staatsrates zugezogen wurde, vermied Philipp es bald, den jungen Mann politisch zu unterweisen: und je mehr sich Don Carlos in eine Außenseiterrolle gedrängt fühlte, um so mehr begann er gegen seinen Vater zu opponieren, um so mehr suchte er jede Gelegenheit, sich mit den Gegnern des Königs zu verbünden. Mit Mühe versuchte ihn sein Erzieher und Vertrauter Onorato vor unbedachten und gefährlichen Handlungen zurückzuhalten, und so lange Onorato am Leben war, konnte der endgültige Bruch zwischen Vater und Sohn gerade noch verhindert werden.

Der junge Prinz bot auch als Erwachsener einen traurigen Anblick: sein von Geburt an viel zu großer Kopf war durch den Sturz über die Treppe noch mehr verunstaltet, sein Körper leicht schief, eine Schulter breiter als die andere, was auch die Rüstung nicht ausgleichen konnte, die viel zu dünnen Beine trugen kaum das Gewicht des Leibes und hatten sich säbelförmig gekrümmt. Auf seinem Gesicht lag meist ein hämisches Grinsen, während die Augen böse funkelten. Wie anders dagegen der Halbbruder Philipps, Don Juan d'Austria, der als natürlicher Sohn des Kaisers am spanischen Hof erzogen wurde! Er war der Inbegriff des strahlenden jungen Mannes, der Prototyp des siegreichen Helden. Beim Anblick seines Halbbruders mußte Philipp weh ums Herz werden, wenn er an den mißgestalteten eigenen Sohn dachte, das Kind seiner geliebten, mädchenhaften Maria. Dem König lag viel daran, daß die beiden jungen Leute intensiven Kontakt miteinander hatten; vielleicht erhoffte er sich einen positiven Einfluß auf den Infanten. Auch die beiden Neffen Philipps, Ernst und Rudolf, die Söhne Kaiser Maximilians II., waren aus dem fernen Österreich nach Spanien gekommen, um an dem in ganz Europa berühmten Hof den letzten Schliff zu erwerben. Es war eine gesellige Runde junger Leute, die hier zusammengetroffen waren, verschieden in ihrem Äußeren, ihrer Mentalität und Erziehung, aber man verstand sich trotzdem: nur Don Carlos blieb stets ein Außenseiter. Zu spontan waren seine Reaktionen, zu unberechenbar zeigte er sich auch im Freundeskreis. Niemand war vor seinen Launen und Eskapaden sicher, immer wieder widersetzte er sich den Anordnungen des Königs und ließ andere dafür büßen, wenn er mit den Vorschriften seines Vaters nicht einverstanden war. Eine empörende Geschichte machte nicht nur in Marid, sondern in ganz Spanien die Runde: Bei Hofe galten weite Stiefel als schick; auch Don Carlos gefiel sich in dieser Tracht, ließ sich aber besonders weite Stiefelschäfte anfertigen, in die er heimlich kleine Pistolen stecken wollte. Sein Vater erfuhr davon und befahl, die Beinkleidung enger machen zu lassen. Ein Schuster änderte die Schäfte, überbrachte die Stiefel und wartete auf den wohlverdienten Lohn. Don Carlos, rasend vor Wut, stürzte sich auf den Ärmsten und prügelte ihn windelweich; dann zerschnitt er das Stiefelleder in kleine Stücke, kochte sie und zwang den Schuster, sie vor seinen Augen zu essen.

Entsetzen ergriff den König, als er von dieser Untat hörte, und auch in der Bevölkerung begannen sich Zweifel zu regen, ob ein so gearteter Mensch würdig sei, die Krone Spaniens zu tragen. Man wurde hellhörig, was den Infanten anbelangte, gierig hörte das Volk auf die Geschichten, die nun von allen Seiten kolportiert wurden. Und es wurden immer mehr Greuelmeldungen bekannt. Auch den Diplomaten konnten sie nicht verborgen bleiben. Im Juli 1567 berichtete der toskanische Botschafter an Cosimo de Medici in Florenz voller Abscheu folgende Episode:

Don Carlos war – wie so oft – in Geldnöten gewesen und hatte sich von einem Geldverleiher namens Grimaldo 1.500

Dukaten geliehen. Als man handelseins geworden war, verneigte sich Grimaldo dreimal vor dem Infanten und versicherte – wie es dem Höflichkeitszeremoniell entsprach –, daß all sein Hab und Gut dem Prinzen zur Verfügung stehe. Darauf meinte Don Carlos mit bösartigem Grinsen, der Geldverleiher solle ihm innerhalb 24 Stunden 100.000 Dukaten überbringen. Entsetzt versicherte dieser, seine Worte seien nur als Höflichkeitsfloskel zu verstehen gewesen; vergeblich: Don Carlos drohte mit allen möglichen Maßnahmen, sollte das Geld nicht innerhalb der angegebenen Frist zur Verfügung stehen. Schließlich einigte man sich auf 60.000 Dukaten, und dem Unglücklichen blieb nichts anderes übrig als zu zahlen.

Das vorrangige Ziel des Infanten war es nun, sich von seinem Vater zu befreien; eine baldige Heirat sollte ihm dabei helfen. Pläne zu einer Verehelichung waren schon lange geschmiedet, die seltsamsten Verbindungen überlegt und wieder verworfen worden, aber eine hatte man noch immer fest im Auge: die Heirat mit Anna von Österreich, einer Tochter Maximilians II., die im Alter gut zu Don Carlos paßte. Was man dem jungen Mädchen über seinen Zukünftigen erzählte, war schon nicht mehr bloß Schmeichelei, sondern pure Lüge; wie anders wäre zu erklären, daß Anna begierig auf alle Neuigkeiten von dem fernen Bräutigam wartete und den Tag herbeisehnte, an dem sie Carlos ehelichen sollte? Aber je mehr der Kaiser auf die Eheschließung drängte, desto zurückhaltender verhielt sich sein Vetter Philipp. Vielleicht beschlich ihn bisweilen ein unheimliches Gefühl, wenn er sich vorstellte, wie entsetzt das blühende junge Mädchen sein würde, wenn es den mißgestalteten Bräutigam vor Augen bekam, wenn er sich ausmalte, daß es dem abartigen Sadisten ausgeliefert sein würde. Philipp war nicht nur König von Spanien, sondern auch ein Mann von Fleisch und Blut, und er konnte eine solche Ehe nicht mit reinem Gewissen gutheißen. Und allmählich mußte auch Maximilian erkennen, daß etwas nicht stimmen konnte, wenn der Spanier eine Ausrede nach der anderen erfand, bloß um keinen Hochzeitstermin festlegen zu müssen.

Aber das Schicksal nahm bereits seinen Lauf, und es bewahrte wenigstens Anna vor dem größten Leid. Don Carlos begann sich in politische Intrigen zu verstricken und wurde dadurch zur Gefahr für Philipps autoritäre, streng gegenreformatorische Politik. Mochte der König auch im Familienkreis menschliche Züge zeigen: Andersgläubigen gegenüber machte er nicht die geringste Konzession. Mit unerbittlicher, ja grausamer Härte unterdrückte er schon die unscheinbarsten Keime neuer Ideen, wenn sie mit dem althergebrachten katholischen Gedankengut nicht in Übereinstimmung zu bringen waren. Die Inquisition, seit 1478 eine staatliche Einrichtung, hatte alle Hände voll zu tun, die Scheiterhaufen loderten im ganzen Land. Ein solches Vorgehen mußte natürlich die Opposition vieler vernünftig denkender Menschen auf den Plan rufen, aber wer sein Leben liebte, sprach sich nicht allzu offen gegen die katholische Kirche aus. War es schon in Spanien nicht ratsam, sich den Thesen Luthers oder Calvins anzuschließen, so geradezu lebensgefährlich in den Niederlanden. Philipp war viel zu sehr Spanier in seinem ganzen Wesen, um die so anders geartete Mentalität der Niederländer begreifen zu können, ebenso wie auch sein Vater Karl V. seine Schwierigkeiten mit dem lebensfrohen Volk an Schelde und Maas gehabt hatte.

Die Hoffnungen der Niederländer konzentrierten sich nicht auf diesen König; vielleicht aber war sein Sohn anders, vielleicht würde der junge Mann sein Herz und seinen Verstand den Problemen und Nöten eines freiheitsliebenden Volkes öffnen? Natürlich hatte man in Flandern und in den großen Städten von den Absonderlichkeiten des Infanten gehört, aber wahrscheinlich glaubte man, daß er sich bloß seinem bigotten Vater gegenüber unbotmäßig verhalte und diese bösen Gerüchte dadurch zustande kämen. Gerade die Opposition des Prinzen zu seinem Vater machte ihn sympathisch, und man wollte nicht wahrhaben, daß er geistig nicht normal sei.

Don Carlos selbst fühlte sich durchaus in der Lage, in die Niederlande zu gehen, um sich dort von seinem übermächtigen Vater zu lösen. Das Vermächtnis seines Freundes und Lehrmeisters Onorato hatte er schon lange vergessen und dessen wohlmeinende Ratschläge in den Wind geschlagen, er solle immer seinem Vater gehorchen. Längst glaubte er, selbständig handeln zu können, ohne auch nur im geringsten dazu befähigt zu sein. Selbstherrlich überschätzte er seine eigenen Fähigkeiten und hörte auf die Einflüsterungen falscher Freunde, die sich von dem rebellischen Infanten allerhand Vorteile erhofften. So mußte es zwangsläufig geschehen, daß sich Carlos in politische Intrigen verwickeln ließ, die er niemals durchschauen konnte. Was hatte er schon mit den Niederlanden zu tun? Er kannte weder Land noch Leute noch die politische oder religiöse Situation in diesem fernen Land im Norden. Seine ganze Bildung war derart lücken- und mangelhaft, daß er lediglich ungefähr wußte, wo die Niederlande lagen, die seinem Vater so viel Kopfzerbrechen bereitete. Man hatte ihm zwar vom Grafen von Egmont, von Wilhelm von Oranien erzählt und welche Rechte sie für ihr Volk beanspruchten, aber Carlos hatte trotzdem keine Ahnung, worum es ging. Er sah nur die Berater seines Vaters, allen voran den von ihm besonders gehaßten Herzog von Alba. Und weil er diesen Leuten mißtraute, lehnte er auch ihre Politik ab. Er wollte sich auf die Seite der Niederländer stellen, eventuell sogar heimlich in die Niederlande ziehen, um dort gegen sein eigenes Volk, ja seinen eigenen Vater zu kämpfen. Daß solche Aktionen zu seinem persönlichen Verderben führen mußten, davon konnte ihn niemand überzeugen. Hinter jedem wohlgemeinten Rat witterte er eine Falle und lehnte ab, was ihm Menschen rieten, die es gut mit ihm meinten. Und davon gab es nicht viele.

Don Carlos begann nach Verbündeten Ausschau zu halten, aber da er wenig Geld besaß und von nicht gerade einnehmendem Wesen war, fiel ihm dies schwer. Zwar glaubte er sich auf Don Juan d'Austria verlassen zu können, aber welches Spiel dieser wirklich trieb, ist bis heute ungeklärt geblieben. Wahrscheinlich versprach der Infant seinem macht- und einflußlosen Onkel ein Königreich, sollte er, Carlos, sich gegen seinen Vater durchsetzen können. Der Prinz wandte sich außerdem in persönlichen Schreiben an die spanischen Granden und bat um Geld und Unterstützung. Seinem Kämmerer übergab er ein Billett für geeignete Vertrauensleute, in dem es hieß: »Garcia Alvarez Osorio, mein Kämmerer, der Euch dies einhändigt, wird Euch bitten, mir zu meinem unabweislichen und sehr dringenden Bedürfnis eine Summe Geldes zu leihen. Ich bitte Euch sehr und lege es Euch auf, dies zu tun; Ihr werdet damit nicht allein Eure Vasallenpflicht erfüllen, sondern mir auch den größten Gefallen erweisen. Was die Erstattung anbelangt, bestätige ich alles, was derselbe Osorio tun wird. Damit werdet Ihr mir den größten Gefallen erweisen. Ich der Prinz.«

Es stellte sich heraus, daß Don Carlos, wie immer er geartet sein mochte, nicht ganz allein in der Welt stand; im Jahre 1568 hatten seine Anhänger immerhin 150.000 Dukaten gesammelt. Man war in weiten Teilen der Bevölkerung mit der Regierung Philipps unzufrieden und erhoffte sich vom Prinzen, den man kaum von Angesicht zu Angesicht kannte, segensreiche Neuerungen. Der König ging mit brutaler Gewalt gegen »Ketzer«, Juden und Mauren vor; das machte bei vielen böses Blut. Seit Jahrhunderten war der Handel großteils in den Händen der Juden gelegen, und wenn man sie jetzt verfolgen und ausrotten ließ, konnte das auch katholischen Geschäftsleuten nicht gleichgültig sein. Es begann im Untergrund zu gären. Und was sich zunächst wie ein Gerücht anhörte, wurde allmählich zur Gewißheit: der König würde wachsam sein müssen, um nicht in einen offenen Konflikt gerissen zu werden. Wahrscheinlich hatte er seinen Sohn unterschätzt, hatte zu sehr auf seine lange Jahre hindurch unangefochtene Position vertraut. Jetzt aber, da Don Carlos plötzlich aktiv wurde, da er darauf bestand, in die Niederlande geschickt zu werden, gingen Philipp und seinen Ratgebern die Augen auf, und alle erkannten die Gefahr, die dem Staat und der alten Ordnung von dem unberechenbaren jungen Mann drohte.

Philipp mußte handeln, bevor es zu spät war. Der Infant fühlte, daß seine Unternehmungen nicht geheim geblieben waren, daß sich der gewaltige Schatten seines Vaters über ihn legen würde. Er wurde zunehmend aggressiver, stieß seine wenigen Freunde durch Unbeherrschtheit vor den Kopf. Nachts, wenn er nicht schlafen konnte, irrte er mit geladenem Gewehr umher und bedrohte jeden, der sich ihm in den Weg stellte. Die nackte Angst hatte ihn gepackt, und er wollte sein Leben um einen möglichst hohen Preis verkaufen. Don Carlos befahl einen Pariser zu sich, Louis de Foix, der wegen seiner Erfindungen und neuen Konstruktionen weit über die Grenzen Frankreichs hinaus berühmt war. Dieser sollte ihm eine Vorrichtung bauen, durch die er selbst im Bett liegend die Tür öffnen und schließen konnte. Niemand sollte ohne seinen Willen seine Gemächer betreten dürfen. Wenn er sich schlafen legte, hatte er immer ein scharf geschliffenes Schwert und eine geladene Pistole an seiner Seite. Er ließ sich ein Brevier mit eisernen Seiten und Leisten aus Stahl und Gold anfertigen, mit dem er sich im Falle einer Gefangennahme zur Wehr setzen wollte. Nur so fühlte er sich halbwegs sicher.

Vielleicht war ihm zu Ohren gekommen, was Philipp an seine Schwiegermutter, Katharina von Portugal, geschrieben hatte: seine väterliche Liebe habe ihn bewogen, so lange nichts gegen Don Carlos zu unternehmen. Aber jetzt sehe er den Augenblick für gekommen an, den Sohn in die Schranken zu weisen.

Je mehr die Angst den jungen Mann befiel, desto hektischer wurden seine Gedanken, wie er sich davon befreien könne, bis zum letzten, schrecklichsten Ausweg: dem Mord an seinem Vater. Der Beichtvater des Prinzen kannte die Attentatspläne, denn er hatte Don Carlos die Absolution verweigert. Ob der Prior des Klosters Atocha dem König das unter dem Beichtgeheimnis Preisgegebene mitgeteilt hat, ist nicht bekannt. Für den König war das Maß der Geduld jedenfalls voll, als der Infant den Herzog von Alba tätlich angriff, nachdem er erfahren hatte, daß dieser vom König das Kommando in den Niederlanden übertragen bekommen hatte, das er, Carlos, für sich beanspruchte.

Der Heilige Abend des Jahres 1567 brachte den Höhepunkt der Krise: In einem Gespräch unter vier Augen beichtete Don Juan d'Austria dem König alles, was er selbst von Don Carlos erfahren und von anderen über dessen Pläne gehört hatte. Erschüttert erkannte Philipp, daß er handeln mußte, wollte er seinen Sohn vor sich selbst schützen. Er ließ ein Gremium von Juristen zusammenstellen und beriet tagelang mit den Rechtsgelehrten, wie man den Fall des Prinzen behandeln solle und welche Parallelen es in der Geschichte gebe. Der König wurde an den Fall des französischen Königs Karl VIII. erinnert, der gegen seinen Vater Ludwig XI. vorgegangen war. Man erwog alle Für und Wider, der Herrrscher wollte nichts überstürzen oder unter dem Druck der

Ereignisse zu schnell handeln. Es stellte sich heraus und wurde auch ganz klar ausgesprochen, daß Don Carlos »keine Beweise dafür geliefert habe, daß sein Gehorsam, seine Besonnenheit und Umsicht und seine militärische Tüchtigkeit den Erfordernissen entsprechen«, sondern einzig und allein sein ungebundener Wille zu erkennen sei, überall zu befehlen. Als bekannt wurde, daß Carlos die Absicht habe, Madrid zu verlassen, war das letzte Hindernis für den Herrscher gefallen. Nun galt es zu handeln.

Als sich im Dunkel der Nacht trotz der Sicherheitsschlösser die hohen Türen zu den Gemächern des Prinzen öffneten und der Vater völlig unvermutet hereintrat, warf sich Don Carlos vor dem König auf die Knie und flehte winselnd, er möge ihn eigenhändig umbringen. Entsetzt und angewidert schlug Philipp die Hände vors Gesicht, als er seinen einzigen Sohn so vor sich auf dem Boden liegen sah. Voller Grauen mußte er erkennen, daß nichts mehr für Don Carlos getan werden konnte. Philipp befahl mit leiser Stimme, die Fenster des Gemaches zu versiegeln, damit sich der Prinz nicht in einem Anfall von Wahnsinn hinausstürzen konnte. Diener versperrten alle Türen, die zu den übrigen Räumlichkeiten führten: Don Carlos war ein Gefangener in seinem Palast.

Der König gab die Festnahme des Prinzen in aller Öffentlichkeit bekannt: All dies sei zum allgemeinen Wohl des Reiches notwendig und geschehe für den Dienst Gottes. Alle Fragen, die auf ihn einstürmten, beantwortete er nüchtern und kühl. Der Königin von Portugal teilte er mit, daß ihr Enkel unfähig sei zu regieren und daher aus der Öffentlichkeit entfernt werden müsse, um nicht noch mehr Schaden anzurichten. Auch den Kaiser, Maximilian II., unterrichtete Philipp von seinem für viele unfaßbaren Schritt: Mängel, den Verstand und die Natur des Don Carlos betreffend, hätten ihn, den König und Vater, veranlaßt, ihn einschließen zu lassen. Er habe keine wie immer gearteten persönlichen Motive, alles geschehe zum Wohl des Staates. Dem Papst ließ er durch den Nuntius berichten, daß er, Philipp, als katholischer Herrscher verpflichtet sei, die Rechtgläubigkeit unter allen Umständen, selbst um diesen hohen Preis, zu erhalten. Als Philipp dem Vertreter des Papstes in Spanien die Botschaft an den Heiligen Vater aushändigte, sah der Geistliche Tränen in den Augen des Königs.

Auch seiner Schwester Maria, der Frau des Kaisers, teilte Philipp die Verhaftung seines Sohnes mit:

»Ich möchte ... mit voller Offenheit über das Leben und die Handlungen des Prinzen berichten, bis zu welchem Grad er die Zügellosigkeit und Unordnung getrieben hat, welche Mittel ich anwendete, um ihn zu bewegen, sein Betragen zu ändern... Doch haben seine Handlungen so sehr das Urteil bestätigt, das schon seit vielen Jahren über seinen Charakter, seine Natur und seine Fehler bestand, daß ich mich gezwungen sah, zum Wohle meiner Reiche (ohne Rücksicht auf mein Fleisch und Blut und alle anderen menschlichen Interessen) den ernsten Folgen zuvorzukommen, die zu befürchten ich allen Grund hatte, wenn ich nicht diese Maßnahme treffen würde...«

Vater und Sohn waren von Anfang an in einem Teufelskreis gefangen gewesen, aus dem sie sich beide nie befreien konnten. Je ausschließlicher Philipp an die menschliche und politische Unfähigkeit seines Sohnes glaubte, desto deutlicher lehnte Don Carlos den Vater ab, weil er merkte, daß er niemals Zugang zu ihm finden konnte. Und je abweisender der Sohn sich zeigte, desto mehr sah sich Philipp im Recht.

Über Don Carlos wurde nun »ewiges Gefängnis« verhängt. Die Art der Gefangenschaft wurde vom König genau festgelegt. Dem Prinzen sollte es an nichts mangeln – außer an der Freiheit. Ruy Gomez, der Majordomus, sollte weiterhin der

Unterhalter des Prinzen sein. Wenn er Don Carlos in seinen Räumen aufsuchte, sollte er immer ohne Degen erscheinen, damit sich der Infant nicht bedroht fühlte – selbstverständlich hatte man dem Prinzen noch in der verhängnisvollen Nacht alle Waffen abgenommen. Natürlich wurden die Personen, die man zu Don Carlos vorließ, von Philipp streng ausgewählt; nur dessen engste Vertraute durften den Raum des Prinzen betreten. Es waren keine seiner Freunde darunter.

Kamen die ungebetenen Besucher in das Gemach, begann Don Carlos leer vor sich hinzustarren, kauerte am Boden und gab auf Fragen, sein Befinden betreffend, keine oder wirre Antworten. Manchmal begann er auch zu toben und wild um sich zu schlagen, wenn sich die Türen öffneten.

Fast täglich ersann der Infant neue Mittel, um den Vater auf sich und sein Schicksal aufmerksam zu machen, aber alles verfehlte seine Wirkung. Unbeeindruckt zeigte sich Philipp auch, als ihm berichtet wurde, der Prinz verweigere jede Nahrung. Trocken meinte der König: »Er wird schon essen, wenn ihn hungert.«

Philipp hatte sich nun einmal zum letzten Schritt entschlossen und ging seinen Weg konsequent, auch als er sah, daß sich der Zustand seines Sohnes mehr und mehr verschlechterte. Das Leben als Gefangener brachte Don Carlos um den Rest seines Verstandes. Zeitweise gebärdete er sich wie ein Verrückter, um im nächsten Augenblick in stumpfes Brüten zu verfallen und dann wieder Schimpftiraden gegen Gott und die Welt und vor allem gegen seinen Vater loszulassen. Um ihn zu beruhigen, empfahl man ihm die Beichte, machte ihm allerdings klar, daß er nur dann eine Absolution zu erwarten habe, wenn er sich ganz seinem Vater unterwerfe. Daher bat Don Carlos im Mai 1568 den König offiziell um Verzeihung und erhoffte sich durch diesen Schritt die Freiheit. Aber er kannte seinen königlichen Vater wohl doch zu wenig.

Philipp dachte nicht daran, seinem Sohn freien Bewegungs-
raum einzuräumen. Don Carlos blieb im »Turm«, wie er sein
Zimmer nannte. Sein körperlicher Zustand verschlechterte
sich noch mehr. Wieder, wie so oft in seinem jungen Leben,
wurde er von heftigem Fieber befallen, das in der spanischen
Sommerhitze besonders unerträglich war. In seinem Zimmer
fand er kaum Kühlung, und so befahl er den Dienern, den
Steinboden mit Wasser zu begießen. Der einzige Gedanke,
der ihn noch beseelte, war, wie er seinem Leben ein Ende
machen könnte. Er hatte einmal gehört, daß das Ver-
schlucken von Diamanten tödlich sein solle. Diese Idee ließ
ihn nicht mehr los, und er bearbeitete einen Ring, in den ein
Diamant eingelassen war, bis er den Stein in der Hand hatte,
den er dann mit Hilfe eines kräftigen Schluckes Wasser hin-
unterspülte. Das Mittel zeigte keine Wirkung. Da man ihm
auch das Eßbesteck genommen hatte, fand er nichts, womit
er sich den Tod geben konnte. In seiner Verzweiflung befahl
er, das Zimmer knietief unter Wasser zu setzen und lief darin
herum, schlief des Nachts nackt auf dem Marmorboden
und trank Eiswasser in großen Mengen. Dazwischen tobte
er und schrie sinnloses Zeug, daß es schaurig durch die
Gänge des Palastes hallte. Kaum hatte er sich beruhigt, verlangte er nach einer scharf gewürzten Rebhuhnpastete, die er
begierig verschlang, um gleich darauf literweise Eiswasser zu
trinken.
Eine Magen- und Darmkolik war die Folge dieser Exzesse.
Die herbeigerufenen Ärzte betrachteten den Prinzen mit
bedenklichen Gesichtern, ließen ihn zur Ader und schickten
eine Botschaft an den König, es bestehe wenig Hoffnung,
daß der Prinz das Fieberdelirium, in dem er sich befand,
überstehen werde.
Als Don Carlos den Tod an seinem Lager spürte, verlangte er
seinen Vater zu sprechen. Aber der König war plötzlich von

Angst ergriffen und fühlte sich unfähig, den sterbenden Sohn aufzusuchen. Wochenlang hatte er in der Furcht gelebt, man könne den Prinzen befreien; nun, da dieser im Begriff war, den Vater von der Last seines Daseins zu erlösen, zeigte sich Philipp wie gelähmt. Ohne väterlichen Segen schied der Infant von Spanien Don Carlos aus einer Welt, die zwar offiziell um ihn trauerte, in der aber kein Platz für ihn gewesen war. Niemand hatte ihn geliebt.

Herrscher im Schatten

MAXIMILIAN II.

Ungläubig starrte König Ferdinand auf das Schreiben, das ihm soeben überreicht worden war. Noch einmal überflog er die Zeilen und rieb sich die Augen. Es konnte doch nie und nimmer möglich sein! Sein ältester Sohn Maximilian, der seit geraumer Zeit in der engsten Umgebung des Kaisers weilte, sollte ein so lasterhaftes und liederliches Leben führen, wie er es diesem Brief entnehmen mußte? Ferdinand und seine von ihm innigst geliebte Gemahlin Anna von Ungarn hatten sich doch jahrelang persönlich um die Erziehung der großen Kinderschar in Wien und Innsbruck gekümmert, hatten sorgsam die besten Lehrer ausgewählt, die vor allem die Söhne Maximilian, Ferdinand und Karl zu vollendeten Edelleuten heranbilden sollten. In der glücklichen Familie hatten die Kinder nichts zu entbehren, sie wußten, daß die Eltern sie immer mit Rat und Tat unterstützen würden. Lachen und Frohsinn hatten bis zum Tode Annas im Innsbrucker Schloß geherrscht, in dem schon der legendäre Großvater, der »letzte Ritter« Maximilian I., Jahre seines ereignisreichen Lebens verbracht hatte. Die Kinder, die ihm Anna in schöner Regelmäßigkeit geboren hatte, waren für Ferdinand jedesmal ein wirkliches Geschenk, er begrüßte freudig ihre Geburt und kümmerte sich persönlich um jedes von ihnen. Vor allem die Mutter achtete darauf, daß die Söhne und Töchter nicht in Saus und Braus lebten. Geld war bei den Habsburgern schon lange

Mangelware, und der Tisch für die Kinder war einfach, ja bescheiden gedeckt. So wies die Königin Anna die Erzieherinnen ihrer Töchter zum Beispiel an, den Mädchen »ain schwarze Partecken (ein Stück Brot) oder vier zu geben und lassends aufschroten, und wenn sie dürstet, so gebet ihnen ein Sauren Wein oder dünn Bier; wollen sie es nit trinken, so bringet ihnen den Wasserkrug, alsdann wird ihnen besser.«

Gerne kehrten Gäste bei der königlichen Familie in Tirol ein und sahen mit Erstaunen, wie schön und wohlgeraten die Kinder Ferdinands und Annas waren, wie sehr sie den Eltern Ehrerbietung und Gehorsam entgegenbrachten. Vor allem die drei Söhne waren strenger Zucht unterworfen und hatten bestimmte Zeremonien einzuhalten; so verlangte es der Vater. In seiner Gegenwart durften sie nur mit unbedecktem Haupt stehen, das Barett in der Hand, bis er ihnen endlich einen Wink gab und sie sich setzen durften. Die Mädchen hielt der Vater weniger streng, hier achtete die Mutter auf Sitte und Anstand, sollten sie doch einmal mit den erlauchtesten Prinzen vermählt werden. Wie in allen Herrscherhäusern waren natürlich die Söhne wichtiger, aber durch die neun Mädchen hoffte man verwandtschaftliche Beziehungen zu den mächtigsten Familien Europas herstellen zu können. Schon bald hatten Ferdinand und seine Gemahlin erkannt, daß die Kinder ungewöhnlich sprachbegabt waren; die besten Lehrer unterrichteten die Kinderschar zunächst im Deutschen, später im Lateinischen, der Sprache, die damals für eine vollkommene Bildung unerläßlich war. Später sprachen »Parliermeister« Tschechisch mit den Knaben, und nach einigen Jahren versuchte man es mit dem Französischen, Italienischen, Spanischen und letztlich auch mit dem Ungarischen, der eigentlichen »Muttersprache«. Erstaunlich schnell lernten die Söhne Ferdinands, mühelos faßten sie Neues auf und waren fasziniert von dem, was ihnen die Lehrer über die Geheimnisse der Welt erzählten. Aber auch die körperliche Ertüchtigung kam nicht zu kurz; die drei Jungen saßen vortrefflich zu Pferd und verstanden die Lanze meisterlich zu führen. Dazu waren sie für ihre Liebenswürdigkeit und Leutseligkeit bekannt.

Der älteste Sohn Maximilian, in der Nacht vom 31. Juli auf den 1. August 1527 in Wien geboren, war ein blonder, fröhlicher junger Mann, der überall beliebt war und besonders dem venezianischen Gesandten Giustiniani gefiel, wie wir aus dessen Botschaftsberichten wissen. Nicht wenige waren froh, daß König Ferdinand solch sympathische, leutselige und freundliche Söhne hatte, waren sie doch für große Aufgaben im Reich ausersehen und sollten eines Tages Einfluß auf die politische Entwicklung nehmen. Ferdinand hatte von seinem Bruder, Kaiser Karl V., zuerst durch eine Urkunde vom 28. April 1521 und später durch den Vertrag von Brüssel 1522 weite Gebiete des riesigen Habsburgerreiches als Regent übertragen bekommen, und der ganze Osten des habsburgischen Gebietes würde später einmal, wenn der Vater für immer die Augen geschlossen hatte, diesen Söhnen anheimfallen: dazu gehörten die deutschen Stammlande, Ober- und Niederösterreich, die Steiermark, Kärnten, Krain, Tirol und Vorarlberg, die vorderösterreichischen Gebiete Breisgau und der Sundgau. Natürlich vergaß man bei der Aufzählung auch nicht jene Gebiete, die die Mutter, Anna von Ungarn, Ferdinand mit in die Ehe gebracht hatte, denn nach dem schrecklichen Tod ihres Bruders Ludwig in der Schlacht von Mohács, in der die Türken den jungen König nicht nur geschlagen, sondern auch noch auf grausame Weise massakriert hatten, waren die weiten ungarischen Ländereien zusammen mit Böhmen an Ferdinand gefallen.

Maximilian als der Älteste würde eines Tages große Macht ausüben, und gerade deshalb hatte man ganz besonderen Wert auf eine gründliche, umfassende Bildung gelegt. Um so fassungsloser war nun der Vater, als ihm von den Eskapaden seines Sohnes berichtet wurde. Wie war eine solche charakterliche Wandlung des jungen Mannes möglich gewesen? War nicht der Kaiser, Ferdinands Bruder, der Garant für gute Sitte und Anstand? Aber schon früher hatte man ja Berichte gehört, die auf ein äußerst lockeres Treiben in den Niederlanden schließen ließen. Nicht nur, daß die Sitten dort nie besonders streng gewesen waren, daß man es nicht allzu krumm nahm, wenn Männlein und Weiblein sich nach Lust und Laune vergnügten; jetzt drückte sogar die eigene Familie beide Augen zu, wenn die Schwester des Kaisers und damit auch Ferdinands, Eleonore, in zweiter Ehe mit dem französichen König Franz I. verheiratet, zusammen mit der Mätresse ihres Mannes ihren Einzug in Brüssel hielt! Selbst in den Niederlanden war es ungewöhnlich, daß eine aufgetakelte, dick geschminkte und freizügig gekleidete Person neben einer Königin im offenen Wagen saß. Karl V. hatte gute Miene zum bösen Spiel gemacht, um den mühselig geschlossenen Frieden von Crépy nicht zu gefährden, wenn er die Mätresse seines ärgsten langjährigen Feindes brüskierte. Franz I. von Valois war empfindlich, und Karl wollte endlich Ruhe.

Ferdinand aber, der zeit seines Lebens ein liebevoller und treuer Ehemann gewesen war, konnte eine solche Einstellung kaum verstehen. Welchen Eindruck mußte ein so liederliches Spektakel auf einen jungen Menschen machen! Konnte man seinen Sohn wirklich für seinen – wie es im Brief hieß – unmoralischen Lebenswandel verurteilen, wenn selbst bei Hofe Zustände herrschten wie in Sodom und Gomorrha? Aufs neue entfaltete Ferdinand den verhängnisvollen Brief. Vielleicht war es ein Fehler gewesen, dem Drängen des Bruders nachzugeben und seine beiden ältesten Söhne an den Hof nach Speyer ziehen zu lassen. Es war der Wunsch Karls gewesen, seine Neffen eine Zeitlang um sich zu haben und ihre Erziehung zu überwachen. Die Versuchungen und Gefahren schienen für

Maximilian aber damals schon beträchtlich. Man hatte Ferdinand berichtet, sein ältester Sohn errege ungewöhnliches Aufsehen, die Damen ließen ihn nicht aus den Augen und setzten alles daran, seine Gunst zu erwerben. War es da verwunderlich, wenn er mit seinen siebzehn Jahren den Schönen nicht widerstehen konnte? Wohl hatte der Kaiser seinem Bruder beim Abschied in die Hand versprochen, ein Auge auf den Neffen zu werfen, aber er war viel zu beschäftigt, als daß er sich darum hätte kümmern können, welchen Umgang der Junge pflegte und welche Sitten und Gewohnheiten er an den Tag legte. Für Karl stand nur eines fest: Maximilian sollte seine Tochter Maria heiraten, die in Spanien aufgewachsen war, und später als Statthalter Karls – eventuell in den Niederlanden – die Regentschaft führen, wenn Not am Mann war.

Bis dahin konnte sich der junge Mann austoben, so viel er wollte. Und er tat es gründlich. In Speyer und überall, wo er hinkam, gab es rauschende Feste mit üppigen Banketten, es wurde getafelt und getrunken bis in die späte Nacht, und wenn Maximilian dann die Lust nach einem weiblichen Wesen überkam, fiel er über die erstbeste Dienerin her und suchte sich sein Vergnügen. Und war sie nicht willig, so schreckte er auch nicht davor zurück, Gewalt zu gebrauchen, und kümmerte sich weder um Bitten noch um Tränen. Ja, er war ein Haudegen, wie man ihn sich damals vorstellte, Vorbild für seine Freunde, die mit ihm die Turniere besuchten und sich mit dem wendigen jungen Mann im Kampfe maßen. Dann wieder warf man sich ins allegorische Kostüm und ging in den bunten Umzügen mit, die allenthalben veranstaltet wurden, um im Schatten der Nacht, hinter der Maske verborgen, wieder Frauen und Mädchen anzufallen. Welch ein Spaß, besonders wenn die vergewaltigten Frauen verheiratet waren und man sich das Gesicht des gehörnten Ehemannes vorstellte!

Welch unchristliches Leben! Vielleicht waren auch die protestantischen Freunde des Prinzen schuld? Schon als Knabe hatte Maximilian erstaunliche Neigungen zum Protestantismus gezeigt, und nur mit Mühe war es seiner frommen Mutter gelungen, Maximilian auf den rechten Weg des Glaubens zu führen. Und nun sollte sich alles als vergebliche Liebesmüh erweisen?

Es half nichts, Ferdinand mußte seinem Sohn die Leviten lesen. In lateinischer Sprache wollte er ihn zur Rede stellen, damit das Dienstpersonal, das die Zeilen eventuell zu Gesicht bekommen würde, nicht verstehen konnte, was er Maximilian zu sagen hatte. Der Herrscher hielt sich nicht lange mit einleitenden Worten auf, sondern kam bald zu seinem eigentlichen Anliegen: »Glaube mir, wenn Du so weitermachst, wie Du angefangen hast, so sind Deine Seele, Deine Ehre und Dein guter Ruf für immer verloren, und Du wirst dabei nicht alt werden. In der Besorgnis, Du mögest Dich nach meinem Tode zu einem zügellosen Lüstling auswachsen, ermahne ich Dich darum dringend, Dir in der Unzucht etwas mehr Mäßigung aufzuerlegen. Wenn Du sie aber trotzdem nicht entbehren kannst (was ja freilich ein Zeichen von Schlechtigkeit ist und wovor ich Dich gerne bewahren möchte), so gehe doch wenigstens behutsam zu Werke, errege kein öffentliches Ärgernis, laß die verheirateten Frauen in Ruhe und wende nie wieder Drohung oder gar Vergewaltigung an!«

Schwer waren dem Vater die Zeilen gefallen, aber Ferdinand sah es als seine Pflicht an, den Sohn in die Schranken zu weisen. Außerdem sollte er endlich heiraten! Vielleicht würde sich dann seine Leidenschaft auf seine eigene Frau beschränken, und er kam doch noch zur Vernunft. In Ferdinands Augen war es beschämend, daß ein Ritter des Goldenen Vlieses – Maximilian war dies 1546 geworden –, der die goldene Halskette mit dem fein gearbeiteten goldenen Widderbalg tragen durfte, einen so üblen Leumund im Reich besaß. Maximilian hatte immerhin bereits Interesse daran gezeigt, eines Tages als Nachfolger seines Vaters Kaiser zu werden. Schon 1522 war beschlossen worden, daß Ferdinand seinem Bruder Karl V. als Kaiser auf den Thron sollte; wie es aber dann weitergehen würde, das stand immer noch in den Sternen. Die gemeinsame Schwester Maria, die als Statthalterin in den Niederlanden die Geschäfte mit außergewöhnlicher politischer Umsicht führte, bevorzugte in den Sukzessionsgesprächen, bei denen sie Sitz und Stimme hatte, zwar Maximilians spanischen Cousin Philipp, den einzigen legitimen Sohn des Kaisers, aber so ganz war die Sache noch nicht entschieden: Kam Zeit, konnte auch noch ein anderer Rat kommen! Ferdinand aber sah die Chancen seines Ältesten schwinden, wenn sich Maximilian nicht allmählich auf den Pfad der Tugend begab. Auch die abgebrühtesten Schürzenjäger unter den Kurfürsten würden keinen sittenlosen Lüstling zum Kaiser des Heiligen Römischen Reiches Deutscher Nation wählen; galt doch der Kaiser als oberster Schutzherr der Christenheit. Feinde gab es genug, die nur darauf lauerten, den Habsburgern etwas am Zeug flicken zu können. Schon die Wahl Karls V. war auf des Messers Schneide gestanden, und nur die Bestechungsgelder Jakob Fuggers hatten schließlich die Kurfürsten dazu gebracht, dem Enkel des verstorbenen Kaisers Maximilian ihre Stimme zu geben und nicht dem verschlagenen, durchtriebenen König von Frankreich, Franz I., der sich fast schon als Nachfolger Karls des Großen gefühlt hatte.

Und jetzt bahnte sich eine ähnlich schwierige Situation innerhalb der habsburgischen Familie an. Maximilian hatte angedeutet, er würde es nie einsehen, wenn sein spanischer Vetter Philipp, der weder deutsch noch niederländisch sprach oder verstand, Kaiser im Reich werden sollte. Aber

Philipp war der Sohn Karls, und somit hatte er mehr Anspruch auf die Kaiserkrone als Maximilian.

Wie der mahnende Brief des Vaters auf den jungen Heißsporn wirkte, davon schweigt die Geschichte. Vielleicht ging er für einige Zeit in sich, denn er fühlte bestimmt, wie sehr sich Ferdinand um ihn sorgte. Im Grunde seines Wesens war Maximilian ja kein schlechter Mensch, manchmal aber nicht imstande, sein Temperament im Zaum zu halten; er mußte erst allmählich lernen, sich zu beherrschen. Dabei konnte er sonst, vor allem in religiösen Fragen, durchaus sein wahres Gesicht verbergen und fast nie offen seine wahren Gedanken zeigen. Nur zu bald hatte er in der Umgebung des Kaisers gesehen, daß es opportun war, seine religiöse Einstellung nicht allzu deutlich auszusprechen, noch dazu, wenn sie mit der des kaiserlichen Onkels nicht in Wort und Schrift übereinstimmte. Die Lehren Martin Luthers waren bei dem jungen Mann nicht auf taube Ohren gestoßen. Schon früh hatte er sich mit den Thesen beschäftigt, die so viel Staub aufgewirbelt, zum Zwiespalt innerhalb des Reiches geführt und schließlich den Schmalkaldischen Krieg ausgelöst hatten. Die Mißstände in der katholischen Kirche, vor allem der schäbige Ablaßhandel, verlangten nach Reformen; daß damit politische Veränderungen Hand in Hand gehen mußten, war im Jahre 1517, als die Thesen an der Schloßkirche zu Wittenberg angeschlagen wurden, nicht abzusehen gewesen.

Der junge Mann stand in einer langen Geschichte der Glaubensstreitigkeiten. Für sein Alter überraschend diplomatisch, ließ er die anderen reden und lernte allmählich die Kunst des Verstellens, des »Dissimulierens«, bis zur Perfektion, bis am Ende niemand mehr genau wußte, welchem Glauben er zuneigte. So tauchten immer wieder Behauptungen auf, Maximilian II. sei heimlich zum protestantischen Glauben übergetreten.

Don Carlos. Gemälde von Sanchez Coello

Maximilian II. als Jüngling. Gemälde von Guillaume Serots

Alle konnte Maximilian täuschen, nur nicht den kaiserlichen Onkel. Karl V. fühlte, daß der temperamentvolle Neffe mit den Lutheranern sympathisierte; das aber machte ihn ungeeignet für den Kaiserthron! Nur sein eigener Sohn Philipp, überzeugter Katholik in Wort und Tat, war der einzig wahre Nachfolger! Lange wurde im Familienrat in Augsburg über diese Frage diskutiert, viele Meinungen wurden vorgetragen und wieder verworfen; schließlich einigte man sich auf den Kompromiß, daß die habsburgischen Linien sich bei der Wahl des Kaisers abwechseln sollten: einmal sollte die österreichische Linie den Kaiser stellen, dann die spanische, dann wieder die österreichische und so weiter, möglichst bis in alle Ewigkeit!

In Augsburg entschied sich auch das private Geschick Maximilians – für den Geschmack des jungen Lebemannes viel zu schnell: Beide Väter, Karl und Ferdinand, unterschrieben im Hause Anton Fuggers den Ehevertrag zwischen Maximilian und der um ein Jahr jüngeren Tochter Karls, Maria. In Augsburg pflegte Karl immer im Hause der Fugger abzusteigen; hier fühlte er sich wohl, hier konnte er üppig essen, worauf er besonderen Wert legte, hier wurden ihm jene Annehmlichkeiten geboten, die er so oft entbehren mußte.

Düster verfolgte Maximilian die Verhandlungen. Er hatte weder Zeit noch Lust, nach Spanien zu ziehen, um das Mädchen zu heiraten, von dem er nur wußte, daß es seine Cousine und streng katholisch sei. Mit einem Federstrich wurde hier seinem lustigen Leben ein Ende gesetzt, und die Zukunft sah grau für ihn aus. Aber er wagte keinen Einwand, der ihm außerdem ohnehin nichts genützt, ja den Kaiser nur noch mehr gegen ihn aufgebracht hätte. So fügte er sich in das Unabänderliche und vernahm, daß er zum Nachfolger seines Vaters in Ungarn, Böhmen, den österreichischen Erblanden und Grafschaften ernannt werden sollte. Außerdem bot ihm der Kaiser die Titularkönigswürde in Böhmen an; seine Tochter Maria sollte wenigstens eine Königkrone tragen, wenn auch eine ohne Macht und Einfluß. Die Väter erklärten sich außerdem bereit, dem jungen Paar nach der Hochzeit Geld zur Verfügung zu stellen; Ferdinand verpflichtete sich jährlich 60.000 rheinische Gulden zu zahlen, die das Herzogtum Schlesien und die Ober- und Niederlausitz aufzubringen hatten. Der Kaiser zeigte sich ebenfalls großzügig und versprach seiner »filiae carissimae«, seiner geliebten Tochter, die doppelte Mitgift: 200.000 Dukaten in Gold, zusätzlich aus dem Erbteil, ihrer Mutter Isabella 100.000 burgundische Kronentaler. Wo der Kaiser das versprochene Geld hernehmen sollte, wußte er wahrscheinlich selbst nicht. Karl hatte im Laufe seines Lebens so manches erworben, aber niemals Reichtümer. Die drückenden Schulden an allen Orten, in allen Landesteilen hatten ihn immer wieder bewogen, noch mehr Kredite aufzunehmen, und die Fugger waren gern bereit, dem Kaiser große Summen zu leihen – freilich nicht aus Gutherzigkeit: Karl mußte ihnen unter anderem im Laufe der Jahre die Silberminen in Tirol und die Bergwerke in Kärnten verpfänden. Eine Hand wusch die andere, und die Hand des Kaisers war jedenfalls immer leer. Trotzdem sollte seine Tochter fürstlich ausgestattet werden!

Dem jungen Maximilian dauerten die Gespräche in Augsburg schon viel zu lange. Unter den Augen seines Vaters und seines Onkels mußte er sich solide zeigen und konnte nicht tun und lassen, wonach sein Herz begehrte. Der Ehekontrakt interessierte ihn nicht im geringsten, er wollte nur so schnell wie möglich weg. Heimlich, bei Nacht, verließ er mit kleinem Gefolge die Reichsstadt, um Moritz von Sachsen zu treffen, der nach der Schlacht von Mühlberg statt des geschlagenen Kurfürsten Johann Friedrich von Sachsen vom Kaiser die Kurwürde übertragen bekommen hatte. Mit dem schlauen Fuchs Moritz wollte Maximilian für spätere Zeiten vorbauen;

der Sachse hatte großen Einfluß im Reich, und obwohl er sich seit neuestem ganz katholisch zeigte und bei der Messe in Augsburg sogar die Kerze trug, wußte der Prinz doch, daß Moritz seine wahre, protestantische Gesinnung nicht geändert hatte. Er konnte ihm, wenn es zur Kaiserwahl kam, sicherlich sehr von Nutzen sein. Die beiden Männer schlossen eine durch Handschlag besiegelte geheime Vereinbarung, die besagte, daß Moritz niemals einen anderen als Maximilian zum Kaiser wählen würde. Mit dieser geheimen Zusicherung konnte Maximilian sich getrost auf Brautfahrt nach Spanien machen. Aber nicht mit klopfendem Herzen und großer Ungeduld wie einst sein Urgroßvater und Namensvetter Maximilian I. trat er den langen Weg an; mißmutig stellte er ein Gefolge zusammen, lauter Haudegen wie er selbst, und ohne Eile trabten die Pferde durch Süddeutschland. Der Kaiser hatte längst gemerkt, daß sein Neffe und zukünftiger Schwiegersohn von der bevorstehenden Heirat nicht sonderlich angetan war. Er hatte dem Frieden nie so recht getraut und wartete ab, bis Maximilian wirklich die Alpen überschritten hatte, um dann erst in Italien nach dem Rechten zu sehen.

Maximilians Reise führte über München und Mittenwald in Richtung Innsbruck. Überall, wo der Bräutigam einkehrte, wurden prunkvolle Feste für ihn gegeben; man wußte, daß er solche Lustbarkeiten liebte, und versuchte daher, den hohen Gast auf jede mögliche Weise zu erfreuen und bei Laune zu halten. Als Dank für die Gastfreundschaft überreichte der junge Mann dann den Stadtvätern goldene oder silberne Ketten, ab und zu auch einen Becher, auf den sein Bildnis geprägt war. Man sollte sich gerne an ihn erinnern. Ob allerdings die Mädchen und Frauen, die er in Mittenwald und kurz vor Innsbruck zusammenfangen ließ, damit er und sein Gefolge ihren Spaß an ihnen hätten, später noch gerne an die adeligen Herren dachten, die sie wie Strauchdiebe überfallen hatten, ist eher zweifelhaft. Schnell sprach es sich im Tirolerischen herum, daß die adeligen Herren etliche junge Weiber gefangen, sie mißbraucht und dann, beschenkt mit ein paar Gulden Schweige- oder Schmerzensgeld, entlassen hätten. So wurde vermerkt: »Den 17. Juni zu Mittenwald haben Ihre Fürstliche Durchlaucht etliche Weiber gefangen, denselben verehrt im Beisein Peters von Mollart 1 Gulden 8 Kreuzer. Den 18. Juni, wie die Fürstliche Durchlaucht oberhalb der langenwiesen auf Innsbruck zu hat reiten wollen, haben Ihre Fürstliche Durchlaucht etliche Weiber gefangen, denselben im Beisein des Herrn Adam Schmeckobitz verehrt 1 Gulden 30 Kreuzer.«

Die liederlichen Sitten Maximilians hatten sich also keineswegs gebessert, im Gegenteil, vielleicht trieb ihn der Gedanke an die bevorstehende Heirat noch einmal so recht in die Ausschweifung. Und die Mädchen und Frauen waren den adeligen Wüstlingen hilflos ausgeliefert; nirgends konnten sie sich beschweren, kein Gericht würde sie anhören und die Verführer bestrafen! Sie konnten noch froh sein, wenn sie mit Geld abgefunden wurden.

Dabei schrieb ein Freund Maximilians, der Graf Wolrad von Waldeck, ein Protestant, voll gutem Gewissen in sein Tagebuch: »Der Herr führe ihn hin und zurück und bewahre ihn vor Trug und Unglauben der Iberer.«

Nach den wilden Tagen von Innsbruck traf Maximilian im alten Schloß seiner Kindheit seine Geschwister wieder. Freilich war die Freude getrübt, da die geliebte Mutter schon vor einem Jahr, bei der Geburt ihres 15. Kindes, gestorben war. Als damals Maximilian vom Tod seiner Mutter erfahren hatte, war er voller Schmerz und Verzweiflung aus dem kaiserlichen Lager geflohen. Mitten in der Nacht hatte er eigenhändig sein Pferd gesattelt und war mit verhängtem Zügel, nur von einem verläßlichen Knappen begleitet, leise davongeritten. Seine Flucht war aber nur allzu bald bemerkt worden; sein Kämmerer Thomas Perrenot von Chantennay hatte sich sofort aufs Pferd geschwungen und schon bei der zweiten Poststation, noch vor Tagesanbruch, den Flüchtigen eingeholt, der wütend den Degen gegen den Verfolger zückte.

Der Aufenthalt Maximilians bei seiner Familie in Tirol dauerte nur kurz; in Spanien wartete man in voller Ungeduld auf ihn. In Mailand, wo es einen begeisterten Empfang für den künftigen Schwiegersohn des Kaisers gab, zeigte sich Maximilian von seiner besten Seite, leutselig und charmant, und die Leute konnten sich kaum sattsehen an dem hübschen jungen Prinzen. Andrea Doria, italienischer Seeheld und kaiserlicher Großadmiral und nun Kommandant der Schiffe, die den Bräutigam endlich in die Arme seiner Braut führen sollten, erwartete die Gesellschaft in Genua.

Am 20. Juli 1548 stach man in See, aber Maximilian sollte keine unbeschwerte Überfahrt erleben. Meterhohe Wellen warfen die kleine Flotte hin und her, mehrmals wurden die Schiffe von den Wogen überrollt. Naß bis auf die Haut, von Übelkeit befallen, lag Maximilian unter Deck, als ihn heftiges Fieber zu schütteln begann. Der Prinz glaubte sein letztes Stündlein gekommen. Er konnte keinen Bissen essen, nur nach Trinkbarem gelüstete es ihn in seinem Fieberwahn. Die Tage auf dem Meer wurden zu Ewigkeiten, und als die Schiffe endlich die spanische Küste erreichten, war der junge Mann völlig entkräftet und nur noch ein Schatten seiner selbst. Aber darauf konnte man bei den lange geplanten Hochzeitsfeierlichkeiten keine Rücksicht nehmen; Zeit und Ort waren schon vor Monaten festgelegt worden. Am 13. September 1548 fand die Trauung in Valladolid statt, zu der Maximilian wie zu seiner eigenen Beerdigung erschien: abgezehrt, bleich, immer noch fiebernd, mit einer Leichenbittermiene, die zu seinem Äußeren paßte. Die erwartungsvolle Maria mußte einen schrecklichen Eindruck von ihrem jungen Bräutigam bekommen, von dessen Feurigkeit man selbst in Spanien hinter vorgehaltener Hand geflüsterte hatte.

Die alte, traditionsreiche Stadt zeigte sich im Feierkleid, alles war festlich illuminiert, von den Häusern flatterten bunte Fahnen, Kinder streuten Blumen, und die Menschen brachen in Hochrufe aus, sobald sich das Paar zeigte. Nach dem Festmahl, dem Maximilian kaum einen Blick schenkte, so übel war ihm, folgte die Aufführung eines Dramas von Lodovico Ariosto, zu Ehren des Brautpaares verfaßt. Für Maximilian war es eine Erlösung, als die Festlichkeiten sich dem Ende näherten; aber auch die nun folgende Hochzeitsnacht verlief nicht so, wie er es sich vielleicht früher vorgestellt hatte. Wie damals üblich, hatte sich im Vorraum des Brautgemaches der halbe Hofstaat versammelt, um den Fortgang der Ereignisse zu verfolgen. Aber so angestrengt man auch lauschte, es war nicht viel zu vernehmen, so daß mancher enttäuscht von dannen zog. Einer, der es genau wissen mußte, berichtete darüber:

»In der Hochzeitsnacht ist er nur ein einziges Mal bei seiner Frau gelegen, und dann nie mehr, weil ihn die Krankheit daran hinderte; erst seit er wieder gesund ist, schlafen sie regelmäßig beisammen.«

Maximilian selbst dachte wahrscheinlich nur mit äußerst gemischten Gefühlen an seine ersten Tage und Nächte in Spanien zurück. War ihm das spanische Wesen schon vorher eher unsympathisch gewesen, so trugen diese Erinnerungen nicht gerade dazu bei, das Land und seine Bewohner mit angenehmen Empfindungen zu verbinden. Einzig und allein seine Braut gefiel ihm von Anfang an. Es war wohl Liebe auf den ersten Blick, denn schon am 19. September äußerte sich Maximilian seiner Tante Maria gegenüber, daß er seine Braut »ganz frisch, gesund und nach seinem höchsten Wohlgefallen« angetroffen habe. Über seinen Gesundheitszustand zeigte er sich weniger optimistisch; er beklagte das »neidige Glück«, daß er gerade zu dieser Zeit bei so schlechter Gesundheit gewesen sei, wo er ihrer »am passten (am besten) bedürftig«.

In Spanien zeigte man wenig Verständnis für die eheliche Zurückhaltung Maximilians, und bald waren Gerüchte im Umlauf, die beiden jungen Leute hätten keine besondere Zuneigung zueinander. Aber schon bald mußten selbst die größten Skeptiker erkennen, daß Maria und Maximilian unzertrennlich, ein Herz und eine Seele geworden waren. Die kluge und einfühlsame Maria hatte den jungen Lebemann in ihren Bann geschlagen; keine außergewöhnliche Schönheit, besaß sie doch eine unwiderstehliche Ausstrahlung, die auf Maximilian magnetisch wirkte und ihn alle anderen Frauen, die er besessen hatte, vergessen ließ. Seit seiner Eheschließung wurde es wider Erwarten ruhig um ihn, und so sehr sich vor allem seine Feinde bemühten, einen dunklen Fleck in seinem Privatleben zu finden: man konnte ihm nichts mehr nachsagen.

Die ersten Ehemonate verbrachten beide mehr schlecht als recht. Der kaiserliche Schwiegervater war ein recht saumseliger Zahler, und Maximilian und Maria warteten lange und schließlich vergeblich auf die versprochene Mitgift. So war es verständlich, daß der ohnehin nicht sehr spanienfreundliche Maximilian immer mehr nach Hause drängte; aber da er auf Wunsch seines Onkels seinen Cousin Philipp zu vertreten hatte, der sich in den Niederlanden aufhielt, war an eine baldige Abreise nicht zu denken.

Als alle Anzeichen für eine Schwangerschaft Marias sprachen, war die Freude nicht nur bei den zukünftigen Eltern groß; auch Karl V. richtete herzliche Zeilen an den Schwiegersohn, beglückwünschte ihn und empfahl ihm, seine Frau zu schonen, da dies gerade bei der ersten Schwangerschaft besonders nötig sei. Man hätte nun meinen können, Maximilian würde sich allmählich im Land der geliebten Frau einleben, aber alles in ihm sträubte sich gegen die spanische

Lebensart, gegen das steife Zeremoniell, gegen den bigotten Katholizismus, gegen die rigorose Art, wie man gegen Andersgläubige vorging, die als »Ketzer« oft genug auf den Scheiterhaufen ein gräßliches Ende fanden. Das war nicht das Leben, das er sich vorgestellt hatte! Ein Brief nach dem anderen traf in Wien ein, immer drängender wurden die Bitten des Sohnes an Ferdinand, ihm doch endlich die Rückkehr zu gestatten. Als aber schließlich der königliche Befehl zum Aufbruch kam, war der Zeitpunkt denkbar ungünstig: Maria erwartete schon wieder ein Kind, und Maximilian konnte seine hochschwangere Frau unter keinen Umständen mit auf die weite, beschwerliche Reise nehmen. So brach er allein auf und versprach ihr, sie so bald wie möglich nachzuholen.

Im Reich hofften viele darauf, daß Maximilian eines Tages, sollte er Kaiser werden, einen wahren Ausgleich zwischen Katholiken und Protestanten zustande bringen würde. Aber noch war es lange nicht soweit; Kaiser Karl V. wollte unter allen Umständen seinen Sohn Philipp als Nachfolger im Reich sehen, wenn er auch in stillen Stunden selbst an seinem Plan zweifeln mußte. Er kannte die Haltung der Kurfürsten, die von vornherein gegen alles feindlich eingestellt waren, was eine fremde Mentalität zeigte. Auch seiner klugen Schwester Maria, die immer wieder als Beraterin in familienpolitischen Belangen nach Deutschland kam, war längst klar, daß die Wahl Philipps zum römisch-deutschen Kaiser zu einer innenpolitischen Katastrophe führen mußte. Für den Herrscher war die Situation äußerst kompliziert. Hatte er selbst nur einen Weg der unglücklichen Kompromisse in den religiösen Streitigkeiten gefunden: sein Sohn, der den »Ketzerglauben« durch Scheiterhaufen und Inquisition mit Stumpf und Stiel auszurotten suchte, würde das Faß zum Überlaufen bringen. Andererseits war Philipp sein einziger Sohn und Erbe; warum sollte ausgerechnet der Sohn des Bruders, noch dazu einer, der in den Augen des Kaisers ein durchtriebenes Spiel um die Macht spielte, die Nachfolge antreten?

Maximilian wußte, worum es in Deutschland ging. Mit offenen Augen sah er, wie sein Onkel bei den Zusammenkünften in Augsburg seinen Sohn favorisierte und alles daransetzte, die Thronfolge Philipps zu sichern. Aber der Kaiser hatte die Rechnung ohne Maximilian gemacht, dessen Beziehungen weit über die dynastischen Grenzen hinausgingen. Schon im Schmalkaldischen Krieg hatte er auch im protestantischen Lager Freunde gefunden, mit denen er so manchen Humpen geleert hatte, die ihn als lebensfrohen jungen Mann kannten, die hofften, er würde als Kaiser die verfeindeten christlichen Religionen versöhnen können. Er wandte sich nun an August von Sachsen, den Bruder von Kurfürst Moritz, und an Christoph von Württemberg, und beide, ebenso wie viele andere protestantische Fürsten, versicherten – natürlich im geheimen –, sich mit allen Mitteln für eine Wahl Maximilians einsetzen zu wollen. Karl V. und auch Philipp mußten schließlich resignierend erkennen, daß der Streit um die Nachfolge im Reich entschieden war.

König Philipp sollte zusammen mit seinem Vetter zurück nach Spanien reisen; Maximilian wollte endlich seine Familie zu sich nach Wien holen. Es war eine seltsame Fahrt über den Brenner; obwohl die beiden jungen Männer dasselbe Ziel hatten – Genua –, ritten sie doch nicht zusammen, sondern jeder für sich, mit seinem eigenen Gefolge. In Genua angekommen, ließ sich allerdings eine Zusammenkunft nicht mehr umgehen, da nicht genügend komfortable Schiffe zur Verfügung standen, so daß beide gemeinsam an Bord gehen mußten. Maximilian vermied es, so gut er konnte, seinem spanischen Vetter, der zugleich sein Schwager war, zu begegnen; zu tief war die Kluft zwischen den beiden. Maximilian, der die spanische Sprache gut beherrschte, sprach mit Philipp immer nur deutsch, obwohl der Spanier der deutschen Sprache nicht mächtig war. Das Verhältnis zwischen den beiden verbesserte sich dadurch natürlich nicht, und als sie in Spanien an Land gingen, war die Stimmung auf dem Gefrierpunkt angelangt.

So schnell er konnte, ließ Maximilian alles zusammenpacken, was Maria als Mitgift mitbekommen hatte, und gab dann sogleich Order zum Aufbruch. Alle möglichen Dinge wurden an Bord geschafft, die man in Wien nicht entbehren wollte; besonderes Erstaunen aber erregte ein leibhaftiger Elefant, der, von einem Mohren geleitet, mitgeführt wurde. Das Tier war ein Geschenk des Königs von Portugal an Maximilian, und dieser wollte sich unter keinen Umständen davon trennen. Welches Aufsehen würde das exotische Tier in Wien erregen!

Nach der gefürchteten Überfahrt kam die prinzliche Familie in Genua an und setzte unter Jubel und Beifall in einem wahren Triumphzug ihren Weg durch die italienischen Städte fort. In Trient wurde eine Pause eingelegt; dort tagte schon seit geraumer Zeit das Konzil, das über all jene Unzukömmlichkeiten innerhalb der katholischen Kirche beraten sollte, die von Martin Luther so sehr angeprangert worden waren und schließlich zur Reformation geführt hatten. Es erwies sich als äußerst schwierig, eine Neuordnung des alten Glaubens herbeizuführen; zuviel Verwerfliches hatte sich im Laufe der Zeiten eingebürgert und war nur noch schwer abzuschaffen. Für alles gab es gute Gründe, und die hohe Kirchenversammlung stand vor einer kaum zu bewältigenden Aufgabe.

Man zeigte sich erfreut und zugleich abwartend, als das Prinzenpaar in Trient einzog. Die geistlichen Würdenträger kannten Maximilians Einstellung den Protestanten gegenüber und wußten, daß er im evangelischen Lager mehr Freunde besaß als im katholischen. Aber man hoffte darauf, daß der Schwiegersohn des Kaisers, der Sohn und eventuelle Nachfolger König Ferdinands, seine Haltung in religiösen Fragen doch noch zugunsten der katholischen Sache ändern würde. Mit großer Freundlichkeit, beinahe Herzlichkeit wurde die junge Familie im Haus Kardinal Madruzzos aufgenommen, wo man sie aufs beste bewirtete und mit Musik und Tanz unterhielt, um Maximilian von den unerfreulichen Querelen fernzuhalten, die die Kirchenversammlung belasteten. Obwohl zum Konzil auf Befehl des Kaisers auch Protestanten geladen waren, führte dies nur zu neuerlichen Streitigkeiten; schließlich wandten sich die Protestanten an Maximilian, der versprach, sich beim Kaiser für sie zu verwenden. Für den Prinzen war diese Situation eher vorteilhaft, konnte er doch durch seine Parteinahme wieder neue, einflußreiche Freunde im Reich gewinnen, die er dringend gebrauchen konnte.

Am letzten Tag des Jahres 1551 traf Maximilian mit seiner Frau und den Kindern Anna und Ferdinand in Innsbruck ein, wo er vom Kaiser erwartet wurde. Aber aus der Familienbegegnung, auf die sich vor allem Maria gefreut hatte – sie war die Lieblingstochter Karls –, wurde eher ein Familienstreit. In Karl V. und Maximilian prallten zwei gegensätzliche Naturen aufeinander, für die es keine Gemeinsamkeiten geben konnte. Und so mußte Maria schmerzlich erkennen, daß ihr Vater und ihr geliebter Mann sich niemals einigen würden.

Endlich aber kam es zur Entspannung der Atmosphäre: Maximilians Schwager Albrecht V. von Bayern, Gemahl seiner Schwester Anna, traf Anfang des Jahres 1552 in Tirol ein und lud die kleine Familie ein, einige Zeit in dem ruhigen oberbayrischen Städtchen Wasserburg am Inn zu verbringen, um sich dort ein wenig zu erholen. Aber auch die Tage in Wasserburg standen unter keinem guten Stern. Maximilian erkrankte so schwer, daß man um sein Leben zittern mußte. Die Gesellschaft saß fröhlich beim Wein, als der junge Mann wie aus heiterem Himmel totenblaß wurde, sich am Tisch festklammerte und die Besinnung verlor. Entsetzt schrie seine Frau auf. Man brachte den Ohnmächtigen in ein nahe gelegenes Zimmer; ratlos standen die Gäste herum, bis schließlich doch jemand auf die Idee kam, um die Ärzte zu schicken. Noch immer lag Maximilian leblos; auch die Mediziner wußten keinen Rat, verordneten aber auf alle Fälle den üblichen Aderlaß, von dem sie sich eine allgemeine Reinigung und Kräftigung erwarteten. Als Maximilian endlich, nach einer halben Ewigkeit, die Augen wieder aufschlug, stöhnte er vor Schmerzen und konnte kaum ein Wort herausbringen. Man verordnete abführende Mittel, worauf er von Herzbeschwerden, Koliken und Podagra- (Gicht-)anfällen gequält wurde. Wegen schrecklicher Magenschmerzen konnte er die nach geheimen Rezepten zubereitete Spezialmedizin nicht zu sich nehmen. Schluchzend und verzweifelt lag Maria vor dem Krankenlager auf den Knien und flehte alle Heiligen im Himmel an, ihr den geliebten Mann nicht zu rauben. Sie konnte sich ein Leben ohne ihn nicht mehr vorstellen, auch wenn er ihre Frömmigkeit zu ihrem Leidwesen nicht teilte.

Boten galoppierten in aller Eile an den Wiener Hof, um König Ferdinand vom verzweifelten Zustand seines ältesten Sohnes zu berichten. In einem lichten Augenblick hatte Maximilian schwer verständliche Worte gemurmelt, unter denen immer wieder »Gift!« zu hören war. Der Verdacht konnte nicht ausbleiben, der junge Mann wäre im Auftrag Kardinal Madruzzos vergiftet worden. Auf diese Vermutung hin verabreichten die Ärzte allerhand Gegenmittel, um die Wirkung giftiger Substanzen unschädlich zu machen. So gab man ihm unter anderem Antimon, von dem ein Schüler des berühmten Arztes Paracelsus behauptet hatte, es wäre als Aufbaumittel besonders zu empfehlen. Zwar waren anfangs Mönche an einer Überdosis Antimon gestorben – daher der Name »Anti Monchium« –, aber später wußte man mit dem neuen Mittel umzugehen und glaubte, es verleihe wahre Wunderkräfte.

Entsetzt hörte Ferdinand vom Zustand seines Sohnes; als guter Christ konnte er sich zwar nicht vorstellen, daß ein gottesfürchtiger Mann wie Kardinal Madruzzo nach dem Leben seines Sohnes trachten würde, aber als seine Leibärzte, denen er die Symptome geschildert hatte, bedenklich die Köpfe wiegten, schickte er doch in höchster Eile um gelehrte Männer, die sich mit der Herstellung von Gegengiften beschäftigen sollten. Tag und Nacht wurde gekocht und gebraut, und schließlich brachten Vertraute des Königs eine große Anzahl von Flaschen und Fläschchen auf schnellstem Wege nach Wasserburg.

Im Befinden des Todkranken trat nur sehr langsam eine Besserung ein; ganz erholte sich Maximilian nie mehr. Zeit seines Lebens hatte er mit Herzanfällen zu kämpfen, und auch sein Magen blieb überempfindlich, was sich bei der im 16. Jahrhundert üblichen derben Kost immer wieder schädlich auf seine Gesundheit auswirken mußte. Obwohl er sich mit den besten Leibärzten umgab, wie etwa dem berühmten Johann Krafft (Crato von Crafftheim), der schon in den Diensten seines Vaters gestanden hatte, konnte ihn keiner wirklich heilen. Vielleicht hätte ihm seine kluge Schwägerin Philippine Welser, die sich intensiv mit der Heilkunst beschäftigte, helfen können, aber an die »geheime« Frau seines Bruders Ferdinand wollte sich Maximilian unter keinen Umständen wenden, im Gegenteil: er verurteilte die morganatische Ehe Ferdinands mit der schönen Bürgerstochter und wäre wohl lieber gestorben, als die »Hexe« um Rat zu fragen.

Als Maximilian halbwegs wieder zu Kräften gekommen war, setzte die Familie ihren Weg nach Wien fort. Allzu lange hatte man schon gesäumt. Die Stadt hatte sich für den Einzug des hohen Paares gerüstet und wartete ungeduldig, wann der beliebte Prinz mit seiner Gemahlin und den Kindern endlich nach Hause käme. Seit Tagen hatte man die engen Straßen und Gassen von allem Unrat befreit, der sonst einfach aus den Häusern geworfen wurde, die Fenster waren geputzt, die spitzgiebeligen Fassaden mit Blumen und Fahnen geschmückt. Endlich kündigten von ferne Trommler die Ankunft des Festzuges an. Aber wie staunten die Wiener, als sie nicht nur Maximilian und Maria zu Gesicht bekamen, die leutselig nach allen Seiten winkten, sondern auch ein riesiges, unheimliches Wesen durch die Stadttore stapfte! Pechschwarz, genauso wie der kleine Mann in grellbunten Kleidern, der das seltsame Tier am Zügel führte. So mancher bekreuzigte sich, fiel auf die Knie und sprach ein »Gott sei bei uns«, um sich vor dem Teufel, und nur ein solcher konnte der Schwarze sein, zu schützen. Mädchen kreischten, Frauen fielen in Ohnmacht, und erst beruhigende Worte Maximilians konnten dem Tumult ein Ende machen. Er erklärte den aufgeregten Leuten, daß es sich hier um ein ganz und gar harmloses, ja friedliches Tier handle, einen afrikanischen Elefanten, den ihm der portugiesische König vor seiner Abreise aus Spanien zum Geschenk gemacht habe und den er seinen Wienern nicht vorenthalten wolle. Auch sei der schwarze Mann nicht der Teufel, sondern ein Mohr, aus einer Gegend, in der alle Menschen eine schwarze Hautfarbe besäßen. Jubel brauste nun auf, und man lobte und pries den Prinzen. Dem Elefanten erbaute man am Graben ein eigenes Haus, wo ihn jedermann besichtigen konnte. An der Fassade war eine Tafel angebracht, die an den Einzug Maximilians erinnerte:

»Dieses Thier ist ein Elefant,
Welches ist weit und breit bekannt,
Seine Größ also gestallt,
Ist hier fleißig abgemallt,
Wie der König Maximilian
Aus Hispanien hat bringen lan
Im Monat Aprilis fürwahr,
Als man zelt 1552 Jahr.«

Maximilian wollte sich endgültig in Wien niederlassen und suchte nach einer geeigneten Wohnstätte für sich und seine sich jährlich vergrößernde Familie. Als begeisterter Jäger liebte er besonders die Donauauen und entschloß sich daher für Ebersdorf als Bauplatz für ein künftiges Schloß. Mitten in der Natur fühlte er sich am wohlsten, hier umgab er sich mit anderen exotischen Tieren, von denen er manche selber mitgebracht hatte – unter anderem einen »indianischen Raben«, einen Papagei – oder die ihm von gelehrten Freunden zum Geschenk gemacht worden waren. In seiner Menagerie befanden sich Löwen, Bären und Tiger; selbst Biber hielt er in einem Gehege auf der Bastei. Sooft Maximilian Zeit und Gelegenheit fand, beobachtete er die Tiere und studierte ihr Verhalten. Lange Gespräche konnte er dann mit seinen Freunden führen, unter denen sich bekannte Gelehrte seiner Zeit fanden, wie etwa der Naturforscher Charles de l'Ecluse (Clusius), ein Botaniker, der an der philosophischen Fakultät lehrte und in begeisterten Worten die Schönheit der Gärten und Parks von Ebersdorf beschrieb. Maximilian zog es auch hinaus in die Voralpen, wo er manche Pflanze ausgraben und mit nach Wien nehmen ließ; auf sein Geheiß wurde auch die erste Roßkastanie, die von dem Diplomaten David Ungnad aus Konstantinopel mitgebracht worden war, in der Stadt eingepflanzt. Viele andere in Österreich damals unbekannte Gewächse versuchte man zu kultivieren; so gelang es auch erstmals, Tulpen und Levkojen in Wien zur Blüte zu bringen. Staunend standen die Leute vor dem Haus des berühmten Gelehrten und Diplomaten Ogier Ghislain de Buspeck, der von einer Reise nach Konstantinopel Fliedersamen mit nach Wien gebracht und, nachdem einige Versuche fehlgeschlagen waren, diese seltsame Pflanze schließlich doch im Monat Mai zum Blühen gebracht hatte. Alle bewunderten den »Lilak« und konnten sich nicht sattsehen an den wunderbar duftenden Blütendolden. Man fand, die Pflanze sehe dem

Holunder ähnlich, und so hieß der Flieder in Wien zunächst »türkischer Holler«.

In den Jahren in Spanien hatte Maximilian einen Lebensstil kennengelernt, der ihm nicht behagte und zu dem er keinen Zugang fand; wohl aber hatte er die prachtvollen Bauten dort bewundert und schon in der Fremde beschlossen, einmal auch aus Wien eine außergewöhnliche Stadt zu machen. Nun bat er Künstler von Rang und Namen in die Donaustadt, um sie zu verschönern. Anfangs war es keine leichte Aufgabe, Baumeister von europäischem Ruf für seine Pläne zu begeistern; allzu provinziell und kleinstädtisch wirkte die Residenz. Aber schon bald folgte Alexander Colin einer Einladung und schuf für Maximilian einen großartigen Renaissancebau, das sogenannte »Neugebäude« in der Nähe des heutigen Zentralfriedhofs. An besonders schönen Orten der Umgebung, wie in Schönbrunn oder im Prater, entstanden kleine Pavillons, die Maximilian auf seinen Jagden zur Erholung dienten. Maler, Bildhauer und Holzschnitzer fanden bei ihm begeisterte Aufnahme, und er zählte sie zu seinen Freunden.

Von Jugend an hatte Maximilian eine besondere Vorliebe für Bücher und Handschriften. Er selbst war ein eifriger Briefeschreiber, und seine Freunde konnten sich glücklich schätzen, durch den späteren Kaiser persönlich über alle Ereignisse informiert zu werden. Wie er selbst das Schreiben liebte, so freute er sich auch besonders, wenn man ihm schöne alte Handschriften zum Geschenk machte. Die Registratur und Ordnung seiner Sammlung übertrug er dem Niederländer Hugo Blotius; den nach Wissen und neuen Erkenntnissen Strebenden sollte seine Sammlung zugänglich gemacht werden. Maximilian selbst gab dazu die Anweisung und begründete sie: »denn eine noch so wohl versehene Bibliothek, die nicht zum Gebrauch offen steht, gleicht einer brennenden Kerze unter einem darüber gestürzten Scheffel, deren Licht niemand wahrnehmen kann.« –

Kaum nach Wien zurückgekehrt, begannen für Maximilian unruhige Zeiten. Sein Vater hatte gehofft, der Aufenthalt in Spanien würde ihn nicht nur moralisch, sondern auch religiös gefestigt zurücklassen. Ferdinand war sich nie im klaren darüber, welchem Glauben sein Ältester nun eigentlich wirklich zuneigte – und hatte dabei selbst bei der Wahl der Erzieher, die er persönlich überwachte, einen entscheidenden Fehler begangen. Nach langer und reiflicher Überlegung hattte er im August 1536 Wolfgang Schiefer, einen Elsässer, mit der Erziehung seines ältesten Sohnes und späteren Nachfolgers betraut. Ferdinand wähnte seinen Sohn in den besten Händen und fiel vermutlich aus allen Wolken, als er erfuhr, Schiefer sei ein Vertrauter und gelehriger Schüler Martin Luthers gewesen und schrecke nun nicht davor zurück, die Lehren des Reformators auch bei den Königssöhnen eifrig zu verbreiten. Beinahe mit Schimpf und Schande jagte man ihn vom Hof, aber die Saat des Zweifels war schon in die Brust Maximilians gelegt worden. Überall, auch in Österreich, bekannten sich Adel und Volk bereits zur lutherischen Lehre. Die Worte der Bibel allein und nicht die, wie man glaubte, verlogenen Dogmen der katholischen Kirche sollten den Weg zum ewigen Heil weisen. Die Worte der lutheranischen Prediger waren dem Volk näher, und Priester, die selber heiraten und Familien gründen durften, mußten doch die Sorgen und Nöte der Mitmenschen besser verstehen können als die oft scheinheiligen Würdenträger der alten Lehre, die alles Menschliche mit Verboten belegten, aber im verborgenen die größten Sünder waren.

Mit großer Sorge verfolgte Ferdinand diese Entwicklung in seinen Ländern. Genau wie sein Bruder, der Kaiser, war er ein gläubiger Katholik, erkannte aber auch, daß es in dieser kritischen Frage keine endgültige Entscheidung geben konnte. Als 1555 der Augsburger Religionsfrieden einen Schlußstrich unter alle Unsicherheiten setzen sollte, ahnten vielleicht beide, Ferdinand und Karl V., daß auch die Lösung »Cuius regio eius religio« nur ein Kompromiß sein konnte. Denn wenn der Landesherr die religiöse Einstellung seiner Untertanen bestimmte, dann führte das zwangsläufig zu Unzufriedenheit innerhalb der Bevölkerung, und außerdem blieb immer noch die Frage offen, welchem Glauben die reichsunmittelbaren Städte anhängen sollten.

Maximilian wußte, daß es auch ihm nicht gelingen würde, dieses so schwierige Problem zur Zufriedenheit aller zu lösen. Seine Sympathien jedenfalls galten den Protestanten, seine engsten Freunde kamen aus dem protestantischen Lager, und am Wiener Hof hielt er gegen alle Widerstände einen Prediger, den er besonders schätzte: Johann Sebastian Pfauser, der mit Weib und Kind in Wien eingezogen war. Ferdinand war dieser Mann von Anfang an ein Dorn im Auge, und in stundenlangen Unterredungen mit seinem Sohn suchte er Maximilian zu überzeugen, daß er, der spätere König und wahrscheinlich auch Kaiser, unmöglich einen evangelischen Hofprediger protegieren könne. Gewöhnlich endeten diese Auseinandersetzungen im Streit zwischen Vater und Sohn, und Maximilian äußerte sich eines Tages voller Zorn, er wolle nicht länger unter der Zuchtrute des Vaters stehen. Auch Maria versuchte ihren Mann zu beeinflussen und sein Herz für die alleinseligmachende katholische Lehre zu öffnen. Spitzel überwachten jeden Schritt und Tritt und teilten jedes nur halbwegs verfängliche Wort, das der junge Mann von sich gab, sofort dem Kaiser mit. Maximilian kam sich wie ein Gefangener vor und bemerkte verbittert in einem Schreiben an Kurfürst August von Sachsen, er habe den Eindruck, er hätte eine Kette um den Hals und nicht nur allein am Halse, sondern an den Füßen. Man »traue ihm gar nicht, wäre wie ein Mönch im Kloster, hätte auch niemand Treuen um sich, hätte Leute bei sich, die er lieben wollte, daß sie weit von ihm wären, müßte es dulden bis zu seiner Zeit, hätte einen breiten Rücken, könne es wohl tragen. Die kaiserliche Majestät wäre ihm spinnefeind; könnten Sie ihn im Löffel ertränken, so täten Sie es.«

Da Maximilian am Hof in Wien keinen Gleichgesinnten und auch keinen wahren Freund fand, dem er sich blind anvertrauen konnte, schrieb er häufig an August von Sachsen; die Briefe, die er abfaßte, waren entweder chiffriert oder in Geheimschrift, zu deren Entzifferung Maximilian August eine Anleitung gab:

»Hiermit überschickh ich Euer Lieb ain Zetl; do Sie es lesen wollen, so nemen Sie ain Schtickle von ainem Badschbamen (=Badeschwamm) als groß als ein Taler, netzen denselben wol in ainem Melissawasser, und überschtraichen bemelte Zetel damit wol ain 3 oder fiermal; do Sie es aber alsdann nich wol lesen khunten, so mögen Sie ain Liecht in ainer finsteren Khamer anzinten und bemelte Zetel wolgenetzter gegen bemelten Liecht halten, so verhofe ich Euer Lieb sollen sie lesen khunen, so aber nit, so wollen michs Euer Lieb berichten, so will ichs in der Zifer schraiben, so ich mit Euer Lieb in Brauch bin.«

Das Verhältnis zwischen Vater und Sohn besserte sich auch nicht, nachdem Kaiser Karl 1556 in Brüssel seine Kaiserwürde niedergelegt und sich für den Rest seines Lebens nach Spanien zurückgezogen hatte. Auch Maximilian hatte die zu Tränen rührende Abdankung des schwerkranken, durch lange Kriege und Streitigkeiten entnervten Kaisers miterlebt, die aus einer tiefen Resignation heraus zustande gekommen war. Sein Vater Ferdinand übernahm nun die zermürbende Aufgabe, ein in allen Fugen ächzendes Reich zusammenzuhalten und gleichzeitig den Feind im Osten, die mit aller Kraft anstürmenden Türken, aufzuhalten. Der neue Kaiser Ferdinand I. brauchte dringend Hilfe aus den eigenen Reihen, einen Sohn, auf den er sich felsenfest verlassen konnte. Und daran zweifelte er, solange er lebte. Sein Sohn hatte heimlich den protestantischen Fürsten geschrieben, um auszuloten, wie weit er sich auf ihre echte Loyalität ihm gegenüber verlassen könnte. Jedem einzelnen hatte er seine schreckliche Lage am Wiener Hof vor Augen geführt und in Anspielungen darauf hingewiesen, daß er willens sei, dies zu ändern, auch wenn er sich dabei gegen seinen eigenen Vater erheben müsse. Aber die Freunde im Reich machten bloß vage Versprechungen, die nichts besagten. Es war eine Sache, zu konspirieren, eine andere, sich mit Waffengewalt gegen den Kaiser, den obersten Herrn des Reiches zu erheben. Maximilian erkannte schnell, daß er seinem Vater machtlos ausgeliefert war, und er war klug und diplomatisch genug, die deutlichen Signale, die er empfangen hatte, richtig zu verstehen. Er entschloß sich zu einem für ihn unwahrscheinlich schweren Schritt: er unterwarf sich seinem Vater, dem Kaiser. Am 10. Oktober 1562 legte Maximilian ein Treuegelöbnis ab, das ihn als gläubigen Katholiken in den Schoß der Familie zurückführen sollte. Vorher war der von Maximilian so sehr geschätzte Pfauser zum dritten und letzten Mal entlassen worden; der Prinz sollte sich von allem trennen, was einen schlechten Einfluß auf ihn ausgeübt hatte.

Da sich Maximilian endlich doch noch auf dem rechten Weg befand, wollte ihm auch der Vater entgegenkommen. Er wußte um den innigen Wunsch seines Sohnes, das Abendmahl in beiderlei Gestalten nehmen zu dürfen. Bisher hatte es der habsburgfeindliche Papst Paul IV. kategorisch abgelehnt, dem Sohn Ferdinands diese Ausnahme zu bewilligen. Aber jetzt saß ein neuer Mann auf dem Stuhle Petri: Pius IV., ein Papst des Ausgleichs und der Versöhnlichkeit. An ihn wandte sich Ferdinand persönlich; und nach anfänglicher Weigerung erlaubte der Heilige Vater, daß Maximilian wie die Protestanten Brot und Wein zu sich nehmen dürfe; dies aber im geheimen und nicht vor allen Gläubigen.

Nachdem Maximilian sich zumindest dem äußeren Anschein nach, endlich den Lehren der katholischen Kirche unterworfen und mit dem Vater ausgesöhnt hatte, stand der Krönung zum böhmischen König am 20. September 1562 nichts mehr im Wege. Kurz danach gaben auch die Kurfürsten ihr Placet, und Maximilian begab sich mit seiner Gemahlin nach Frankfurt, um zum römischen König gekrönt zu werden.

Als Maximilian im darauffolgenden Jahr noch die ungarische Königskrone zugesprochen bekam, hielt Ferdinand die Zeit für gekommen, die Regierungsgeschäfte seinem Sohn zu übertragen. Der Kaiser war schon lange ein kranker Mann, der sich nur mühselig zu seinen vielen Verpflichtungen geschleppt hatte. Nun schien sein Lebenslicht allmählich zu verlöschen. Immer wieder suchte der sterbende Vater Zwiesprache mit seinem Sohn, denn so sehr ihn Maximilian auch zu beruhigen suchte: Ferdinand konnte seine Augen nicht in Ruhe schließen. Die Sorge um die Einheit des Reiches und um die wahre religiöse Einstellung seines Sohnes schenkte ihm keinen Frieden. Wie sollte es weitergehen, wenn Maximilian als Kaiser doch noch konvertierte? Wo blieb das oberste Ziel eines christlichen Herrschers, die Dogmen der katholischen Religion mit allen Mitteln zu verteidigen? Der Kaiser war nun einmal der von Gott eingesetzte Wahrer des alten Glaubens. Er, Ferdinand, hatte alles versucht und war sich keiner Schuld bewußt. Er hatte die Jesuiten, strenge, gottesfürchtige Männer nach Wien geholt, die einen positiven Einfluß auf den schwankenden Sohn ausüben sollten, aber nur zu bald hatte er die tiefe Abneigung Maximilians gegen die Gesellschaft Jesu erkennen müssen. Wie würde es wirklich weitergehen?

Kaiser Ferdinand konnte in seiner Todesstunde – man schrieb den 25. Juli 1564 – nicht mehr vorhersehen, daß sich Maximilian wahrscheinlich selbst nicht im klaren war, wohin sein Weg führen würde.

Zunächst kam es zu Unstimmigkeiten mit den Brüdern. Der Vater hatte verfügt, daß seine beiden jüngeren Söhne, Ferdinand und Karl, Teile des habsburgischen Gebietes erben sollten, ein Entschluß, den Maximilian für verhängnisvoll hielt; die Teilung mußte über kurz oder lang eine Schwächung der kaiserlichen Hausmacht hervorrufen. Gleichzeitig konnte jeder der Söhne in seinem Land die Religion festlegen, die er bevorzugte. Der jüngste Bruder Karl war ein beinahe bigotter Katholik, und Maximilian befürchtete von allem Anfang an, daß der neue Landesfürst in der Steiermark, in Kärnten und Krain die Gegenreformation mit aller Strenge würde durchführen lassen. Ferdinand hatte Tirol, Vorderösterreich und die Vorlande bekommen; er war zwar gut katholisch, aber als Kunstliebhaber ein toleranter Mann, der über so manchen religiös anders Gesinnten großzügig hinwegsah.

Als Maximilian mit 37 Jahren die Nachfolge seines Vaters antrat, ging ein freudiges Raunen durch die Burgen und Schlösser im Reich. Man hatte ihn schon als jungen Mann schätzen gelernt; er hatte zwar seine stürmischen Manieren längst abgelegt, aber seine Leutseligkeit und Zugänglichkeit waren geblieben. Auch seine spanische Frau hatte daran nichts geändert. Man wußte, daß Maximilian eine mustergültige Ehe führte, obwohl immer wieder Scheidungsgerüchte ausgestreut worden waren, da das Ehepaar sich in Glaubensdingen ganz und gar nicht verstand. Aber selbst die streng katholische Maria hatte geäußert, sie würde niemals ihren Mann verlassen, da er ihr in religiösen Dingen völlig freie Hand lasse. Besonders aber schätzte man in den nichtdeutschen Landesteilen die außerordentlichen Sprachenkenntnisse des neuen Kaisers; er konnte sich mit den Ständen, dem Adel oder auch mit der Bevölkerung fließend in der jeweiligen Landessprache unterhalten. (Für seine Sprachgewandtheit fanden die Ärzte nach seinem Tode übrigens eine kuriose Erklärung: wie es der Sitte der Zeit entsprach, öffnete man den Schädel des verstorbenen Kaisers und stellte fest, daß die Gehirnschale »bemerkenswert trocken und warm« sei. Daraus zog man den Schluß, die vielen Fremdsprachen, die hohe Bildung und die große Klugheit hätten dies bewirkt.)

Maximilian begann seine Tätigkeit als Herrscher ganz anders, als alle vermutet hatten. Allgemein hatte man geglaubt, und wahrscheinlich auch befürchtet, Maximilian würde nach dem Tod des Vaters endlich sein wahres Gesicht zeigen. Aber nichts davon geschah. Nichts wurde verändert, keine Verordnung aufgehoben, kein neues Gesetz erlassen. Maximilian schien zu überlegen, abzuwarten, wie sich die Dinge entwickeln würden.

Er mußte nicht allzu lange warten. Die erste große Prüfung kam auf den neuen Herrscher schneller zu, als diesem lieb war: Der siebenbürgische Fürst Johann Siegmund Zápolya unternahm im Verein mit den Türken einen neuerlichen Vorstoß gegen die habsburgischen Gebiete in Ungarn. Maximilian sah sich einer doppelten Belastung ausgesetzt: Er wußte, daß er die Türken, die wie immer mit einem gewaltigen Heer nach Westen zogen, nur mit gutgerüsteten Truppen aufhalten konnte, hatte aber weder Soldaten noch Geld. In aller Eile wandte er sich an die Stände, die eine Gelegenheit witterten, die heikle Lage zu ihren Gunsten ausnützen und religiöse Zugeständnisse erhalten zu können. Auf einem Landtag in Wien im Jahre 1564 wurde der junge Kaiser unter Druck gesetzt: die freie Religionsausübung nach dem Augsburgischen Bekenntnis sollte genehmigt werden, bis es zu einer endgültigen Regelung käme. Aber auch im Reich machte man sich die finanzielle Notlage des Kaisers zunutze: Die Katholiken wollten ein Bekenntnis Maximilians zum alleinseligmachenden Glauben, die Protestanten wiederum forderten vehement die Anerkennung ihrer Religion. Auch der Papst und Philipp II. von Spanien griffen in die Auseinandersetzung in Deutschland ein, so daß der Kaiser, was immer er entscheiden mochte, auf jeden Fall eine Seite gegen sich aufbrachte. Und eine war so wichtig wie die andere. Maximilian konnte keine klare Linie beziehen, er »dissimulierte«, denn er hatte nur zu klar erkannt, daß der wahre, der gefährliche Feind im Osten stand und nur darauf wartete, das christliche Abendland zu überrennen.

Die Tragik Maximilians II. war, daß er mit wachem Geist die Gefahren der Zeit erkannte, aber nicht dazu berufen und befähigt war, zu handeln. Er war kein Renaissancefürst, kein »principe«, wie ihn Machiavelli als Idealbild prägte; er war ein sehender Zauderer, der das Beste für sein Land und für sein Volk wollte, aber nicht die Kraft besaß, seine Ideen in die Tat umzusetzen. Vielleicht ist dieser hochbegabte, idealistisch gesinnte Kaiser dadurch in den Schatten der Weltgeschichte geraten, weil er nicht der Mann war, das rechte Wort am rechten Platz zu sprechen. Maximilian überlegte lange und gründlich, bevor er eine Aussage traf, und diskutierte seine endlich zustande gekommene Meinung wieder mit vielen verschiedenen Leuten, von denen er glaubte, daß ihr Rat ihm von Nutzen sein könnte. Er hörte auf alle Für und Wider, ohne selber seinen Standpunkt – der wohl oft der richtige gewesen wäre –, klar darzutun. So konnten die Reichsfürsten ihre Macht stärken, konnten untereinander verfehdet und verfeindet sein, aber der Kaiser wurde mit der Zeit zu einer machtlosen, finanziell vollständig vom Wohlwollen der Fürsten und der Stände abhängigen Marionette. Die habsburgische Macht näherte sich einem Tiefpunkt unter einem Mann, der für diese Zeit des Intrigenspiels nicht geboren war.

Nach langem Tauziehen um religiöse Zugeständnisse erreichte Maximilian, vor allem durch persönliche Kontakte, daß ihm vom Reichstag in Augsburg am 30. April 1566 ungefähr 1,700.000 Gulden für den bevorstehenden Krieg gegen die Türken bewilligt wurden. Endlich war es auch in anderen Ländern Europas klar geworden, daß mit dem türkischen Heer nicht zu spaßen war. Der osmanische Sultan hatte den Frieden gebrochen; trotz seiner 75 Jahre hatte sich Suleiman II. wie ein Jüngling aufs Pferd geschwungen und ritt nun, prunkvoll geschmückt, seinem riesigen Heer voran, mit dem Schwur auf den Lippen, die Deutschen sollten für alles, was sie ihm angetan hätten, büßen.

Die Nachricht vom Aufbruch des Sultans, der seinem Günstling Zápolya Hilfe gegen die Kaiserlichen versprach, löste eine Welle ungläubiger Überraschung, aber auch berechtigter Furcht aus. Gerüchte berichteten von riesigen Feindesscharen, die sich nach Nordwesten wälzten. Das Hauptheer der Türken, vom Sultan selbst befehligt, sei 100.000 Mann stark, das Gefolge wurde mit 40.000 Reitern angegeben, dazu kämen noch 12.000 Janitscharen. Maximilian suchte Hilfe, wo er nur konnte, er wandte sich an den Papst, an Florenz, Lucca, Parma, Genua und Savoyen. In einem dringenden Schreiben bat er seinen spanischen Vetter, er möge die Türken zur See angreifen, um das Landheer zu entlasten. Aber Philipp II. konnte sich nicht dazu entschließen, und so war Maximilian auf die Truppen und Gelder angewiesen, die ihm aus Italien und Frankreich überbracht wurden. Auch in Deutschland kam man nun zur Besinnung. Die Glaubensdiskussionen in Augsburg hatten viel Zeit gekostet; inzwischen hatte der Feind ungehindert weit in die ungarische Tiefebene eindringen können, ohne auf entscheidenden Widerstand zu stoßen. Maximilian äußerte sich bitter über die Hinauszögerung der Hilfe, die die Fürsten schließlich doch genehmigten: »Wollt Gott, wir hetten die 9 Wochen zu Augschpurg in Anfang nit so ubel versaumbt, man wierts noch taglich sehen, was man daran versaumbt hatt.«

Das kaiserliche Heer, das sich schließlich in der Gegend von Wien sammelte, war ein bunt zusammengewürfelter Haufen, dem jede Zucht und Ordnung fehlten. Der Krieg ernährt den

Krieg, schien die Devise für die Landsknechte, war auch der Feind noch weit. So plünderten etwa die Italiener die Gegend um Wieselburg völlig aus und nahmen alles mit, was nicht niet- und nagelfest war. Berichte von Zeitgenossen geben beredtes Zeugnis vom Verhalten der fremden Truppen. Man habe »weder Vieh noch Leut, weder Stiefel noch Bank, ja nit ainen nagel in der Wand gefunden«.

Der Auszug der kaiserlichen Truppen in Richtung Osten dauerte fast einen ganzen Tag. Es war ein gewaltiges Heer, das hier zusammengekommen war, und vielleicht hätten die Soldaten mit ihrem anfangs frischen Kampfesmut den türkischen Vormarsch zum vollständigen Erliegen bringen können, wären sie von geschulten, erfahrenen und kampfbereiten Feldherren geführt worden. Aber der Kaiser selbst hatte den Oberbefehl übernommen, und ihm zur Seite standen seine Brüder Ferdinand und Karl, denen der Krieg ebenso bloß als notwendiges Übel erschien wie Maximilian. Der einzige wirklich begabte Heerführer, der kaiserliche Feldoberst Lazarus von Schwendi, der mit einem Teil der Truppen gegen den Siebenbürgerfürsten Zápolya kämpfte, wäre vielleicht in der Lage gewesen, das riesige Heer richtig zu stationieren oder einzusetzen. So wartete man bloß und verließ sich auf unzuverlässige Berichte, was die Türken eigentlich zu unternehmen gedächten. Und je mehr Zeit verstrich, desto weniger konnte man sich entschließen, ob man Schwendi zu Hilfe kommen oder Graf Nikolaus Zriny Truppen schicken sollte, der verzweifelt um die Tag und Nacht von den Türken berannte Festung Szigétvár kämpfte. Der Kaiser wollte von einer Aufsplitterung des Heeres nichts wissen, er fürchtete um die Schlagkraft seiner Truppen und wartete vergeblich auf einen massiven Sturm der Türken.

So vergab Maximilian durch sein Zögern die Chance, die Türken für lange Zeit aus dem ungarischen Raum zu verdrängen, und noch etliche seiner Nachfolger mußten sich mit ihnen herumschlagen. Leute, die es wissen mußten, Späher und Spione, hatten ihn darauf aufmerksam gemacht, daß das türkische Heer nur zahlenmäßig so riesig erscheine; in Wirklichkeit setze es sich größtenteils aus schlecht ausgerüstetem Volk zusammen, das durchaus zu schlagen sei.

Die Zeit aber ging dahin, und allmählich wuchs die Unzufriedenheit unter den Soldaten, die vergeblich aufs Losschlagen hofften. Es gab wenig zu essen, man war schon länger den Sold schuldig geblieben, da die bewilligten und versprochenen Gelder größtenteils verbraucht oder niemals eingetroffen waren, und die Männer hatten keine Beschäftigung. Langeweile machte sich breit, der Branntwein floß in Strömen, und blutige Raufhändel waren an der Tagesordnung. Der Herbst zog ins Land und mit ihm Kälte, Feuchtigkeit und Krankheiten. Das Unternehmen war zum Scheitern verurteilt. Unauffällig und schnell verließen die Soldaten das kaiserliche Lager, und niemand konnte die Deserteure aufhalten. Selbst Erzherzog Ferdinand machte sich bei Nacht und Nebel zusammen mit seinen Tiroler Leuten davon. Maximilian war über die Treulosigkeit seines Bruders so entrüstet, daß er sich in einem Brief an seinen Schwager, Herzog Albrecht von Bayern, sehr bitter äußerte:

»So kan ich Euer lieb auch mit betriebtn Gemiet nit verhaltn, das main Herr Brueder Ferdinand den vergangnen Erchtag (= Dienstag) aus dem Feld awzogen, unangesehen allen Ausfierungen und Ermanens, so ich Sainer Lieb gethon haw, sainen Ern und anders halwn. Ja, da hatt nix geholfen. In summa, ich glauw gewiß, er saı verzaubert, dan ime etzlich Brieflen von der losen Brekin (= Hündin; gemeint ist Philippine Welser, Ferdinands Gemahlin. Anm. d. Verf.) kumen saind; bald dernach hatt er weder Tag noch Nacht kan Ruee gehabt, sonder melankolisiert und gar in ain Fiewer geraten, glaichwol, wie ich hör, ist es besser worden. Also gets, mier ist auch das daraus gefolgt, das die übrigen aus den Erblanden, so sie das gesehen, auch hinwek ziehen, und da ist kain Halt mer. Ich wollt, das die Brekin in einen Sakh schtekt und was nit wo ware. Gott verzeihs mier, thue ich Unrecht, und haw lauter Sorg, man haw die Marhern und Beham aufrierisch gemacht, damit man besser Ursach haw, hinwek zu ziehen; dan sie auf ainmal sich entschlossen hawen lenger nit zu belaiwn, so sie doch derfor kan ainige Meldung gethan hawen, und glaich darauf haw ich Sain Lieb auch nit haltn kunnen.«

Die Festungen Sziget und Gyula waren endgültig an die Türken verloren, und wahrscheinlich wäre es zu einer Katastrophe gekommen, wäre nicht in diesen Tagen Suleiman II. gestorben. Sein Nachfolger Selim II. war nicht aus dem gleichen Holz geschnitzt wie sein kriegerischer Vater, er suchte den Ausgleich, den Frieden mit dem Habsburger Kaiser und wollte sich wieder mit dem jährlichen »Ehrengeschenk« von 30.000 Dukaten zufriedengeben. Am 17. Februar 1568 wurde in Adrianopel neuerlich ein Friede über acht Jahre mit den Türken geschlossen.

Maximilian war noch einmal davongekommen und hatte Glück im Unglück gehabt. Die Rechnung allerdings mußten noch mehrere Generationen nach ihm zahlen. Jahrhundertelang verbreiteten die Türken in Ungarn und in den angrenzenden österreichischen Gebieten Angst und Schrecken, und es sollte noch lange dauern, bis Prinz Eugen sie für immer in die Schranken wies.

Schwierigkeiten über Schwierigkeiten belasteten den Kaiser, und immer noch bezog er keine klare Position, obwohl alle Seiten das von ihm forderten. In der katholischen Kirche herrschten nach wie vor üble Mißstände, im protestantischen Lager Zank, Streit und Intoleranz. Dazu kam, daß es auch in Deutschland, in Frankreich und in den Niederlanden eine große Gruppe von Calvinisten gab, die man kurzsichtiger-

weise von vornherein vom Augsburger Religionsfrieden ausgeschlossen hatte. Mit Schrecken sah Maximilian die Folgen
der Pariser Bartholomäusnacht, die Jagd auf die Hugenotten
und die Verfolgung der Calvinisten in den Niederlanden
durch den Herzog von Alba, der im Auftrag Philipps II. dort
wütete. Er sah, wohin religiöses Eiferertum führte; die Aktionen der Spanier waren für ihn Taten von Wahnsinnigen. Seine
Haltung vermied alles, was nach Fanatismus und Intoleranz
aussah. Einmal äußerte er seine Überzeugung, die ständig
schwelenden Religionskonflikte betreffend, in einem Schreiben an seinen langjährigen Freund August von Sachsen:
»Es ist weder gerecht noch richtig; religiöse Streitigkeiten
lassen sich nicht mit der Gewalt des Schwertes austragen,
sondern nur mit Gottes Wort, christlichem Verständnis und
Gerechtigkeit.« Wieviel Toleranz und wahrhaft christliche
Gesinnung drücken sich in diesen wenigen Worten aus!
Vielleicht trug auch sein Herzleiden Schuld daran, daß sich der
Kaiser so wenig tatkräftig zeigte. Selbst als er sich persönlich
um die frei gewordene Krone Polens bewarb, setzte er nicht
alle Hebel in Bewegung, um dieses verlockendes Ziel zu erreichen, sondern ließ die Ereignisse mehr oder weniger auf sich
zukommen und zögerte lange, ob er die angebotene Krone
annehmen sollte; eine habsburgfreundliche Partei hatte Maximilian am 12. Dezember 1575 zum König ausgerufen. Zwei
Monate ließ er die polnischen Gesandten in Wien warten, bis
er durch Handschlag den Eid auf die polnische Verfassung
ablegte. Sein ärgster Rivale um die polnische Krone aber, Stephan Báthory, war ein Mann der Tat, er gab sich mit der halben Niederlage, die er erlitten hatte, nicht zufrieden, sondern
ließ sich am 1. Mai 1576 in Krakau zum König krönen.
Mit seiner wahrhaft menschlichen, humanistischen Einstellung wurde Maximilian erpreßbar. Und man nützte dies
weidlich aus, anstatt die tolerante Haltung des Kaisers zu

schätzen. Je mehr Zugeständnisse er machte oder machen mußte, um so mehr forderte man, um so mehr ging es mit der Macht des Kaisers bergab.

Für den Sommer 1576 hatte Maximilian wieder einen Reichstag nach Regensburg einberufen, aber der Aufbruch aus Wien fiel ihm unendlich schwer. Seine Kräfte schienen von Tag zu Tag nachzulassen, und so sehr er sich auch bemühte, sein Leiden zu verbergen, so konnten doch alle, die ihm nahestanden, mitansehen, wie es allmählich mit ihm zu Ende ging.

Jahrelang hatte er nach der Vorschrift der Leibärzte gelebt, die jeden kleinsten Bissen, den er zu sich nahm, streng kontrollierten, die ihm schon vor Jahren geraten hatten, den starken ungarischen Wein, den er so sehr liebte, mit Wasser zu verdünnen, die alle Mittel versucht hatten, um seine Gliederschmerzen erträglich zu machen. Die beinahe täglichen Herzanfälle versetzten ihn in Todesangst, und nur mühsam entschloß er sich zum weiten Weg nach Regensburg.

Erst im Frühsommer versammelte er seine Familie um sich, und zog mit Roß und Wagen die Donau aufwärts. Es schien, als wollte der sieche Körper dem erst 49jährigen Kaiser nicht mehr gehorchen. In Straubing rieten ihm seine Ärzte zu leichter Kost, die Maximilian allerdings überreichlich genoß. Der Kaiser hatte eine besondere Vorliebe für Donaufische und konnte den Köstlichkeiten, die man ihm im schönen Straubinger Rathaus kredenzte, nicht widerstehen. Dazu trank er weit über den Durst den eher herben Wein. Mehrmals bat ihn die besorgte Kaiserin, an seine Gesundheit zu denken und etwas mäßiger zu sein, aber Maximilian war in guter Stimmung, das fröhliche Volk von Straubing hatte ihn mit lautem Jubel und frohem Gesang empfangen, der Abend war lau, und er wollte das Leben noch einmal in vollen Zügen genießen.

In der Nacht überfiel ihn starke Übelkeit. Die Ärzte, die Tag und Nacht in seiner Nähe Wache hielten, ließen ihn zur Ader und versuchten, das Ärgste zu verhindern. Nur langsam kehrten die Lebensgeister zurück, Maximilian aber fühlte deutlich, daß sein Weg auf dieser Erde bald zu Ende sein würde. Noch sehr schwach, erreichte er Regensburg, wo die Stände, Katholiken und Protestanten, die sich wieder wie üblich kompromißlos bekriegten, den Kaiser herzlich begrüßten. Wie in alten Zeiten war die Stadt zum Empfang des Kaisers festlich geschmückt, man liebte und ehrte den freundlichen Herrscher, um dessen Gesundheit alle bangten. Maximilian eröffnete mit großer Mühe den Reichstag und hielt eine Rede, die ihresgleichen suchte. Ob man nun mit dem einverstanden war, was er sagte, war Nebensache; hingerissen lauschten alle Anwesenden auf die Worte, die Maximilian mit großer Eindringlichkeit vortrug. Mit glühenden Augen, schon vom Tode gezeichnet, aschfahl im Gesicht, mahnte er die Stände und Fürsten zur Eintracht, zu Ruhe und Ordnung und zum Frieden. Nachdem er die letzten Sätze gesprochen hatte, sank er in sich zusammen, und Diener mußten ihn aus dem Saal tragen.

Obwohl sofort Hilfe zur Stelle war, konnten die Ärzte nicht verhindern, daß er von einer Ohnmacht in die andere fiel. Alles mögliche machte man für den Zustand des Kaisers verantwortlich; daß er zu viel eiskaltes Wasser getrunken hatte, um den brennenden Durst zu löschen, der ihn ständig plagte; daß er unreifes Obst gegessen hatte ... Keiner wußte wirklich Rat, und verzweifelt scharten sich seine Getreuen um das Krankenlager. Als man nicht mehr aus noch ein wußte, verordnete man das Allheil- und Abführmittel Aloe, das den völlig irritierten Magen wieder in Ordnung bringen sollte. Freilich konnten die Ärzte der damaligen Zeit nicht ahnen, daß Aloe zu einer starken Nierenreizung führen kann und, da Maximilian wahrscheinlich auch an Nierensteinen litt, ihm nicht gerade zuträglich war. Tatsächlich trat im Zustand des Kranken keine Besserung ein, und als alle herkömmlichen Mittel versagten, sandte man eilends nach Ulm um die weitum bekannte Wunderheilerin Magdalene Streicher, die aus geheimnisvollen Ingredienzien ein Mittel zusammenbraute. Wahrscheinlich mischte sie – wie später Tycho de Brahe für Rudolf II. – »ain Skrupel Coraltinktur, Sapphir oder Hyazinthe, eine Lösung von Perlen oder trinkbarem Gold«. Als Stärkungsmittel fügte sie sicherlich noch das bewährte Antimon dazu. Gold galt als Universalheilmittel, und möglicherweise wurden die rheumatischen Schmerzen, an denen Maximilian schon lange litt, durch die Goldeinnahme wirklich etwas gelindert.

Aber nur kurz hielt die Wirkung des Wundertranks an. Man hatte schon neue Hoffnung geschöpft, als ein schwerer Rückfall dem Kaiser die Besinnung raubte. Nun sah man, daß sein Ende nahte. Maria, die sich ein Leben lang um das Seeelenheil ihres geliebten Mannes bemüht hatte, versuchte mit vor Tränen erstickter Stimme, Maximilian darum zu bitten, er möge doch einen Beichtvater kommen lassen. Aber weder sie noch seine Schwester Anna, die schnell nach Regensburg geeilt war, als sie von der Erkrankung ihres Bruders hörte, konnte den sterbenden Kaiser dazu bringen. In einem lichten Augenblick erklärte er, sein Priester sei im Himmel. Maximilian starb am 12. Oktober 1576, ohne die Tröstungen der katholischen Religion, ohne Beichte und letzte Ölung, im Vertrauen auf Gottes Güte, an die er ein Leben lang geglaubt und auf die er fest vertraut hatte.

Als Mann ohne Taten ist Maximilian II. in die Geschichte eingegangen. Er steht im Schatten von vielen anderen, weit weniger menschlichen, weniger gebildeten, weniger wahrhaft christlichen Persönlichkeiten auf dem Kaiserthron. Die Zeit der Glaubensstreitigkeiten hatte nicht viel übrig für echte Menschlichkeit und Toleranz.

Rudolf II. Gemälde von Joseph Heintz d. Ä.

Rudolf II. (2. v. r.) bei einer Trinkkur.
Gemälde von Lucas van Valckenborch

Der Unverstandene

RUDOLF II.

»Es sieht aus, als besäße der Kaiser eine gewisse archimedische Art der Bewegung. Sie ist so sachte, daß sie dem Auge kaum auffällt, bringt aber mit der Zeit die ganze Masse in Bewegung. Da sitzt er in Prag, versteht nichts vom Kriegshandwerk, vollbringt aber doch ohne Autorität (wie man zuvor glaubte) Wunder, hält die Fürsten in Unterwürfigkeit, macht sie willfährig, bereitwillig, freigebig, hält einen Herrscher, der so viele Jahre furchtbar gewesen war, auf, macht ihn mürbe durch langes Hinziehen des Krieges, ohne selbst zu großen Nachteil zu erleiden. Auf diese Weise legt er den Grund zu einer vollen Machtstellung, so daß nur noch die Unterwerfung des Türkenreiches zu fehlen scheint.«

Bewegende Worte des berühmten Astronomen Johannes Kepler, mit denen er seine ganze Verehrung für den Habsburger Kaiser Rudolf II. ausdrückte, vor dem er sich tief neigte, dessen menschliche Größe er achtete und von dem er das Unheil abzuwenden suchte, das er aus dem Stand der Gestirne abzulesen vermeinte.

Schon zu Lebzeiten war der menschenscheue, sich in seiner Burg auf dem Prager Hradschin beinahe versteckt haltende Rudolf II. fast zur Legende geworden. Je mehr sich Rudolf hinter eine Mauer des Schweigens zurückzog, desto heftiger stritt man sich über seinen Charakter, ob er bloß melancholisch oder schon geisteskrank sei.

Von Anfang an verlief sein Leben nicht in normalen Bahnen. Bald nach den ersten Kinderjahren im Kreis einer Familie, in der schönste Harmonie herrschte, bekam er die Schattenseiten der Erstgeburt zu spüren. Als künftiger Nachfolger seines Vaters im Kaiseramt – so wollte es die habsburgische Familientradition – sollte er sich schon bald auf seine späteren Aufgaben vorbereiten. Er konnte nicht wie andere junge Leute eine ungetrübte Jugendzeit bei seinen Eltern und Geschwistern in Wien oder in Innsbruck verbringen, wo sich Maximilian II., und seine spanische Gemahlin Maria oft aufhielten; nur zu bald richteten sich die Augen ganz Europas auf ihn. Besonders sein Onkel in Spanien, Philipp II., fand,. daß der Junge nicht früh genug Schliff, Manieren, vor allem aber die Lehren der alleinseligmachenden Religion in sich aufnehmen könne. Abgesandte Philipps II. wurden auf die lange und beschwerliche Reise nach Wien geschickt, um mit allem Nachdruck auf die Vorstellungen ihres Herrn hinzuweisen. Bestand nicht hier in Österreich die Gefahr, daß der zukünftige Kaiser, etwa durch unzuverlässige Erzieher, womöglich heimliche Protestanten, beeinflußt wurde, um dann später sogar mit den Ketzern zu sympathisieren? Zunächst fanden die Spanier nur bei der Kaiserin offene Ohren. Maria, die Schwester Philipps II., teilte diese Sorgen mit ihrem Bruder. Die Art, wie in Wien Glaubensfragen behandelt wurden, machte ihr das katholische Herz schwer. Tagaus tagein mußte sie mitansehen wie ihr kaiserlicher Gemahl Leute tolerierte, die ihrer Meinung nach längst auf dem Scheiterhaufen hätten brennen sollen!

Mit Freuden hörte sie die Spanier an, deren Fanatismus sie mit wahrer Gottesfurcht verwechselte. Wie gerne hätte sie Maximilian von der Notwendigkeit überzeugt, die beiden ältesten Söhne nach Spanien zu schicken, um dort die wahre und echte katholische Gesinnung eingepflanzt zu bekommen! Aber Maximilian weigerte sich strikt, die Abgesandten zu empfangen und verbat sich jede Einflußnahme seines Schwagers; lange genug hatte er den bigotten Philipp am Reichstag zu Augsburg ertragen müssen. Auf keinen Fall sollten seine Söhne dessen spanischen Hochmut lernen, der später nur die Fürsten im Reich gegen sie aufbringen würde. Er mochte nun einmal keine Spanier – mit Ausnahme seiner Frau Maria; der allerdings konnte er nur schlecht widerstehen. Und Maria kannte die Schwäche ihres Gemahls und vertröstete die Abgesandten ihres Bruders, daß sie ihren ganzen Einfluß aufbieten wolle.

Maximilian hatte die Rechnung ohne seine hartnäckige Frau gemacht. Er konnte sich wohl den Gesandten widersetzen, nicht aber dem ständigen Drängen Marias, die jede günstige Gelegenheit, jede schwache Stunde des Kaisers nützte, um ihm vorzustellen, wie vorteilhaft doch eine Erziehung in Spanien für die Söhne wäre, von welch hervorragenden Lehrern sie dort betreut werden könnten. Und da Maximilian für dieses pädagogische Argument besonders aufgeschlossen war, wehrte er ihren Bitten nicht länger und willigte ein, daß Rudolf und sein jüngerer Bruder Ernst die nächsten Jahre in Spanien verbringen sollten.

Rudolf war erst elf Jahre alt, als es hieß, Abschied von Wien zu nehmen und den Eltern und Geschwistern Lebewohl zu sagen. Es flossen heiße Tränen, als die beiden zurückbleibenden Geschwister den beiden nachwinkten, und die beiden Jungen kamen sich von Gott und der Welt verlassen vor, als sie einer ungewissen Zukunft in fremdem fernen Land entgegenzogen. Was mochte das Schicksal für sie bereithalten? Unsichere Zeiten lagen hinter ihnen; in Wien hatte plötzlich die Erde gebebt, Häuser waren eingestürzt und hatten Menschen unter ihren Trümmern begraben; wer konnte seines Lebens sicher sein, wenn selbst der Boden unter den Füßen schwankte? Die Priester hatten den Protestanten, den Ketzern, alle Schuld an dem Unheil gegeben. Oder waren vielleicht Hexen oder gar der Satan selbst im Spiel? Rudolf und Ernst hatten die ersten Hexenverfolgungen miterlebt, sie hatten gehört, wie sich wilde, schöne Frauen öffentlich selbst bezichtigten, mit dem Teufel Unzucht getrieben zu haben. Andere maßten sich an, den Namen der Jungfrau Maria zu verspotten, die Gottesmutter zu schmähen. Das konnte nur der Anfang vom Ende sein. Vielleicht war der Komet, den man am Himmel sah oder das bunte Feuer, das in eiskalten Winternächten am Firnament flackerte, Vorbote des baldigen Weltunterganges, ein Hinweis Gottes an die Menschen? Sollte man nicht Einkehr halten und Buße tun? Der Vater allerdings hatte über solche Befürchtungen bloß gelacht, seinem klaren Verstand waren Naturerscheinungen nichts Mystisches wie anderen, die daraus nur Schreckliches ablesen konnten.

Allmählich trockneten die Tränen der beiden Knaben. Die Ferne lockte, das unbekannte Abenteuer. Aber der Weg über die Alpen war weit und beschwerlich, und so manchen Abend sanken die beiden zu Tode erschöpft in ihre nicht immer weichen und bequemen Betten. Es hieß die Zähne zusammenbeißen und sich wie junge Herren benehmen; der Vater sollte stolz auf seine Söhne sein.

Endlich erreichten die Erzherzöge mit ihrem Gefolge Genua. Rudolf und Ernst waren beim Anblick des blauen Meeres entzückt. Sie hatten sich die endlose See in ihren Träumen ausgemalt, aber nun übertraf ihre Schönheit alles, was sie sich vorgestellt hatten. Interessiert nahmen sie eine Handvoll Wasser auf, schlürften es, um es prustend wieder auszuspucken. Das Wasser war ja wirklich salzig, die Lehrer hatten sich nicht geirrt! Die Überfahrt nach Spanien war gefährlich und alles andere als angenehm. So lange sich der launische Wettergott gnädig zeigte, genossen die Knaben die Schaukelei, an die sie sich nach anfänglichen Schwierigkeiten gewöhnt hatten. Blies der Wind aber die Segel verdächtig prall auf, dann fielen sie auf die Knie und flehten Gott an, daß er keinen Sturm schicken möge. Und tatsächlich hatte der Himmel ein Einsehen, die Elemente hielten sich erstaunlich ruhig, und endlich konnte man, wenn man die Hand über die Augen legte, in der Ferne Land erkennen. Spanien war in Sicht!

Die Aufregung der Knaben steigerte sich, als die Küste näher kam und deutlich eine große Menschenmenge zu erkennen war. Man schien die Prinzen hier zu erwarten. Froh darüber, endlich wieder festen Boden unter den Füßen zu haben, eilten Rudolf und Ernst von Bord und wurden zu ihrer großen Überraschung vom König selbst in Empfang genommen und auf das herzlichste begrüßt. Philipp II. war ein durchaus liebenswürdiger Mann, der die Vierzig schon überschritten hatte, sich aber dennoch gerne mit jungen Leuten umgab. Wenn er sich auch nach außen hin durch das spanische Hofzeremoniell abschirmte, so war er doch innerhalb seiner engeren Familie ein fürsorglicher Ehemann, Vater und Onkel. Die beiden Knaben verloren sofort alle Scheu vor dem fremden Oheim und begleiteten den König nach Montserrat, wo Ignatius von Loyola gelebt hatte. Obwohl sie die langen Andachten von zu Hause nicht gewohnt waren, lauschten sie angestrengt dem fremden Reiz der endlosen Choräle, die hier an dieser heiligen Stätte gesungen wurden. Die Gläubigkeit des Königs schlug sie in tiefen Bann.

Der Sommer war heiß und schwül in Madrid, und alle, die es sich irgendwie leisten konnten, suchten Kühle und Erholung auf dem Land. Natürlich hatte auch die königliche Familie einen wunderschönen Sommersitz; in Aranjuez, in einem weitläufigen Palast inmitten eines exotischen Parks, war die Familie unter sich. Hier konnte sich auch Philipp von seinen schweren Pflichten und Aufgaben erholen, hier konnte er ganz Mensch sein. Die fröhliche Schar der jungen Leute, die ihn umgab, heiterte ihn auf. Schon bald hatte sich eine muntere Gesellschaft in Aranjuez gebildet: Zu seinen beiden Neffen gesellte sich ganz selbstverständlich die junge Königin Isabel von Valois, die als blutjunges Mädchen die dritte Gemahlin des spanischen Königs geworden war. Dazu gehörte aber auch der Sohn des Königs aus erster Ehe, der verunstaltete und bemitleidenswerte Don Carlos, der sich bemühte, bei den Cousins Anklang zu finden. Ab und zu meldeten die Bediensteten die Ankunft eines Jünglings, bei dessen Anblick das Herz nicht nur der jungen Königin höher schlug: Don Juan d'Austria, der Halbbruder des Königs, weit über die Grenzen des Landes als einer der schönsten Prinzen Europas bekannt. Er sollte als der große Sieger der Seeschlacht von Lepanto gegen die Türken in die Geschichte eingehen.

War das junge Volk, darunter auch Söhne und Töchter befreundeter Adeliger, versammelt, so wurde entweder Ball gespielt, oder man band sich ein Tuch vor die Augen, um als »Blinde Kuh« durch den Garten zu tappen, immer auf der Suche nach einem Opfer. Man suchte und fand sich, und hatte man genug vom Spiel, speiste man im Freien.

Rudolf und Ernst genossen den spanischen Sommer in vollen Zügen, aber kaum waren die ersten kühleren Tage ins Land gezogen, da eröffnete ihnen der Oheim, daß das Leben nicht nur aus Vergnügungen bestehen konnte. Kaum war die königliche Familie zurück in Madrid, begann die Ausbildung, deretwegen Rudolf und Ernst eigentlich nach Spanien gekommen waren. Stunden- und tagelang über die Bücher gebeugt, lernten sie die lateinische Sprache durch römische Dichter kennen, deren Werke sie eifrig übersetzten, denn jeder gebildete Mensch des 16. Jahrhunderts mußte die Sprache der alten Römer in Wort und Schrift beherrschen. Daneben sollten sie keineswegs die deutsche Sprache vernachlässigen, eine dringende Bitte Kaiser Maximilians an seinen Schwager in Madrid. Für Rudolf war es nicht schwer, deutsch zu sprechen und zu lesen, er liebte die Sprache seines Vaterlandes, und wenn er auch fließend Spanisch beherrschte, so bevorzugte er doch zeitlebens das Deutsche. In langen Abhandlungen mußten die Knaben ihre Kenntnisse in der Geschichte darlegen, und es mutet heute kurios an, daß Rudolf im zarten Alter von dreizehn Jahren ein Traktat über die Gefahren der wilden Liebe und über die Segnungen des Ehestandes verfaßte. In seinem späteren Leben sollte er die Meinung, die er in Spanien zu diesem brisanten Thema geäußert hatte, übrigens noch des öfteren ändern. Das leidenschaftliche Blut, das in seinen Adern rollte, ließ ihn kaum zur Ruhe kommen, und immer wieder faszinierten ihn schöne, aber leichtsinnige Frauen.

König Philipp II. von Spanien war von den Lernerfolgen seiner beiden Neffen begeistert; er hatte Rudolf und Ernst schon bald ins Herz geschlossen und schrieb beinahe überschwengliche Briefe über ihre Fortschritte und ihr Verhalten nach Wien. Ihre artige Höflichkeit war bald überall bekannt, ebenso wie ihre Tanzkunst. Wenn Philipp krank im Bett lag, schickte er manchmal nach den Neffen und bat sie, ihm zur Aufheiterung etwas vorzutanzen, und Philipp konnte beim Anblick der sich graziös zu den Klängen der Musik bewegenden blühenden Jünglinge seinen eigenen kranken Sohn vergessen und die Sorgen, die er ihm bereitete. Rudolf und Ernst mußten die Tragödie des Infanten bis zum bitteren Ende mitverfolgen und gingen trauernd hinter dessen Sarg, als ein gnädiger Tod Carlos 1568 aus der Haft befreite, die sein verzweifelter Vater über ihn verhängt hatte.

Die »schönen Tage von Aranjuez« waren für die beiden Prinzen allzu schnell vorüber; Trübsal und Trauer herrschten wieder am spanischen Hof, nachdem auch die junge Königin Isabel im Kindbett gestorben war. Nun zählten Rudolf und Ernst die Tage und Wochen bis zur Rückkehr nach Österreich, die sie 1571 antreten konnten. Auf der Reise trafen sie mit ihrem Bruder Albrecht und ihrer Schwester Anna zusammen, die dazu ausersehen worden war, den verwitweten spanischen König zu trösten und ihm möglichst bald einen Sohn und Nachfolger zu schenken.

Sieben Jahre waren die beiden in Spanien gewesen, eine lange Zeit vor allem in dieser entscheidenden Lebensphase, in der sich ihre Charaktere endgültig festigten. Rudolf und Ernst hatten in Spanien viel gelernt, hatten sich gebildet und waren in unzähligen Gottesdiensten, Andachten, Bittgängen und Prozessionen sowie durch pausenlose Belehrung im wahren Glauben bestärkt worden. Was in ihren Herzen an Zweifeln geschlummert hatte, sollte durch die Kraft der reinen Lehre hinweggewaschen, im Keim erstickt werden. Ja, auf besonderen Wunsch ihres Oheims hatten sie sogar einem Autodafé, einer Ketzerverbrennung auf dem Scheiterhaufen, beigewohnt, um mit eigenen Augen zu sehen, wie es einem Menschen erging, der sich vom wahren Glauben abgewendet hatte. Das gräßliche Schauspiel muß besonders Rudolf in tiefster Seele abgestoßen haben, denn so lange er in Böhmen regierte, gab es keine Ketzerverbrennung in diesem Land.

Geläutert traten sie nun die Reise nach Österreich an, den Weg, der zu Höherem führen sollte. Rudolf war so aufgeregt, daß er bekannte: »Habe in der folgenden Nacht solche Freude empfunden, daß ich keinen Schlaf in die Augen bringen konnte.«

Der Kaiser hatte es sich nicht nehmen lassen, seinen Söhnen entgegenzureiten. Voll Freude schloß er die lang Entbehrten in die Arme und drückte sie fest an sich. Aber schon bald sah Maximilian, daß das, was er immer befürchtet hatte, eingetreten war: die beiden hatten ihre ursprüngliche Natürlichkeit verloren, sie waren zu »Spaniern« geworden. Ihr Wesen hatte sich grundlegend verändert; alles, was heimisch, gemütvoll, österreichisch war, schien ihnen so wesensfremd, daß man am Hof bald zu tuscheln begann und sich über Rudolfs »spanischen Humor« und seine Arroganz beklagte. Wenn auch sein Vater versuchte, ihm ins Gewissen zu reden, mußte er doch bald erkennen, daß es dafür zu spät war. Rudolf verbarg wohl nur seine Schüchternheit und Melancholie unter der äußeren Kühle und Arroganz, die er zur Schau stellte, aber wie sollte der Kaiser das seinen Räten, dem Volk und vor allem den protestantischen Fürsten und Ständen klarmachen? Noch lange konnte man sich über das »steife« Wesen der Prinzen nicht beruhigen. So schreibt der spanische Gesandte 1574:

» ... sie haben von ihrer Erziehung in Spanien etwas, was ihnen ebenso schädlich, wie das andere (die strenge katholische Einstellung) ihnen nützlich sein kann, und zwar einen gewissen Stolz, sei es im Schreiten, sei es in jeder anderen ihrer Gebärden, der sie, ich möchte nicht verhaßt sagen, um dies unerfreuliche Wort zu vermeiden, aber jedenfalls viel weniger beliebt macht, als sie es sein könnten. Denn es widerspricht in jeder Hinsicht dem hiesigen Landesbrauch, der beimFürsten eine gewisse familiäre Redeweise verlangt, und es gilt als eine aus Spanien mitgebrachte Eigenschaft, die gewiß als schlecht und verabscheuungswürdig angesehen wird ... «

Dabei hätte gerade Rudolf mit seinem durchaus ansprechenden Äußeren und seiner eher ruhigen Art die Sympathien der Fürsten und des Volkes gewinnen können. Aber es war ihm nicht vergönnt, die ihm in Spanien anerzogene Distanziertheit jemals wieder abzulegen. Wahrscheinlich hattte er das »spanische Wesen«, wenn auch nur unbewußt, als Kind schon bei seiner Mutter bewundert, und die Jahre in der Ferne hatten das Ihrige dazu beigetragen, ihn zeitlebens in einer Art Isolation zu halten.

Rudolf war als Erstgeborener nach der Tradition der Primogenitur dazu bestimmt, der Nachfolger seines Vater als Kaiser im Reich und als König von Böhmen und Ungarn zu werden, in einer Zeit, die an einer großen Wende stand, in der sich das Welt- und Menschenbild grundlegend zu ändern begann und die Prinzipien der Religion von Grund auf in Frage gestellt wurden. Der Mensch hatte sich selbst erkannt und versuchte nun, die Natur in ihren Urgründen zu erforschen, um sie zu überwinden oder für sich untertan zu machen. Es war ein Zeitalter der tiefen Unsicherheit in allen Lebensbereichen; niemand kannte genau seine Rolle und seine Position. Wie sollte da ein Kaiser zu einem ruhenden Pol werden, noch dazu einer, der selbst von ständigen Zweifeln geplagt wurde? Maximilian II. wußte, daß Rudolf kein glückliches Erbe antreten konnte, er ahnte, daß sein Sohn den größten Schwierigkeiten ausgesetzt sein würde, und er versuchte, ihm die Wege zu ebnen, wo es nur möglich war. Durch seine guten Beziehungen zum Kurfürsten August von Sachsen war es ihm möglich, die Bedenken im Reich gegen Rudolf zu zerstreuen. Als August bei einem Treffen in Wien zweifelnd erwähnte, er habe gehört, Rudolf hätte dem König von Spanien einen Eid schwören müssen, daß er zeit seines Lebens gut katholisch sein und alle Ketzer nach Kräften verfolgen werde, antwortete Maximilian, Rudolf sei weder ein Papist noch ein Evangelist; sondern bloß das einzig Wünschenswerte: ein Christ.

Mit seinem diplomatischen Geschick erreichte der Kaiser schließlich, daß Rudolf 1572 zum ungarischen König und drei Jahre später zum böhmischen und römischen König gewählt wurde. Die Lage in Böhmen wurde immer schwieriger; viele Sekten hatten dazu beigetragen, das Land in sich zu spalten. Maximilian selbst, zu dieser Zeit schon ein schwerkranker Mann, hätte auf keinen Fall noch Ordnung schaffen können, und so hoffte er auf seinen Sohn und Nachfolger, mußte aber bald erkennen, daß der hochgebildete, äußerst sensible junge Mann mit den auffallend großen, leicht melancholischen Augen wohl kaum der starke Mann werden würde, den man im Reich, aber auch in Böhmen nötig gehabt hätte. Rudolf war ein Mensch mit vielen Gesichtern, zaudernd, wenn es zu handeln galt, kraftlos, wenn er hätte seinen Mann stehen sollen, unbeständig, wenn man von ihm klare Entscheidungen forderte. Aber immer zeichnete er sich durch überragende Intelligenz aus, durch einen ungewöhnlichen Kunstsinn, durch den er Prag zur ersten Kunstmetropole in Europa machte. Aber all diesen positiven Eigenschaften stand seine Halsstarrigkeit im Wege, sein unwahrscheinlicher Jähzorn, der ihn blind um sich schlagen und Gegenstände wie wild durch die Luft werfen ließ. Hatte er sich beruhigt, war er tief zerknirscht und so depressiv, daß er nur mehr den Wunsch hatte, aus dem Leben zu scheiden. Rudolf versuchte dies auch tatsächlich: In einem Anfall von Jähzorn zerschlug er einmal eine Fensterscheibe im Prager Hradschin. Als er den Scherbenhaufen vor sich liegen sah, bückte er sich, hob einen großen Glassplitter auf und versuchte, sich die Halsschlagader durchzuschneiden. Zu Tode erschrocken konnte ihm ein Diener beinahe mit Gewalt den Scherben im letzten Moment entreißen.

Nur allzu oft kam es vor, daß Rudolf glaubte, an seiner schweren Aufgabe verzweifeln zu müssen. In tiefster Einsamkeit mußte er weltpolitische Entscheidungen treffen, vor denen er selbst zitterte.

Aber noch war es nicht soweit. Noch lebte sein Vater Maximilian und hielt die Fäden der Macht in seinen Händen. Die Position des Königs von Böhmen war für Rudolf von besonderer Wichtigkeit, zeigte die Wahl doch an, daß die deutschen Fürsten gewillt zu sein schienen, ihn als Nachfolger seines Vaters auch im Reich zu wählen.

Deutschland war um diese Zeit, im letzten Drittel des 16. Jahrhunderts, nur schwer lenk- und regierbar. Nach dem Motto »Cuius regio eius religio«, das den Landesfürsten auch die Wahl der Konfession für ihr Land einräumte, war eine chaotische Situation entstanden. Nicht selten kam es vor, daß sich irgendein Fürst eines schönen Tages besann und sich über Nacht vom Katholizismus zum Protestantismus bekehrte. Die Gewissenskonflikte, die er seinen Untertanen mit einer solchen Aktion zumutete, waren ihm selbst wahrscheinlich völlig gleichgültig. Der Mann aus dem Volk hatte zu gehorchen, das Denken sollte er seinem Herrn überlassen.

Nach dem Augsburger Religionsfrieden erstarkte der Protestantismus in Deutschland ungemein. Der Kaiser tat nichts dagegen, im Gegenteil: er hatte viele Freunde im anderen Lager, was natürlich dem Papst, dem spanischen König und den katholischen Fürsten höchst verdächtig schien. Aber Maximilian verstand es meisterhaft, jahrlang eine Art Schaukelpolitik zu betreiben, durch die seine innere Einstellung nie ganz klar wurde. Er wußte, daß er sowohl die Katholiken als auch die Protestanten für die langen und blutigen Kriege gegen die Türken brauchen würde.

Das hatte Rudolf in den ersten Jahren nach seiner Rückkehr aus Spanien von seinem Vater gelernt: auch er würde sich nie offen zu einer Partei bekennen, wollte er nicht einen Krieg im Inneren vom Zaun brechen. Man hat ihm dieses Verhalten später als Schwäche ausgelegt, aber was sollte er wirklich tun? Überdies war er nicht der Mann, der mit der Faust auf den Tisch schlug, um endlich Ruhe zu haben. Nicht die religiöse Einstellung der Menschen, die ihn umgaben, war für den intelligenten, hochsensiblen Rudolf wichtig, sondern das, was sie leisteten, was sie konnten.

Rudolf II. war ein Außenseiter unter den Habsburger Kaisern; ähnlich seinem Vorfahren Friedrich III. war er ein Sonderling und Hagestolz. Beinahe ein Menschenalter lang verlobt, konnte er sich nie entschließen, die Braut, die geduldig auf ihn wartete, zu heiraten, obwohl er ein leidenschaftlicher und äußerst sinnlicher Mann gewesen sein soll.

Schon sehr früh waren seine Eltern mit Philipp II. übereingekommen, daß Rudolf eine spanische Prinzessin heiraten solle. Aber das Mädchen, das zur späteren Kaiserin auserkoren war, war noch gar nicht geboren. Zwar erwartete die damalige Gemahlin Philipps, Isabel von Valois, gerade wieder ein Kind, von dem man hoffte, es würde endlich der ersehnte Thronfolger werden, aber man konnte nie wissen... Und wollte das Schicksal, daß es ein Mädchen war, so hatte man auf alle Fälle den Bräutigam parat.

Es wurde eine Tochter, und sie wurde auf den Namen Isabella Clara Eugenia getauft und im Alter von zwei Jahren offiziell zur Braut Rudolfs erklärt. Als sie das Jugendalter errreicht hatte, begann man am spanischen Hof auf den Freier zu warten; Gesandte zogen nach Wien, kehrten aber unverrichteter Dinge wieder zurück. Rudolf sehne sich zwar sehr nach seiner Braut und treffe bereits Vorkehrungen zur Hochzeit, berichteten sie; aber dann konnte er sich doch nie zum letzten, entscheidenden Schritt entschließen. 29 Jahre lang.

Isabella war zu einem aparten, aber nicht auffallend hübschen Mädchen herangewachsen. Aus den Erzählungen ihres Vaters, dessen Lieblingstochter sie war, hatte sie viel von dem Vetter in Prag gehört und Bilder von dem schlanken, mittelgroßen jungen Mann mit dem schmalen Gesicht und dem gekrausten dunklen Haar gesehen. Er sah nicht übel aus, und Isabella war durchaus mit der Wahl ihrer Eltern zufrieden; nur daß sich der Bräutigam gar so viel Zeit ließ, sie nach Prag zu holen, verwunderte sie sehr. Im allgemeinen heirateten Prinzessinnen im zartesten Mädchenalter, und sie saß noch immer in Madrid und hörte die seltsamsten Geschichten von ihrem Bräutigam. Er sollte eine wunderschöne Geliebte haben, die ihn ganz in ihren Bann geschlagen hatte: Katharina Strada, die Tochter seines Hofantiquars. Es ging das Gerücht, Katharina habe den Kaiser so verzaubert, daß er sich zu einer standesgemäßen Ehe nicht mehr entschließen könne. Immer wieder versuchte Philipp seinen Neffen zu überzeugen, daß es nun für eine Hochzeit an der Zeit sei, aber Rudolf hatte alle möglichen Ausreden zur Hand; den wahren Grund für sein Zögern konnte er natürlich nicht angeben.

Die arme Isabella wäre wahrscheinlich eine alte Jungfer geworden, hätten nicht zwei Brüder Rudolfs ein Auge auf sie geworfen: Ernst und Albrecht, der mit seiner Schwester Anna, der vierten Frau des Königs, nach Spanien gekommen war. König Philipp war beiden sehr zugetan; Ernst hatte er ja schließlich jahrelang um sich gehabt. Aber das Schicksal meinte es nicht gut mit dem Erzherzog: Schon im Alter von nur 42 Jahren raffte ihn 1595 der Tod dahin, und Isabella, inzwischen fast dreißig Jahre alt, konnte nur hoffen, daß Albrecht an seine Stelle treten würde. Nachdem die Hochzeit doch endlich zustande gekommen war, setzte der König die beiden als Statthalter in den Niederlanden ein und verzichtete selbst auf die Herrschaft; im Fall ihrer Kinderlosigkeit sollte das Gebiet allerdings an Spanien zurückfallen, was 1633 auch geschah.

Rudolf zeigte sich keineswegs erfreut über die Hochzeit seines Bruders mit der von ihm so lange vertrösteten Braut. Der Kaiser fiel von einer Schwermut in die andere und fand nur in den Armen Katharina Stradas Trost. Sie muß eine ungewöhnliche Frau gewesen sein, die alle Register der Leidenschaft ziehen konnte, um den sinnlichen Rudolf über viele Jahre hinweg zu faszinieren. Er war ihr mit Haut und Haaren verfallen; auch wenn er sich ab und zu mit einer anderen vergnügte, kehrte er doch immer wieder zu ihr zurück.

Wahrscheinlich war sie wirklich der Grund, warum der Kaiser seine spanische Cousine um keinen Preis heiraten wollte; vielleicht ahnte er aber auch, daß er zur Ehe nicht geboren war. Was kümmerten ihn die Familienvorschriften, die von einem Kaiser forderten, er habe für standesgemäße Nachkommen zu sorgen, die die habsburgische Tradition fortführten? An Kindern mangelte es ihm übrigens nicht, Katharina hatte ihm sechs Söhne und Töchter geboren, die er alle wie Prinzen und Prinzessinnen versorgen wollte. Außerdem waren ja noch seine Brüder da, die dafür bürgen würden, daß die weitverzweigte Familie der Habsburger nicht ausstarb.

Aber Rudolf hatte die Rechnung ohne die Tücken des Schicksals gemacht. Merkwürdigerweise starben alle vier Brüder, Rudolf, Ernst, Matthias und Ferdinand, kinderlos. Aber nicht nur die Söhne Kaiser Maximilians II. hinterließen keine Nachkommen; auch bekannte Adelshäuser, namentlich in Böhmen, warteten vergeblich auf Nachwuchs. Es schien, als wären die alten Geschlechter zum Aussterben bestimmt. Manche machten den schwarzen Pfeffer dafür verantwortlich, Pfeffer galt als Zeichen für Reichtum und Luxus; wer es sich leisten konnte, der pfefferte die Speisen, bis sie schwarz wurden. Mit scheelen Augen sah das Volk auf die Reichen, die »Pfeffersäcke«, und vergönnte es ihnen, wenn sie nicht in der Lage waren, Kinder zu zeugen. Rudolf selbst war sicher kein »Pfeffersack«, seine zahlreichen Kinder zeigten der ganzen Welt, daß er durchaus für Nachkommen sorgen konnte. Seinen Bruder Matthias allerdings stellte der Kaiser als impotenten Schwächling hin, da aus seinen vielen Affären kein einziger Nachkomme entsproß. Der Kaiser traf damit natürlich einen wunden Punkt, und das ohnehin gespannte Verhältnis der beiden verschlechterte sich bis zur Unerträglichkeit.

Die Kinder Rudolfs wuchsen in Prag auf, und der Kaiser suchte höchstpersönlich mit großer Sorgfalt Lehrer und Erzieher für sie aus. Bald mußte er mit großer Sorge feststellen, daß einige von ihnen absonderliche Charakterzüge aufwiesen, besonders Julius, der Älteste, der besondere Liebling des Kaisers. Er wollte ihm eines Tages die Herrschaft in Siebenbürgen übertragen, ja, er hatte sogar die Nachfolge im Königreich Böhmen ins Auge gefaßt, beinahe ein Ding der Unmöglichkeit für einen illegitimen Sohn. Aber Rudolf dachte an den unehelichen Sohn Karls V., Don Juan d'Austria, den man ebenfalls mit politischen Aufgaben betraut hatte und der sich als siegreicher Feldherr goldene Sporen verdient hatte. Vielleicht würde sich dieses Schicksal wiederholen? Aber Julius war kein zweiter Don Juan; es zeigte sich bald, daß er eine sadistische Freude an allerlei Quälereien und Abartigkeiten hatte, und daß er keineswegs gewillt war, die Ratschläge seines Vaters zu befolgen und etwas zu lernen. Tag und Nacht wurde Rudolf von Sorge um seinen ältesten Sohn gequält, und als Philipp II. dem Kaiser das Angebot unterbreitete, Julius zu sich an den Hof in Madrid zu nehmen, stimmte er beinahe freudig zu, überlegte es sich aber dann doch und beschloß, selbst für seinen Ältesten zu sorgen. Ein Vertrauter Rudolfs berichtete:
»Die beiden Söhne des Kaisers Julius und Matthias sind hier mit dem Reichshofrat Paul von Krauseneck. Den Älteren kleidet man sehr stattlich und soll derselbe ehestens ins Reich oder nach Frankreich reisen. Der Jüngere ist etwas schöner und holdseliger.«
Julius fuhr aber weder ins Reich noch nach Frankreich. Als Rudolf sah, daß sein Sohn immer deutlichere Zeichen einer Geisteskrankheit entwickelte, entschloß er sich schweren Herzens, ihn in Gaming Tag und Nacht unter Kontrolle zu halten. Wahrscheinlich stand Rudolf nur allzu deutlich das

Schicksal des Don Carlos vor Augen, dessen Verfall er in Spanien aus nächster Nähe hatte miterleben müssen. Julius blieb indes nicht in Gaming; es gelang ihm, sich die Kleider eines Knechts zu verschaffen und zu fliehen. Er kam nicht weit. Vertraute seines Vaters hetzten ihm nach und griffen ihn auf. Nun gab Rudolf Order, seinen Sohn strengstens zu bewachen, der sich wie wild gebärdete, sich auf dem Boden wälzte und wütend um sich schlug. Der verzweifelte Vater verbot, Julius Wein zu kredenzen und empfahl ihm statt dessen den Genuß »eines guten und kreftigen zimmetwassers oder biers«, aber solche Vorsichtsmaßnahmen konnten gegen die schwere Krankheit des jungen Mannes natürlich nichts ausrichten. Als Julius bald darauf starb, wagte man nicht, seinem Vater den Tod zu melden; aus zu dünnen Fäden war das Seelengewand des Kaisers gewoben, allzu leicht konnten es die immer wiederkehrenden Schicksalsschläge zu Fetzen zerreißen.

Um seine anderen Kinder kümmerte sich Rudolf weiterhin mit besonderer Hingabe. Er nahm sie mit auf seine Spaziergänge in den prachtvollen Gärten des kaiserlichen Parks, zeigte ihnen seine Lieblingstiere, die Adler und Löwen, die man nach Prag gebracht hatte, und besonders die Mädchen waren entzückt über den zahmen Löwen des Kaisers.

1608 fand die festliche Vermählung seiner Tochter Karoline mit dem Grafen Thomas von Cantecroy statt. In einem zeitgenössischen Bericht findet man den Hinweis: »ist gar stattlich zugegangen ... I. Mt. haben die Liste der Eingeladenen selbst revidiert ... «

Rudolf kümmerte sich also um die Belange seiner Kinder, und im Kreise dieser Familie muß er manchmal glücklich gewesen sein, wenn er auch nach außen hin im Laufe seiner Regierungszeit allmählich hinter einem Wall aus Schweigen verschwand.

Seine Regierungszeit hatte mit einem prunkvollen Fest begonnen. 1576, noch knapp vor dem Tod seines Vaters, war der 24jährige in Regensburg zum Kaiser gewählt worden. Maximilian hatte es gerade noch zustande gebracht, den Sohn auf den Thron zu heben; dann hatte er die Augen für immer geschlossen und Rudolf ein in sich zerfallenes Reich und vier Brüder hinterlassen, die dem Ältesten nicht gerade wohlwollten. Maximilian hatte in seinem Testament keine Vorkehrungen für eine etwaige Aufteilung der habsburgischen Gebiete getroffen, wie es sein Vater Ferdinand I. getan hatte; Rudolf sollte alleiniger Herrscher sein und die Brüder mit Apanagen abfinden. Die aber waren nicht gewillt, das hinzunehmen und strebten selbst nach Macht und Einfluß. Besonders zwei machten Rudolf das Leben schwer: Matthias und Maximilian, beide ehrgeizig, aber ohne hervorragende Fähigkeiten.

Am 1. November 1576 hatte die glanzvolle Krönung Rudolfs im hohen Dom zu Regensburg stattgefunden. Alles, was im Reich Rang und Namen hatte, war in der Donaustadt erschienen, von den Häusern wehten bunte Fahnen und durchbrachen das triste Grau des Novembertages. Kerzen erleuchteten die Häuser, die den Weg des jungen Herrschers zum Dom säumten, und ein Meer von Blumen schmückte das altehrwürdige Gotteshaus. Der Vater war in der Stadt sehr beliebt gewesen, der Sohn sollte also auch begeistert gefeiert werden. Freilich besaß der junge Mann nicht den Charme Maximilians; für seine Jahre wirkte er reichlich ernst, ja melancholisch, als er die ergreifende Zeremonie über sich ergehen ließ und vom Bischof von Regensburg die ehrwürdige Krone des Heiligen Römischen Reiches Deutscher Nation aufs Haupt gedrückt bekam.

Das Krönungsfest zog sich über Tage hin, und als die letzten Kerzen gelöscht, die letzten Töne der Musik verklungen, die letzten Gäste nach Hause zurückgekehrt waren, als Rudolf sich in seine Gemächer zurückgezogen hatte, da überfiel ihn ein Gefühl ohnmächtiger Furcht und grenzenloser Einsamkeit. Wie sollte er mit all den Problemen fertig werden, wie die Religionskonflikte im Reich lösen, wie den Krieg gegen die ständig nach Westen drängenden Türken gewinnen, wie der immer wieder aufflackernden Pest Einhalt gebieten? Er war zwar nun Kaiser, aber um so mehr erkannte er seine Grenzen. Nur zeigen durfte er dies unter keinen Umständen, warteten doch seine Brüder – ausgenommen Ernst – nur auf einen Anlaß, ihm den Rang streitig zu machen.

Voller Selbstzweifel kehrte Rudolf nach Wien zurück, wo er von einer langwierigen Krankheit befallen wurde. Und schon galt es, die Folgen einer unbedachten Handlung seines Bruders Matthias zu beseitigen, sollte die österreichische Linie der Habsburger nicht in einen schweren Konflikt geraten.

Matthias war eines Nachts heimlich, mit rußgeschwärztem Gesicht und als Diener verkleidet, aus dem zweiten Stock der Burg entflohen, nachdem er sich mit einer selbstgebastelten Strickleiter abgeseilt hatte. Alle Versuche, ihn zu finden, waren vergeblich, bis er schließlich in den Niederlanden auftauchte. Wilhelm von Oranien hatte ihm Hoffnungen auf die Statthalterschaft in den südlichen Niederlanden gemacht. Dem ehrgeizigen, jugendlich unerfahrenen Matthias mußte man einen solchen Plan nicht zweimal vortragen. Verblendet und machthungrig wie er war, ging er dem Oranier prompt in die Falle. Für den niederländischen Prinzen war der junge Habsburger Gold wert: Gerieten die spanischen und die österreichischen Habsburger aneinander, so konnte der lachende Dritte nur in den Reihen der Generalstaaten zu finden sein. Aber sein Plan ging nicht auf; Rudolf befahl seinem Bruder sofortige Rückkehr, und Matthias, enttäuscht über die geringe Macht, die er besessen hatte, mußte schließlich erkennen, daß der Oranier nicht das geringste Interesse daran hatte, ihn als selbständigen Statthalter in den Niederlanden zu dulden.

Nachdem Matthias scheinbar reumütig nach Hause zurückgekehrt war, folgte ein strenges Strafgericht des Kaisers über den abtrünnigen Bruder. In aller Öffentlichkeit machte er Matthias lächerlich und traf ihn dabei tief. Es wurde festgelegt, daß der Erzherzog zunächst keine Machtbefugnisse im Reich haben solle, und da er dadurch auch keine Einkünfte besaß, verwehrte man ihm auch das Recht zu heiraten. So oft sich Matthias auch an seinen Bruder wandte und ihn um die Heiratserlaubnis bat, so oft erhielt er bloß eine brüske Ablehnung. Es blieb ihm nichts übrig, als den Weg des geringeren Widerstandes zu beschreiten: konnte er sich schon nicht mit dem Segen der Kirche eine Frau nehmen, dann eben ohne. Er suchte sich die schönsten Geliebten, die er aber meist schon nach kurzer Zeit verließ. Auch dies mißfiel natürlich dem Kaiser, und so gab Rudolf schließlich doch nach, als Matthias ihm die Bitte vortrug, Anna, die Tochter seines Onkels Ferdinand von Tirol aus dessen zweiter Ehe mit Anna Katharina Gonzaga ehelichen zu dürfen. Allerdings kam er damit schon wieder seinem unschlüssigen Bruder die Quere. Der hatte nämlich nach langem Hin und Her selbst ein Auge auf seine Cousine geworfen. Der Gedanke, sie zu heiraten, hatte für Rudolf etwas doppelt Reizvolles: erstens fand er Anna sympathisch, zweitens würde ihr nach Ferdinands Tod dessen weitum berühmte Kunst- und Wunderkammer zufallen; und Rudolf war wie sein Onkel an Schätzen und Kuriositäten brennend interessiert.

Aber für Rudolf war es immer ein langer Weg vom ersten Gedanken bis zur Ausführung seiner Pläne, Matthias handelte schneller und konsequenter, und Anna nahm denjenigen, der zuerst kam. Sie hatte die erste Mädchenblüte hinter

sich – 1611, als die Hochzeit stattfand, war sie 26 Jahre alt --
und beinahe die Hoffnung aufgegeben, daß sich noch ein
Freier einstellen würde. Als Matthias um sie warb, war sie
schon auf halbem Weg ins Kloster. Die Ehe blieb kinderlos;
vielleicht einer der Gründe, warum die spätere Kaiserin
schließlich von religiösem Wahn befallen wurde, sich selbst
zerknirschte und mit einer silbernen Geißel züchtigte, um
für das Jenseits gewappnet zu sein. Anna hatte eine besondere Schwäche für den Orden der Kapuziner; mit ihrem
Gemahl zusammen gründete sie das Kapuzinerkloster in
Wien und die damit verbundene Kapuzinergruft, die letzte
Ruhestätte der Habsburger, in der Matthias und Anna als
erstes Kaiserpaar bestattet wurden.

Rudolf aber hielt es nicht in Wien; das Klima war ihm zu
rauh, der ständig wehende Wind erregte seine Nerven über
Gebühr, die Sommer waren ihm zu heiß und die Winter zu
kalt, und die Türken streiften gefährlich nahe durch die
ungarische Tiefebene. 1583 entschoß er sich, seine Residenz
in Prag aufzuschlagen; dort konnte er schalten und walten,
wie er wollte und mußte nicht täglich die ungeliebten Brüder
sehen, die nichts Gutes im Schilde zu führen schienen. Den
Hradschin, die Prager Burg, wollte er sich so ausstatten, daß
es sich ganz nach seiner Vorstellungen leben ließ.

Es war wie eine Flucht, die Rudolf nach Böhmen trieb, in ein
von Religionsstreitigkeiten zerrissenes Land, in dem es kaum
Katholiken, dafür aber eine Unzahl von Sekten gab. Der Kaiser hatte gar nicht die Absicht, hier mit aller Strenge die
Gegenreformation durchzuführen; lieber verschloß er sich in
seinen geheimen Räumen und ließ sich tagelang nicht sehen.
Nur nach langer Wartezeit wurden Besucher zu ihm vorgelassen. Viel zu wenig war der Kaiser an den brennenden
politischen Themen interessiert, viel zu gering war seine
Ambition, wirklich herrschen, wirklich regieren zu wollen.

Zwar war er von der Herrscherwürde, mit deren Aura er sich umgab, absolut überzeugt, aber so wie er seine Privatperson hinter der Mauer des spanischen Hofzeremoniells verbarrikadierte, so verschanzte er sich auch hinter tausenderlei Ausflüchten, wenn es galt, eine konkrete Entscheidung zu treffen. Ein Mann, der das Nichthandeln zu seinem Lebensgrundsatz gemacht hatte, sollte die Politik einer Zeit bestimmen, die einen starken Mann erfordert hätte. Der sensible, in sich gekehrte Monarch beschäftigte sich mit allem lieber als mit dem Staatswesen; die Probleme, die ihm unlösbar schienen, schlugen sich ihm auf den Magen, machten ihn physisch und psychisch krank. Dazu kam der ständige Ärger mit der Familie; auch sein jüngerer Bruder Maximilian ging eigene Wege, die sich schon bald als Irrwege herausstellten. Ohne erst lang den Rat des kaiserlichen Bruders einzuholen, bewarb er sich 1587 um die frei gewordene Krone von Polen und geriet dabei in die Mühlen der polnischen Intrigen. Es war ein trauriges Bild, als der Bruder des Kaisers ein Jahr darauf vom polnischen Großkanzler und Kronfeldherrn Zamojski mit seinen Leuten vernichtend geschlagen und gefangengenommen wurde. Ganz Europa hatte das polnische Abenteuer mißtrauisch verfolgt. Besonders Frankreich und der Papst hatten ein schlechtes Gefühl bei dem Gedanken, die Habsburger könnten ihre Macht im Osten noch vergrößern, und schadenfroh rieb sich Papst Sixtus V. die Hände, als er von Maximilians Niederlage erfuhr. Zu einem französischen Kardinal soll er geäußert haben, er sei »joyeux« über das Unglück des Habsburgers: »Die Sünden des Hauses Habsburg sind die Ursachen des Unglücks welches ihm zugestoßen.«

Diese »Sünden« bestanden für die Päpste des ausgehenden 16. Jahrhunderts sicherlich in der zwielichtigen Haltung Maximilians II. und auch seines Nachfolgers Rudolf im Religionskonflikt. Der Papst hätte eine entschlossenere Haltung lieber gesehen und konnte die vielen Rücksichten nicht tolerieren, die beide den Reichsfürsten gegenüber einzunehmen gezwungen waren. In seiner Abneigung gegen die Habsburger schreckte der oberste Hirte der Christenheit auch nicht vor Handlungen zurück, die seinem Amt eigentlich widersprachen; so verbündete er sich zum Beispiel mit dem türkenfreundlichen König von Frankreich. Rudolf war für Sixtus ein Dorn im Auge, und er intrigierte, um ihn loszuwerden. Um leichteres Spiel in Böhmen und im Reich zu haben, schickte er den habsburgfeindlichen Florentiner Aldobrandini nach Polen, um dort gegen die Habsburger zu agieren. Dabei war Polen ohnehin für Maximilian und damit für die Habsburger längst verloren. Als Aldobrandini auf dieser Reise in den Norden heimlich mit dem Obersthofmeister Rudolfs, dem Fürsten Georg Popel von Lobkowitz, zusammentraf, um die zukünftige Politik zu besprechen, da zeigte der Florentiner sein wahres Gesicht. Zu vorgerückter Stunde und in weinseliger Laune brachte Lobkowitz einen Toast auf Aldobrandini aus: »Es lebe der zukünftige Papst!« rief der Böhme, worauf der Florentiner antwortete: »Es lebe der zukünftige König von Böhmen!«

Die Sterne standen aber nur für einen der beiden Intriganten günstig; Aldobrandini wurde 1591 tatsächlich Nachfolger von Papst Sixtus, während sich das Schicksal des zwielichtigen Lobkowitz schneller erfüllte, als er geahnt hatte. Nur zu bald fiel er beim Kaiser in Ungnade, wurde zum Tode verurteilt, später aber zu lebenslanger Haft begnadigt.

Das voreilige Handeln seines Bruders Maximilian und die Untreue seines Obersthofmeisters verstärkten die Melancholie und Menschenscheu, die Rudolf von Anfang an zugesetzt hatten. Wem konnte er eigentlich trauen, wer war ihm wirklich treu ergeben? Immer mehr zog sich Rudolf von der Welt zurück, er mied lärmende Gesellschaften und die großen Gelage mit ihrem Überfluß an Essen und Trinken, wo laut geschrien und gegrölt wurde, waren ihm in tiefster Seele zuwider. Überall, wo er auftauchte, durfte nur noch leise gesprochen werden, und den Bediensteten erstarben die Scherze auf den Lippen, wenn sich der Kaiser näherte. Rudolf war nur äußerst selten zum Lachen aufgelegt, ja selbst das flüchtigste Lächeln, das über sein Gesicht glitt, war in Prag schon Tagesgespräch. Auch die Hofnarren konnte er nicht ausstehen, und schließlich wurden sie von seinem Hofe entfernt.

Am liebsten umgab er sich mit den Künstlern und Wissenschaftlern, die am Prager Hof eine Heimstatt gefunden hatten. Die Liebe zur Kunst machte Rudolf süchtig. Schöne Dinge, wie berühmte Gemälde, antike Plastiken, kunstvoll geschliffene Edelsteine, die er nicht lange genug in Händen halten konnte, gelungene Stiche und Radierungen, wollte er nicht nur betrachten, nein, er mußte sie auch besitzen, koste es, was es wolle. Kaiserliche Vertrauensleute reisten in ganz Europa herum, um für den Kaiser wertvolle Kunstgegenstände und Gemälde anzukaufen. Zwar feilschten sie lange um den Preis, am Ende aber zahlten sie jede Summe, auch wenn die kaiserlichen Kassen schon bedenklich leer waren. Am Hof von Prag wurde dann auf Anordnung des Kaisers das Essen eingeschränkt, und Rudolf selbst nahm nur Wasser und Brot zu sich, wenn es galt, in Griechenland oder in Italien eine kleine Kostbarkeit zu erwerben.

Aber Rudolf wollte die Schöpfer der Kunstwerke auch um sich haben, wollte sie tagtäglich sehen und sprechen können. So versammelte sich im Laufe der Zeit ein großer Kreis von namhaften Künstlern in Prag, die zum Teil fürstliche Gehälter bezogen und beinahe immer in den Adelsstand erhoben wurden. Rudolf führte lange Gespräche mit ihnen, ließ sich ihre Techniken genau beschreiben und war entzückt über jedes Werk, das man ihm übergab. Wie sein Urahn Kaiser Friedrich III. fühlte er sich mit magischer Gewalt zu Edelsteinen hingezogen, er legte eine große Sammlung der kostbarsten Steine an, die zum Teil heute noch in der Wiener Schatzkammer zu finden ist.

Vor allem Kuriositäten hatten es ihm angetan, denn er glaubte durch sie die begrenzten Schranken des Daseins, der menschlichen Erkenntnis durchbrechen zu können. So bemühte er sich persönlich jahrelang, den Stein der Weisen zu finden, durch den die menschliche Existenz, die Materie überwunden werden sollte. In seinem faustischen Drang braute er in einer Alchimistenküche Zaubertränke, Elixiere, die das ewige Leben garantieren, die, von alten Leuten getrunken, die Kraft der Jugend zurückbringen sollten. Er mischte Tinkturen, um Mumien wiederzubeleben, und als ihm dies nicht gelang, beschäftigte er die Wissenschaftler und Alchimisten, die Magier und Scharlatane mit dem Gedanken, ihm einen Lebenstrank zu brauen, der gleichzeitig ein Weisheitselixier -sein sollte. Alle, die behaupteten, mit dem Jenseitigen Umgang zu haben, fanden begeisterte Aufnahme am Prager Hof, und den Kaiser kümmerte es wenig, wenn man von ihm munkelte, er sei vielleicht gar mit dem Teufel im Bunde. Unter anderen fand sich auch der englische Magier Edward Kelly auf dem Hradschin ein, der ausgesagt hatte, er könnte Gold herstellen, »so schnell, wie eine Henne Nüsse (Körner) zu knacken vermochte«.

Das war die Welt, die Rudolf interessierte, das Leben, das ihm lebenswert schien. Und die Nachwelt hätte dem hochbegabten Habsburger, der ohne Ansehen der Person und Religion Künstler und Wissenschaftler förderte, sicherlich das beste Zeugnis ausgestellt, wäre er nicht Kaiser gewesen, hätte er nicht über seinen persönlichen Interessen die Politik sträflich vernachlässigt und die Entwicklung in eine gefährliche

Richtung treiben lassen, bis zum schrecklichen Dreißigjährigen Krieg.

Auf den Schultern der Habsburger lag seit Jahrzehnten noch eine weitere schwere Last: Seit Ferdinand I. kam das Gebiet im Osten nicht mehr zur Ruhe. Die Türken waren bis an die Grenzen des Reiches vorgedrungen, hatten weite Teile Ungarns eingenommen und übten dort eine Schreckensherrschaft aus, die die Unterworfenen – falls sie überhaupt mit dem Leben davonkamen – erzittern ließ. Die Kaiser waren machtlos gegen die ständigen Scharmützel an den Grenzen. Schließlich aber hatte man sich mit dem Sultan dahingehend geeinigt, daß der »Wiener Kaiser« jährlich Tribut zahlte, sollte einigermaßen Ruhe herrschen. 1585 brachte die kaiserliche Delegation außer 45.000 Talern auch eine prachtvolle Uhr aus vergoldetem Silber in Form eines kleines Serails mit. Schlug die Uhr die Stunde, dann öffnete sich eine Pforte, und Figuren erschienen, alle aus Silber gebildet, die den Sultan und sein Gefolge darstellen sollten. Noch nie hatten die Türken etwas so Schönes und Kostbares gesehen, und Rudolf hoffte durch dieses Geschenk Sultan Amurath III. so milde zu stimmen, daß er auf weitere Tributzahlungen verzichten würde. Die finanzielle Situation des Kaisers war – wie so oft – äußerst prekär.

1588 sandte der Herrscher also nur reiche Geschenke: prachtvolles Tafelgeschirr aus Gold und Silber, Becher, die von Edelsteinen blitzten, kostbare Uhren – aber kein Geld. Wütend ließ Sinan Bassa, der böse Geist des Sultans, die Gesandten in den Kerker werfen und bezichtigte sie, selbst den Tribut eingesteckt zu haben. Als sich aber herausstellte, daß die »Christenhunde« nicht gelogen hatten, schäumte der Bassa vor Wut und ließ sechshundert noch in Konstantinopel lebende Christen köpfen und ihre Häupter, auf Lanzen gespießt, durch die Stadt tragen.

Aufgebracht vernahm der Kaiser die Kunde von dieser Schandtat. Er war so empört, daß er sich seinen Harnisch bringen ließ und am liebsten gleich selbst in den Krieg gegen die ungläubigen Barbaren gezogen wäre. Aber es blieb beim Probieren der Rüstung; Rudolf war nun einmal kein Kriegsmann und überließ das Kämpfen anderen, zum Beispiel seinem Bruder Matthias. Der aber spielte auch an den Grenzen des Reiches wieder ein gefährliches Spiel und suchte Gesinnungsgenossen, die ihn gegen den Kaiser unterstützen sollten.

Die Türken hatten an vielen Stellen den Waffenstillstand mißachtet und waren verheerend ins Land eingebrochen, mordend, sengend und brennend. Überall wurde die »Türkenglocke« geläutet, Kreidfeuer warnten die Bevölkerung, die sich in panischem Schrecken in Sicherheit zu bringen suchte. Schutt, Asche und Berge von Leichen hinterließen die Mordbrenner in den Gebieten, die sie heimsuchten, es gab vor ihnen keinen Schutz und keine Sicherheit. Immer wieder versuchte Rudolf auf den Reichstagen, Gelder und Kriegsvolk aufzutreiben, um ein schlagkräftiges Heer gegen die türkische Bedrohung aufstellen zu können. Aber für die Reichsfürsten war Ungarn weit, und so stieß der Kaiser mit seinen eindringlichen Appellen meist auf taube Ohren. Nur seine tüchtigen Feldherren, wie etwa der kühne Graf Rußworm oder der tapfere Graf Schwarzenberg, konnten von Zeit zu Zeit dem Feind entscheidende Schläge beibringen. Nach der Einnahme der Festung Sissek spielten sich ergreifende Szenen ab:

»Nach solchem durch göttliche Hilfe erlangten Sieg ist das christliche Kriegsvolk dreimal um die Festung herumgezogen, jedesmal auf ihre Knie niedergefallen, und hat Gott für den erlangten Sieg von Grund ihres Herzens gedankt.«

Allerdings waren die Siege der Kaiserlichen nur von kurzer Dauer. Die Türken hatten sich weit in die ungarische Tiefebene zurückgezogen und warteten bloß auf einen günstigen Moment, um von neuem die Grenzgebiete heimzusuchen. Da nützten auch die inbrünstigen Gebete nichts, in denen es hieß: »Denn siehe, der grausame erz- und erbfeind deines allerheiligsten Namens ist in dein erbe gefallen und hat deiner Christen blut wie wasser vergossen ... «

Konnte man da nicht an Gotte Güte und Milde, an seiner Weisheit und Vorsehung verzweifeln, wenn man sah, wie aussichtslos die Kämpfe gegen den Halbmond waren? Konnte man den Stellvertreter Christi auf Erden, den Heiligen Vater, noch verstehen, der die Barbaren, welche das Kreuz bespuckten und verhöhnten, nicht mit der Aussicht auf ewige Verdammnis einzuschüchtern versuchte, sondern im Gegenteil noch auf ein Bündnis mit ihnen gegen den Kaiser spekulierte? Und der alte Feind der Habsburger, Heinrich IV. von Frankreich, pflegte freundschaftlichen Kontakt mit dem Sultan, der dem französischen König versicherte: »deine Feinde sind meine Feinde. Ich möchte ihn (Kaiser Rudolf II.) am liebsten in seiner böhmischen Residenz aufsuchen ... «

Die Zeichen am Himmel deuteten auf nichts Gutes. Die Welt schien dem Untergang entgegenzugehen; große Reiche würden stürzen, und der Satan würde über die Welt herrschen. So stand es in den Sternen, die Rudolf in seinen einsamen Nächten befragte. Das Reich war in Gefahr, das hatte ihm sein Vertrauter, der dänische Mathematiker und Astronom Tycho de Brahe, prophezeit, und der große Physikus Johannes Kepler, den er aus Graz an den Prager Hof geholt hatte, konnte diese Vorhersagen nur bestätigen. Schon lange hatte Rudolf mit großem Interesse Keplers Forschungen verfolgt, und als dieser aufgrund seiner religiösen Einstellung -- er war Protestant, seine Mutter war als Hexe angeklagt gewesen und nur mit viel Mühe vor dem Scheiterhaufen bewahrt geblieben – das tiefkatholische Graz hatte verlassen müssen, hatte ihm der Kaiser bereitwillig die Tore von Prag geöffnet. Zwar stand die finanzielle Lage der Familie Kepler nicht zum besten – der Kaiser kümmerte sich nur wenig um Geldangelegenheiten –, aber der große Physiker konnte in Ruhe seine Forschungen weiterbetreiben. Obwohl Rudolf ein ungewöhnlich aufgeschlossener Mann war, schien ihm doch manches an diesem neuen Wissen bedrohlich. Mit der Entdeckung des Planetenumlaufs um die Sonne wurden ja nicht nur alte, einleuchtende Vorstellungen zu Grabe getragen; auch die Stellung der Erde und des Menschen im Kosmos änderte sich damit grundlegend. Nicht mehr die Erde war der Mittelpunkt aller Dinge, und damit schienen alle überlieferten Werte ins Wanken zu geraten. Eine neue Zeit brach sich Bahn, und ihm, dem Kaiser, geziemte es wohl auch nicht, sich ihr in den Weg zu stellen.

Immer einsamer wurde es um Rudolf. Er zog sich in seine Gemächer zurück und gewährte nur jenen Personen Audienzen, die er anerkannte und die sein volles Vertrauen besaßen. Daß es nicht immer die besten waren, erkannte er spät oder nie. So mancher Scharlatan und zwielichtige Gaukler errang die Gunst des Monarchen durch frappierende Kunststücke oder durch die Behauptung, Gold herstellen zu können. Stellte sich allerdings heraus, daß einer das doch nicht vermochte, konnte die Lage für ihn gefährlich werden; viel konnte Rudolf vertragen, nur keine Enttäuschung. So mancher mußte Hals über Kopf seine Sachen packen und sehen, daß er rechtzeitig das Weite suchte, bevor sich der Zorn des Kaisers über seinem Haupt entlud. Und dieser Zorn war fürchterlich; nicht nur einmal wurde Rudolf handgreiflich und zerschlug alles, was ihm in die Finger kam.

Da man das aufbrausende Temperament des alternden Kaisers kannte und längst bemerkt hatte, daß sich bei ihm Tage der Melancholie mit Tagen großer Heftigkeit abwechselten, war man darauf bedacht, ihn nicht unnötig aufzuregen. Auch Johannes Kepler suchte dann zu besänftigen, wenn er nach dem Stand der Gestirne gefragt wurde und dem Kaiser ihre Konstellationen erklären sollte. Tycho de Brahe hatte Rudolf vorhergesagt, er werde einst das Schicksal eines französischen Königs erleiden; seit dieser Zeit wurde Rudolf, dem das Schicksal des durch Mörderhand umgekommenen Heinrich IV. vor Augen stand, förmlich von Verfolgungswahn gepackt. Überall fühlte er Gefahr lauern. Hatte nicht sein Bruder Matthias schon immer und bei jeder Gelegenheit gegen ihn intrigiert? Waren nicht auch seine anderen Brüder unzufrieden mit allem, was er tat? Wie leicht konnte irgendwo schon ein gedungener Mörder lauern, um ihm den Todesstoß zu versetzen!

Kaum einer wurde noch zum Kaiser vorgelassen. Hatte jemand ein dringendes Anliegen, so wies man ihn entweder sofort und ohne langen Kommentar ab, oder er mußte wochenlang warten, da man hoffte, er würde dann zermürbt von selbst aufgeben. Besonders Hartnäckige suchten von den Höflingen – natürlich gegen entsprechende Bestechungssummen – zu erfahren, wie und wo man den Kaiser am besten sprechen könnte. Am günstigsten war, man verkleidete sich als Knecht und begegnete dem Herrscher wie zufällig in seinen Pferdeställen. Freilich durfte man mit seinem Anliegen nicht gleich mit der Tür ins Haus fallen; man mußte zuerst die Tiere loben, um dann wie zufällig das Gespräch in die richtigen Bahnen zu lenken. Es war eine langwierige und mühselige Angelegenheit, beim Kaiser etwas erreichen zu wollen, und mancher warf schon die Flinte ins Korn, bevor er den ersten Schuß abgegeben hatte.

Matthias aber wartete indes auf den entscheidenden Augenblick, in dem er seinem Bruder den letzten Stoß versetzen konnte. Allzu lange war er im Schatten gestanden, jetzt wollte er aller Welt demonstrieren, daß der Kaiser ein kranker Mann und zum Regieren völlig ungeeignet sei. Daß die Zustimmung der gesamten, großen Familie nötig war, darüber war sich Matthias völlig im klaren. Aber nicht nur die Brüder, auch die Stände mußten mit einer Absetzung des Kaisers einverstanden sein. Matthias war schlau genug, den Ständen weitgehende Zugeständnisse zu machen, um sich ihre Unterstützung zu erkaufen, und diese versprachen auch ihre Hilfe, rieben sich aber dabei heimlich die Hände: aus dem Zwist der Brüder hofften sie Kapital zu schlagen. Insgeheim verachteten sie Matthias, von dem sie genau wußten, daß auch er das Reich nicht aus dem großen Dilemma herausführen würde.

Dazu war die Gefahr von außen wieder bedrohlicher geworden. 1605 war ein großer Aufstand in Ungarn ausgebrochen; der ungarische Magnat Stephan Bocskay hatte sich selbst zum Herrn über Siebenbürgen und Ungarn ernannt und sich nicht gescheut, diese Gebiete aus den Händen des türkischen Großwesirs zu Lehen zu nehmen, ja er hatte sich dabei auf die Knie geworfen und dem Wesir Hände und Knie geküßt, wie es bei den Türken üblich war.

Jetzt wäre der Augenblick gewesen, in dem Rudolf seine ganze Kraft hätte zusammennehmen müssen um eine klare Entscheidung zu treffen. Aber wie von einem Zauber gebannt, verharrte er entschlußlos in dem Glauben, sein Bruder habe ihn durch böse Strahlen verhext, deshalb fühle er sich schwach und krank. Die »Melancholie«, deren Opfer er von Zeit zu Zeit immer wieder gewesen war, ließ ihn nun nicht mehr los. Mit Schrecken erkannten selbst seine Freunde am Prager Hof seinen geistigen Verfall. Rasche Hilfe tat not; aber woher sollte sie kommen, ohne einen Bruderkrieg im Hause Habsburg vom Zaun zu brechen?

Die Brüder des Kaisers und seine nächsten Verwandten kamen in Linz zusammen, um über die völlig verfahrene

Lage zu beraten. Dabei kam auch die Vorliebe Rudolfs für seinen Neffen Leopold, den Sohn Herzog Karls von Inner-österreich, zur Sprache, der schon in sehr jungen Jahren Bischof von Passau geworden war. Mißtrauisch verfolgte vor allem Matthias die Laufbahn des jungen Draufgängers; konnte nicht Rudolf, unter Druck geraten, Leopold zu sei-nem Nachfolger bestimmen?

Gemeinsam brachen die Brüder von Linz nach Prag auf, um dem Kaiser ihre Wünsche und Vorschläge zu unterbreiten. Die Sterne standen schlecht für sie; Rudolf zeigte ihnen offenes Mißtrauen. Kalt und einsilbig antwortete er auf ihre Vorstellungen und bat sie nicht einmal in seine Gemächer. Alles was man ihm vortrug, lehnte er rundweg ab. Noch war die Stunde der offenen Rebellion nicht gekommen, noch konnte sich Rudolf, auf das Ansehen der Kaiserwürde gestützt, behaupten.

Aber sein Untergang war nicht mehr aufzuhalten. Die Idee, Matthias solle die Macht übernehmen, war längst geboren und hatte vor allem im Reich unter den Protestanten viele Anhänger. Eine Schwächung der kaiserlichen Macht, womöglich eine Art Interregnum, wäre den Fürsten sehr ent-gegengekommen; stritten sich die Habsburger Brüder um Krone und Macht, so konnten die deutschen Territorialfür-sten ihre Hausmacht vergrößern. Im Reich gärte es; Grup-pierungen der beiden feindlichen christlichen Religionen hatten sich gebildet, 1604 die protestantische Union unter Christian von Anhalt, einem erbitterten Feind der Habsbur-ger, 1605 die katholische Liga unter Kurfürst Maximilian von Bayern.

Rudolf hatte sich zwar von seiner Familie und aus der Öffentlichkeit zurückgezogen, seine politischen Pläne aber nicht aufgegeben; wie er sie verwirklichen sollte, wußte er allerdings nicht. Der Friede mit den Türken war zwar endlich zustande gekommen, aber der Kaiser zögerte lange, ehe er auf die Friedensbedingungen einging, die ihm Matthias überbracht hatte. Für den Kaiser waren die Türken noch immer keine verhandlungswürdigen Partner, selbst nach der Unterzeichnung eines Vertrages mißtraute er ihnen. Je mehr Matthias auf die Bestätigung des 1606 zustande gekommenen Vertrages von Zsitva Torok drängte, desto unsicherer fühlte sich Rudolf. Schließlich griff Matthias zu einer List: Mit Hilfe der böhmischen Stände, die schon lange von den Türkenkriegen genug hatten, bestach er den Vertrauten des Kaisers, Philipp Lang, der wiederum alle Hebel in Bewegung setzte und alle Tricks seiner Überredungskunst anwandte, um den Kaiser zur Unterzeichnung zu bewegen. Die Türken garantierten einen dauerhaften Frieden und waren mit einer einmaligen Abfindung von 200.000 Dukaten zufrieden. Kaum hatte Rudolf aber seine Unterschrift unter die Urkunde gesetzt, als er schon wieder von Reue gepackt wurde; am liebsten hätte er das Papier vernichtet. Ein ganzes Leben hatte er in Zweifeln verbracht, was zu tun war; dabei wollte er das Beste für das Reich und seine übrigen Länder, suchte Kriege und Konflikte zu vermeiden, wo es nur möglich war. Die Kunst, die Wissenschaft sollten die Menschen lehren, was es hieß, ein wahrer Mensch zu sein. Aber die Zeit war nicht reif für solche Ideen; rund um ihn sahen die Menschen die Erfüllung ihres Daseins im Kampf, in der Intrige, in der Feindschaft. Rudolf hätte als großer Friedenskaiser in die Geschichte eingehen können; so blieb an ihm das Flair des Versagers haften, der nicht Manns genug war, wenigstens innerhalb der eigenen Familie für reinen Tisch zu sorgen. Die »Dissimulatio« beherrschte er nicht so perfekt wie sein Vater, in schwierigen Situationen verhielt er sich weniger klug und diplomatisch, ja er versuchte sie durch Ignorieren zu lösen, was ihm natürlich nicht gelingen konnte.

161

Nach der mißglückten Audienz in Prag ging Matthias zum lange vorbereiteten Hauptschlag gegen den Bruder über. Schon 1606 hatte der allwissende Kardinal Melchior Khlesl über die Situation am Prager Hof gemeint.

»Land und Leute ließen sich nur erhalten, wenn Rudolf II. von der Regierung abtrete, der Kaiser könne er bleiben und seinen Aufenthalt in Linz oder anderswo nehmen. Die Nachfolge müsse zugunsten des Erzherzogs Matthias entschieden werden ... «

Die Würfel waren also längst gefallen, als Matthias sich mit den Gegnern des Kaisers verbündete; er scheute dabei vor keiner Falschheit, keiner Hinterlist zurück. Er hatte niemals gute Beziehungen zu seinem Bruder gehabt; zu verschieden war ihre Mentalität. Matthias war ein Blender, der viel mehr versprach, als er halten konnte, ein Großsprecher, der Pomp und Prunk liebte und bei dessen Gastmählern gezecht und geschlemmt wurde bis zum Umfallen. Ein solcher Kaiser an der Spitze des Reiches wäre ganz nach dem Geschmack der Reichsfürsten gewesen, er hätte ihren Machtgelüsten keinen ernsthaften Widerstand entgegensetzen können.

Viel zu spät versuchte Rudolf nun, noch einmal das Rad des Geschicks in den Griff zu bekommen. Aber Matthias war bereits die Krone Ungarns zugefallen. Er hatte sich der Herrschaft über Österreich bemächtigt und war in Mähren eingefallen. Rudolf wußte, daß das Ziel des ehrgeizigen Bruders Prag war, und mit der Einnahme der Stadt die Herrschaft über Böhmen – und schließlich die Kaiserkrone.

Hals über Kopf wollte Rudolf Prag verlassen und nach Sachsen fliehen, aber die böhmischen Adeligen, die noch auf der Seite des Kaisers standen – er hatte ihnen, wenn auch unter Druck, im Majestätsbrief von 1609 volle Religionsfreiheit zugesichert –, baten ihn kniefällig, zu bleiben und nicht der Macht des Bruders zu weichen. Sie wollten ihn bis zum letzten Mann verteidigen. Auch der Papst bemühte sich nun um einen Ausgleich der feindlichen Brüder, aber es war längst zu spät.

Es schien eine Tragik des Schicksals, daß Rudolf in den letzten Tagen seiner Herrschaft auch noch von falscher Seite unterstützt wurde. Seine Neffe Leopold war mit einer Horde Passsauer Kriegsvolkes in Böhmen eingefallen, um den Kaiser zu schützen. Dieses Landsknechtsheer, das die Prager Kleinseite erobert hatte, wütete so grausam und verbreitete in der Stadt solchen Schrecken, daß sich die Wut der Bevölkerung auch gegen den Kaiser wendete. Nur mit großer Mühe gelang es Rudolf, die Passauer zur Heimkehr zu bewegen. In diesenTagen zeigte es sich, was ein wild zusammengewürfelter Kriegshaufen anrichten konnte; der bald darauf folgende furchtbare, dreißig Jahre währende Krieg sollte es nur zu oft bestätigen.

Rudolf mußte aufgeben; als Mensch und als Kaiser war er gescheitert. Als er erfuhr, daß auch die böhmischen Stände, denen er immer vertraut hatte, seine Abdankung forderten, öffnete er seine Fenster und rief in die Nacht hinaus, daß es weithin hallte:

»Praga, ingrata Praga, Prag, durch mich bist du erhöht worden, und nun stößt du deinen Wohltäter von dir!«

Matthias kostete seinen Sieg über den Bruder bis zur Neige aus. In prächtige Gewänder gehüllt, zog er in die Stadt ein, er gab Empfänge und Gastmähler, bei denen der Wein in Strömen floß. So mancher, der Anhänger Rudolfs gewesen war, fand jetzt nichts dabei, dem Bruder als neuem Herrscher die Hand zu küssen. Nur wenige Getreue hielten zu Rudolf, der wie ein Gefangener auf dem Hradschin saß und keinen Schritt unbeaufsichtigt tun durfte. Vor seinen Türen standen Wachen, die Matthias genau zu berichten hatten, wie der gefangene Kaiser seine Tage verbrachte.

Aber obwohl Rudolf zunächst in tiefste Resignation gefallen war, gab er das Spiel um die Macht doch nicht ganz verloren. Noch war Matthias von den Kurfürsten nicht zum Kaiser gewählt worden, noch trug er nicht den Titel, der die höchste Macht auf Erden verlieh. Aber es war eine Illusion, der sich Rudolf hingab. Nicht einmal früher, als er die Möglichkeit dazu gehabt hätte, war er in der Lage gewesen, zu handeln; wie sollte er sich jetzt, da alles verloren war, dazu aufraffen? Er durfte sich nicht einmal mehr ohne Erlaubnis in seinen herrlichen Gärten ergehen, wo er täglich seine exotischen Lieblingstiere, seinen Löwen und die beiden Adler besucht hatte. Voller Schmerz hörte er vom Tod der Tiere; das war ein böses Omen. Er spürte, daß seine Tage gezählt waren, obwohl ihm eben noch eine Tochter geboren worden war. Mit letzter Kraft verfügte er, daß sie standesgemäß zu erziehen sei und legte auch noch ihre Aussteuer fest. Am nächsten Tag, am 20. Januar 1612, schloß Rudolf für immer die Augen, ohne einen Priester zu sich zu lassen. Er wollte keine Absolution, keine Sterbesakramente und keine letzte Ölung. Mit schwindender Stimme flüsterte er auf die Ermahnung des Dieners, doch einen Priester kommen zu lassen:»Ja, wenn wir einen hätten, der unseres Humores wäre!«

Viele die um sein Sterbebett standen, meinten, Rudolf habe bis zuletzt sein wahres Gesicht nicht gezeigt; er sei im Grunde seines Herzens wohl Protestant gewesen. Aber wie sein Vater Maximilian II. war der Kaiser weder Katholik noch Protestant gewesen; bloß ein Mann, der unter den Zwängen seiner Zeit gelitten, der die höchsten humanistischen Ziele mit seinem Glauben zu vereinbaren gesucht hatte.

Matthias brachte der Sieg über seinen Bruder kein Glück. Nur zu bald mußte er erkennen, daß auch er der völlig verfahrenen politischen Situation nicht gewachsen war. Zwar hatte er das Ziel seines Lebens erreicht und war schließlich

doch von den Kurfürsten zum Kaiser gewählt und in Frankfurt gekrönt worden, aber in Wirklichkeit liefen die Fäden der Macht bei einem Mann zusammen, von dem es hieß, er wolle der Mönch sein, der den Abt regiert: Kardinal Melchior Khlesl, durch die Hilfe und die Gunst des Matthias kometenhaft emporgestiegen. Zwei Gruppen rivalisierten in der Umgebung des Kaisers: die von Khlesl angeführte Friedenspartei und eine Kriegspartei, deren Drahtzieher sein jüngerer Bruder Maximilian und sein steirischer Cousin Ferdinand waren. Seit 1595 regierte Ferdinand in der Steiermark und versuchte dort mit Blut und Schwert der Gegenreformation zum Durchbruch zu verhelfen. Maximilian und Ferdinand waren es auch, die schließlich den allmächtigen Khlesl entthronten und damit dem alternden, schwachen Kaiser seine letzte Stütze raubten. Matthias hatte gerade einen schweren Gichtanfall hinter sich, als er die Nachricht von Khlesls Gefangennahme erhielt. Verzweifelt soll Kaiserin Anna ausgerufen haben:
»Ich sehe wohl, daß mein Gemahl Euch zu lange lebt und daß man seiner überdrüssig!«
Auch Matthias hatte der von ihm selbst angezettelte Bruderzwist nur Unheil beschert; nicht nur einmal stieß er den Seufzer aus: »Wieviel lieber wäre ich ein glücklicher Privatmann als ein hintangesetzter Kaiser.«
Der Tod kam im richtigen Augenblick; als er eines Morgens im Bett eine Tasse Hühnerbrühe zu sich nehmen wollte, sank er in die Kissen zurück und schloß die Augen für immer. Seine Frau Anna war ihm mit nur 33 Jahren im Tod vorausgegangen. Kinder waren ihnen nicht vergönnt gewesen, ebensowenig wie seinen anderen Brüdern. Keiner der Nachkommen Maximilians II., der auf seine große Kinderschar stolz gewesen war, hatte legitime Nachkommen gezeugt, so daß die ältere Linie der Habsburger mit Matthias ausstarb.

Der wenig lachende Erbe zu Beginn des schrecklichen großen Krieges, der dreißig bittere Jahre dauern sollte, war der steirische Cousin Ferdinand, ein Mann, der durch seine rigorose religiöse Einstellung den furchtbaren Brand nicht verhinderte, sondern bloß noch mehr anfachte.

Eine Kaisertochter als Siegespfand

MARIE LOUISE

Er war der »schwarze Mann« ihrer Kinderzeit, das Schreckgespenst, das ihr in der Nacht erschien und sie aus dem Schlaf riß, das Ungetüm, das ganz Europa in Angst und Schrecken versetzte. Er, Napoleon, Kaiser der Franzosen, hatte die alte Ordnung auf den Kopf gestellt, hatte sich über jahrhundertealte Traditionen hinweggesetzt und den Habsburger Kaiser vom Thron des Heiligen Römischen Reiches Deutscher Nation gestürzt, und Franz I. konnte froh sein, daß es dem Korsen gefallen hatte, ihm den Thron des österreichischen Kaiserreiches zu lassen, das kurz vor dem Ende des Reiches geschaffen worden war. Die Landkarte Europas mußte neu gezeichnet werden, und weite Gebiete, über die die Habsburger seit Menschengedenken geherrscht hatten, huldigten nun anderen, meist von Napoleons Gnaden eingesetzten Herrschern. Und dieser Mann, den man in Österreich wie die Pest haßte, dieser Emporkömmling, warb nun um ihre Hand, um die Hand der ältesten Tochter seines besonderen Feindes, um Erzherzogin Marie Louise, die Tochter von Kaiser Franz.

Als der Gesandte des Franzosenkaisers die Absichten seines Herrn vortrug, verstand man am Wiener Hof die Welt nicht mehr. Allein die Nennung seines Namens erzeugte bei der Kaiserfamilie ein Gefühl des Schreckens und der Ablehnung. Viel zu viel hatte man seinetwegen erdulden müssen. Marie Louise, als älteste Tochter des Kaisers geboren, konnte nicht das sorgenfreie Leben anderer Kaisertöchter führen; sie war in eine Zeit hineingeboren, in der Wirrnis und Chaos herrschten. Zwar hatte das große Habsburgerreich nicht die Schrecken einer Revolution erleben müssen, wie sie über Frankreich hereingebrochen waren, aber auch hier konnte man nicht mehr in Frieden leben, so lange es dem bösen Nachbarn Napoleon nicht gefiel.

Wie ein Phönix aus der Asche war der kleine Korse aus den Trümmern der Revolution emporgestiegen und hatte alles, was sich ihm in den Weg stellte, zur Seite geräumt. Der Sturm seiner Kriege war über Europa hinweggefegt und hatte die Herrscher aufgewirbelt wie müde Blätter. Kaum einer konnte es fassen, daß Napoleon Buonaparte, oder wie er sich später nannte, Bonaparte, in so kurzer Zeit von Schlacht zu Schlacht und von Sieg zu Sieg eilen konnte. Ein Emporkömmling hatte die Welt verändert und bestimmte die Politik auf dem Kontinent. Nur mit England konnte er nicht verfahren, wie er wollte, seine »splendid isolation« bewahrte das meerumgürtete Land vor einer Invasion, und Napoleon war – zumindest am Anfang seiner Karriere – nicht so verblendet, um nicht die ungeheuerlichen Schwierigkeiten zu erkennen, die ihm ein bewaffneter Konflikt mit England eingetragen hätte. Die Seeschlacht von Trafalgar hatte ihm Lehren erteilt, die er zu beherzigen wußte. Gegen England hatte er kein leichtes Spiel. Aber gerade dieses Spiel um alles oder nichts stachelte seinen Ehrgeiz an. Er wollte die Briten in die Knie zwingen, koste es, was es wolle. Die Kontinentalsperre, die er in allen besiegten oder eroberten Ländern verhängte, sollte den Inselstaat wirtschaftlich zu Boden zwingen und mürbe machen. Niemand sollte Waren vom Kontinent nach England liefern dürfen, und englische Waren sollten jenseits des Kanals keinen Absatz mehr finden. Die erste große Wirtschaftsblockade der Geschichte setzte allerdings verläßliche Untertanen voraus. Wo aber sollte

Matthias I. im böhmischen Krönungsornat.
Gemälde aus der Werkstatt des Hans von Aachen

Marie Louise als Kaiserin der Franzosen.
Gobelinentwurf von F. P. S. Gerard

der selbsternannte Kaiser der Franzosen solche finden? Setzte er nicht auf die falsche Karte, wenn er sich auf die Völker verließ, die er mit Waffengewalt bezwungen hatte? Überall schwelte im geheimen die Glut der Empörung gegen ihn, und es bedurfte nur des berühmten Funkens, um sie zum hellen Brand zu entzünden. Er war nicht so unbesiegbar, wie es zunächst ausgesehen hatte, nach den Schlachten in Oberitalien, in Preußen und auch bei Hohenlinden in Bayern. Bei Aspern in der Nähe von Wien stand Napoleon in Erzherzog Carl, dem Bruder des Habsburgerkaisers, ein gleichwertiger Feldherr und Stratege gegenüber; sein Sieg über den Korsen verbreitete erstmals einen Hoffnungsschimmer in Europa. In Preußen und im Rheinland, in Württemberg und in Österreich sah man nun, daß auch Napoleon nur ein Mensch aus Fleisch und Blut war, der die Gunst des Kriegsgottes bloß vorübergehend gepachtet zu haben schien. Er hatte allerdings den meisten Heerführern eines voraus: seine Soldaten gingen für ihn durch dick und dünn, und mit derselben Begeisterung, mit der sie für ihn kämpften, starben sie auch für ihn – solange sein Glücksstern im Zenit stand. Und der strahlte unwahrscheinlich lange und hell.

Alles hatte Napoleon im Laufe von wenigen Jahren errungen: Macht, Siege, Triumphe , eine schöne Frau und die Kaiserkrone: aber keinen Sohn, keinen Nachkommen, dem er einmal sein Reich übergeben konnte. Tag und Nacht ließ ihn dieser Gedanke nicht mehr los. Seit Jahren führte er mit Joséphine Beauharnais eine glückliche und recht unkonventionelle Ehe – sie hatte ihre Affären in Paris, er betrog sie während seiner langen Abwesenheiten; aber beide liebten einander, sie den »General«, als den sie ihn kennengelernt hatte, und er die schöne Witwe mit den zwei Kindern. Sie schienen füreinander geschaffen, deshalb hatte er sie auch eigenhändig zur Kaiserin der Franzosen gekrönt. Aber was immer ihm die raffinierte Geliebte auch geben konnte, eines nicht: einen legitimen Sohn. Lange hatte er geglaubt, keine Kinder zeugen zu können; als sich aber aus verschiedenen Liebesabenteuern Nachwuchs einstellte, wußte er, daß es an ihm nicht liegen konnte, daß Joséphine wahrscheinlich unfruchtbar geworden war.

Der Wunsch nach einem Erben wurde in Napoleon so übermächtig, daß er die Trennung von seiner Joséphine ernstlich ins Auge faßte. Zunächst kam ihm dies unmenschlich vor, aber je länger er darüber nachdachte, desto dringender schien es ihm, daß seine Frau ihm und Frankreich dieses Opfer brachte. Sie sollte einer Trennung, einer offiziellen Scheidung zustimmmen, alles andere würde er mit der Kirche schon regeln. Mit Papst Pius VII. stand er zwar nicht gerade auf freundschaftlichem Fuß, aber irgendwie würde sich auch der Heilige Vater nach seinen Wünschen richten müssen. Und dann konnte er zwei Fliegen mit einer Klappe schlagen: eine Frau heiraten, die ihm zugleich zur Legitimation unter den Herrscherhäusern Europas und zu einem Sohn verhelfen konnte.

Allzu viele heiratsfähige Töchter der alten Dynastien kamen ohnehin nicht in Betracht; so manche fand keine Gnade vor Napoleons Augen, weil ihr Haus nicht alt genug war, weil es in der Familie auffällig viele Mädchen gab – oder weil sie einfach zu häßlich war.

Napoleon war immerhin schon 42 Jahre alt, als er wieder auf Freiersfüßen ging. Zunächst ließ er vorsichtig beim Zaren Alexander anfragen, ob nicht seine Schwester Anna gewillt wäre, Kaiserin der Franzosen zu werden. Aber da die Großfürstin erst zarte vierzehn Lenze zählte, war vor allem ihre Mutter gegen eine Verbindung mit dem dreimal so alten Napoleon; außerdem verfolgte man in St. Petersburg die Politik des Korsen mit scheelen Augen und wollte nicht unbedingt in allzu nahen Kontakt mit ihm kommen. Aber andererseits durfte man den Beherrscher fast ganz Europas auch nicht zu sehr brüskieren, das konnte gefährlich werden. So fand man eine diplomatische Lösung, wies auf die außergewöhnliche Jugend der Großherzogin hin und hoffte, daß Napoleon dieses Argument gelten lassen würde.

Aber der Kaiser der Franzosen hatte noch ein anderes Eisen im Feuer, von dem er wußte, daß es leichter zu biegen sein würde. Seinen Antrag richtete er nun an den »guten Kaiser Franz« von Österreich, dessen Tochter Marie Louise der Sieger von Wagram begehrte. Der Schock am Wiener Hof war gewaltig, als der Abgesandte Napoleons, der Fürst von Neuchâtel, Alexandre Berthier, um Audienz beim Kaiser ansuchte und ohne viel Umschweife seine Werbung vortrug: »Sire, ich komme im Namen des Kaisers meines Herrn, Sie um die Hand der Erzherzogin Marie Louise, Ihrer erlauchten Tochter zu bitten.«

Kaiser Franz bewahrte immerhin soviel Selbstbeherrschung, weder Verblüffung noch Schrecken erkennen zu lassen. Berthier zeigte sich überdies außergewöhnlich charmant und liebenswürdig, indem er die Vorzüge der Prinzessin hervorhob: » ... die eminenten Qualitäten, die diese Prinzessin auszeichnen, haben sie für einen großen Thron bestimmt. Sie wird das Glück eines großen Volkes und eines großen Mannes ausmachen.«

Wahrscheinlich kannte der Vater diese »eminenten Qualitäten« seiner Tochter selbst nicht so recht. Sie war immer ein fügsames, williges, aber wenig bemerkenswertes Mädchen gewesen, musizierte recht nett, verfertigte feine Handarbeiten und zeichnete und malte. Wie ihr Vater besaß sie keinerlei auffallendes Talent, sie war einfach durchschnittlich. Auch ihr Äußeres beeindruckte nicht sehr; sie war sehr hochgewachsen, hatte üppiges blondes Haar wie beinahe alle Habsburger Prinzessinnen und etwas nichtssagende blaßblaue

Augen. Bis dahin hatte sie ein zurückgezogenes Leben im Kreis der Familie geführt. 1791 geboren, hatte sie als junges Mädchen Leid und Freude am Wiener Hof geteilt, war mit dem Hofstaat 1805 vor Napoleon und seinen Franzosen nach Ungarn geflohen, hatte dort Hunger und Durst gelitten, in schäbigen Schenken übernachtet – und dabei immer gewußt, wem sie das alles zu verdanken hatte. Für sie wie für ihre Großmutter in Neapel, Maria Caroline, eine Tochter Maria Theresias, und für ihre Stiefmutter Maria Ludovica gab es keinen ärgeren Bösewicht als eben den Mann, der nun um ihre Hand anhielt.

Ihr und dem Kaiser blieb allerdings kaum eine Wahl; die Heirat war beschlossene Sache, bevor man Franz und Marie Louise überhaupt nur informierte. Fürst Schwarzenberg hatte auf Drängen Napoleons eine Urkunde unterzeichnet, wonach die Kaisertochter Napoleon das Jawort geben mußte, ob sie wollte oder nicht. Und natürlich hatte auch der große Fädenzieher Metternich seine Hand im Spiel; später allerdings, als alles anders gekommen war, wollte er von seiner Kupplerrolle nichts mehr wissen.

Franz ließ seine Tochter zu sich kommen und berichtete ihr von der Werbung des französischen Kaisers. Das junge Mädchen glaubte sich in einem Alptraum. Ausgerechnet sie sollte diesen Menschen heiraten müssen, einen kleinen, dicken, alten Mann! Und ihr geliebter Papa fragte sie noch, wie sie darüber dächte! Mit kaum hörbarer Stimme preßte sie hervor, während ihr die Tränen über die Wangen liefen: »Mein Vater, lassen Sie mir zur Überlegung 24 Stunden Zeit!«

Aber auch dies war nicht möglich; Franz berichtete ihr von der Unterzeichnung des Vertrages in Paris und machte ihr deutlich, daß jede Überlegung oder gar Weigerung sinn- und zwecklos sei. Zum Wohle Österreichs müsse sie das Opfer

172

bringen. Marie Louise konnte ihrem Schicksal nicht entgehen. Ein Hoffnungsschimmer zeigte sich in der Nachricht, daß die Annullierung der ersten Ehe Napoleons plötzlich angefochten wurde. Eine Kaisertochter konnte aber nur nach katholischem Ritus getraut werden, und die katholische Kirche weigerte sich standhaft, Ehescheidungen anzuerkennen. Napoleon hatte diese Argumente natürlich schon in Betracht gezogen und mit demEinspruch des österreichischen Kaisers gerechnet. Er hatte alle Hebel in Bewegung gesetzt, um nachweisen zu können, daß seine erste Ehe zunächst nur eine Ziviltrauung gewesen und nachträglich, anläßlich der Kaiserkrönung, nicht mit dem rechtmäßigen Segen der Kirche versehen worden sei. Er fand auch kirchliche Würdenträger, die unter Eid aussagten, daß man einen Formfehler begangen habe und daher die kirchliche Trauung null und nichtig sei.

Kaiser Franz mußte sich wohl oder übel an den Gedanken gewöhnen, den verhaßten Franzosenkaiser, der nur ein Jahr jünger war als er selber, zum Schwiegersohn zu bekommen. Am meisten empört war die Großmutter in Neapel, Maria Caroline, die ihren Thron an den Günstling Napoleons, Joachim Murat, hatte abtreten müssen und nun den Ausspruch tat, sie fühle sich wie des Teufels Großmutter. Aber was sollte man tun, wenn doch die Würfel längst gefallen waren?

Acht Tage Bedenkzeit hatte sich Franz ausgebeten, dann ließ er Berthier zu sich rufen und teilte ihm mit, daß Marie Louise Napoleons Frau werden würde. Als Mitgift setzte der Kaiser seiner Tochter 200.000 Gulden in Rheinischer Währung aus, was einer halben Million Francs entsprach. Dazu kam Schmuck im Wert von weiteren 200.000 Gulden. Aber auch der Bräutigam zeigte sich nicht kleinlich und versprach seiner zukünftigen Frau Geschenke und Juwelen um 200.000 Ecus (ein Ecu entsprach drei französischen Francs) und setzte ihr im Falle seines Ablebens eine Witwenrente von 500.000 Francs jährlich aus. Marie Louise war keine arme Braut, sie sollte dem alten Kaiserhaus auch in Frankreich alle Ehre machen, obwohl die kaiserliche Familie in Wien nicht gerade im Luxus lebte, sondern ein eher gutbürgerliches Leben führte. Marie Louises Ausbildung war nicht eben perfekt gewesen, aber sie sprach doch einige Sprachen, wenn auch nicht fließend. Am wenigsten beherrschte sie ihre eigene, aber woher sollte sie auch korrekt deutsch sprechen und schreiben, war doch die Umgangssprache am Kaiserhof ein charmantes, nettes Wienerisch. Dafür liebten die Wiener ihren Kaiser, daß er so keinen Unterschied zwischen den »Hochwohlgeborenen« und dem Volk zu machen schien, daß er mit dem einfachen Mann auf der Straße genauso plauderte wie mit den Königen und Fürsten. Franz I. war ein Kaiser zum Anfassen, kein großer Held, kein überragender Geist wie sein Vater Leopold II. oder sein Onkel Joseph II., aber ein guter Familienvater, der sich auch um Kleinigkeiten seiner Kinder kümmerte, obwohl sich ihre Zahl von Jahr zu Jahr vermehrte, so daß man hätte glauben können, er würde allmählich den Überblick verlieren. Und vor allem seine älteste Tochter lag ihm besonders am Herzen. Dieser Kinderreichtum war es wohl vor allem gewesen, der Napoleon dazu bewogen hatte, um die Hand Marie Louises anzuhalten, hatte er doch zynisch gemeint, er suche bloß eine »tüchtige Gebärmutter«.

Wie es der Sitte der Zeit entsprach, fand sich der Bräutigam nicht persönlich in Wien ein, um die Braut in Empfang zu nehmen. Die offizielle Hochzeit würde in Paris mit allem erdenklichem Pomp gefeiert werden, das war Napoleon den Franzosen schuldig. Vorher aber sollte Marie Louise in Wien per procurationem verheiratet werden. Als Stellvertreter hatte sich Napoleon einen Mann gewählt, den er besonders schätzte, den einzigen, der ihm in seinen vielen Schlachten als gleichwertiger Gegner gegenübergetreten war: Erzherzog

174

Carl, den Sieger von Aspern und Onkel der Braut. Natürlich hatte Marie Louise vor den Hochzeitsfeierlichkeiten auf alle Rechte in der österreichischen Thronfolge verzichten müssen. Am 9. März 1810 um 13 Uhr unterzeichnete sie die Renuntiationsurkunde.

Für die Wiener war die Hochzeit der Kaisertochter eine willkommene Abwechslung, eine sehenswerte Sensation, ein Riesenspektakel. Der Spruch ging von Mund zu Mund:

»Durch Röcke und Hosen
vereinigen sich Österreicher und Franzosen.«

Die Demütigungen schienen vergessen, die Napoleon den Österreichern zugefügt hatte, man dachte nicht mehr daran, daß Venedig und Dalmatien verloren waren, ebenso die österreichischen Vorlande, die jahrhundertelang im Besitz der Habsburger gewesen waren, Baden und der Breisgau, insgesamt 2,8 Millionen Untertanen, daß Napoleon 40 Millionen Gulden Kontribution gefordert und auch bekommen hatte, Geld, das aus den Taschen des Volkes gezogen worden war. Jetzt sah man nur das Ende der Zwistigkeiten, fühlte, daß der Friede nahe war und begrüßte mit Jubel die Verbindung der beiden ungleichen Häuser. Es gab Spenden für die Armen und Kranken, für die verwundeten Franzosen in ihren schäbigen Lazaretten, und plötzlich wurden aus den ehemaligen Feinden Freunde.

Marie Louise schritt festlich geschmückt an der Seite ihres Vaters in den Stephansdom, wo sie fern von ihrem Bräutigam getraut werden sollte. Da der Erzbischof nicht wußte, welche Fingerstärke Napoleon hatte, wurden zur Vorsicht zwölf Ringe geweiht; einen steckte er Marie Louise an den Finger, die restlichen elf nahm sie nach Frankreich mit. Die Trauungszeremonie endete mit einem feierlichen »Gott, wir loben dich!« Am Gesicht der jungen Braut war nicht zu erkennen, ob sie den himmlischen Vater wegen dieser erzwungenen Heirat wirklich loben konnte.

Wenige Tage nach der Eheschließung hieß es für Marie Louise Abschied von Wien nehmen, Abschied von allem, was ihr bisher lieb gewesen war, von ihren Geschwistern, von ihrer verehrten Stiefmutter Maria Ludovica, die sie wie eine Schwester liebte und die sich immer rührend um das junge Mädchen angenommen hatte, aber vor allem von ihrem heißgeliebten Papa. Marie Louise konnte sich ein Leben ohne Kaiser Franz kaum vorstellen, zu sehr war sie mit ihrem Vater verbunden, und dieser innige Kontakt sollte sie in späteren Zeiten zu einer Zerrissenen machen, zwischen Ehemann und Vater, zwischen Gattenliebe und Kindesliebe.

Tränen verdunkelten ihren Blick, als sie den Wagen bestieg, der sie nach Westen bringen sollte. Der Kaiser hatte es sich nicht nehmen lassen, nach St. Pölten vorauszufahren, um erst dort von ihr Abschied zu nehmen. Für die junge Braut bedeutete diese Geste einen gewissen, wenn auch kurzen Trost, konnte sie doch den geliebten Papa noch einmal sehen. Auch die junge Kaiserin Maria Ludovica hatte sich heimlich in die niederösterreichische Stadt begeben, um die Stieftochter durch ihre Anwesenheit zu überraschen und zu erfreuen. Wie einst ihre Großtante Marie Antoinette ging die Neunzehnjährige einem ungewissen, aber hoffentlich besseren Schicksal in Frankreich entgegen.

In Braunau am Inn sollte der Wechsel des Hofstaates stattfinden, genauso, wie es vierzig Jahre zuvor bei Marie Antoinette der Fall gewesen war. In aller Eile hatte man ein großes Holzhaus mit einem österreichischen, einem französischen und einem neutralen Teil errichtet. Alles, was österreichisch war, mußte Marie Louise in dem dafür bestimmten Saal zurücklassen, vor allem aber auch ihre vertrauten Diener. Im »Niemandsland« fand dann die feierliche Übergabe statt, und mit Tränen in den Augen schritt die Kaisertochter in die französischen Räume, wo sie von ihrer Schwägerin Caroline, der Schwester Napoleons, die zusammen mit ihrem Gatten Joachim Murat den neapolitanischen Königsthron innehatte, in Empfang genommen wurde. Wahrscheinlich war Marie Louise zunächst froh, wenigstens ein weibliches Wesen um sich zu haben, dem sie glaubte Vertrauen schenken zu können; aber bald erkannte sie, daß Caroline ein intrigantes und auf ihren Vorteil bedachtes Frauenzimmer war. Schon nach kurzer Zeit äußerte sie sich zunächst zurückhaltend, dann eher abfällig über diese Schwägerin, die ihre simple Herkunft nicht verleugnen konnte.

Für Napoleon bildete seine Familie das Fundament, auf dem er aufbauen wollte. Dabei wollte er nicht wahrhaben, daß dieser Grundstein hohl und leer war, daß auf keinen seiner Brüder und Schwestern, aber auch nicht auf seine ehrgeizige Mutter Letizia wirklich Verlaß war. Die zu Königen und Königinnen erhobenen Geschwister standen bloß ständig fordernd vor ihrem berühmten Bruder und bekriegten sich gegenseitig mit Zank und Hader: Keiner gönnte dem anderen ein größeres Reich, mehr Geld, mehr Macht. Und dabei hatten sie selbst in ihrem Leben nichts, aber auch gar nichts geleistet, im Gegenteil: Sie erwiesen sich in der Politik des Bruders oft als Hemmschuh, weil ihre Unfähigkeit den Kaiser mehr als einmal in unvorhergesehene Schwierigkeiten brachte. Napoleon aber war gegenüber seiner Familie auf beiden Augen blind; was er nicht sehen wollte, sah er einfach nicht, genauso wie er später auch seine Frau Marie Louise falsch einschätzte oder nicht richtig erkennen wollte.

Bei Dauerregen ging die beschwerliche Fahrt von Braunau aus weiter. Das Wetter entsprach der Stimmung Marie Louises. Nur die Briefe Napoleons, die ihr seine Schwester überbracht hatte, stimmten sie nachdenklich. Konnten diese liebevollen, sehnsüchtigen Zeilen von dem gefürchteten Tyrannen stammen? Das Mädchen war seltsam gerührt. Vielleicht würde sie den Kaiser, dem sie gegen ihren Willen angetraut wurde, doch noch lieben können? Allmählich begann sie auf Nachricht von ihm zu warten under öffnete voller Neugier seine Liebesbriefe, die er mühsam wie ein Jüngling abgefaßt hatte. Schreiben war nicht die Stärke des Kaisers, aber die Briefe an Marie Louise konnte er schließlich nicht von einem Sekretär abfassen lassen. Je näher der Brautzug der französischen Grenze kam, desto aufgeregter wurde die Erzherzogin. Sie war von der unbequemen Reise, von der tagelangen Rüttelei in der Kutsche ermüdet, sehnte sich nach einem richtigen Bett und nach Ruhe, fieberte aber doch innerlich dem Zusammentreffen mit Napoleon entgegen. Sie hatte ja einiges über sein Privatleben gehört, und trotz ihrer mädchenhaften Schamhaftigkeit war ihr wohl auch die Tatsache nicht entgangen, daß Napoleon 1805, als er Wien besetzt hielt und im Schloß Schönbrunn logierte, die Nächte dort mit seiner Geliebten Maria Walewska verbracht hatte. Immer häufiger, wenn auch verstohlen, besah sie sich im Spiegel. Würde sie dem Welteroberer gefallen, dem Mann, der die Herzen der schönsten Frauen gebrochen hatte und immer noch brach? Konnte sie mit ihrer eher mageren Gestalt die Konkurrenz mit den charmanten, üppigen, schönen Pariserinnen bestehen, die bekannt waren für ihre Eleganz, ihren Chic, ihre Raffinesse? Zwar hatte man die junge Braut gleich nach der Übergabe nach der neuesten Pariser Mode eingekleidet, vorteilhaft frisiert und mit französischem Parfüm förmlich übergossen, aber wirkte sie nicht immer noch ein wenig hausbacken, wenn sie den Vergleicch mit dem Damen ihres Hofstaates anstellte? Sie konnte nicht ahnen, daß gerade ihre mädchenhafte Naivität den von den Frauen verwöhnten Napoleon besonders anziehen, daß er gerne zuhören würde, wenn sie erzählte, Kleinigkeiten, denen er sonst nie Beachtung geschenkt hätte; daß gerade ihre Unverdorbenheit seine Sinne reizen sollte.

Auch Napoleon war bereits voller Ungeduld. Jetzt, wo die Begegnung vor der Tür stand, wo alle Entscheidungen längst getroffen waren, wurde der Kaiser der Franzosen zu einem ungeduldigen Jüngling. Mit sorgenvoll gerunzelter Stirn betrachtete er sein Konterfei. Konnte er – untersetzt, mit einem unübersehbaren Bauch, wenn er sich auch noch so sehr bemühte, ihn einzuziehen –, klein und mit schütterem Haar einem jungen Mädchen gefallen, er, der die vierzig schon überschritten hatte? Der Kaiser ließ Schneider kommen, die ihm prunkvolle Uniformen anmessen sollten, natürlich vorteilhaft tailliert, um seine überflüssigen Rundungen zu kaschieren. Um endlich das Tanzen zu erlernen, bat er seine Stieftochter Hortense Beauharnais zu sich, die mit seinem Bruder Louis verheiratet war und als Königin in Holland residierte. Hortense war bekannt als hervorragende Tänzerin und sollte ihn nun in die Geheimnisse des Walzerschritts einweihen. Aber sosehr sie sich auch bemühte, Napoleon hatte weder ein Gefühl für Rhythmus noch war er mit Ausdauer gesegnet. Nach ein paar Stunden gab er die Tanzversuche auf, und Hortense war darüber sichtlich erleichtert, denn Napoleon hatte sich auf dem Tanzboden »wie ein gestiefelter Kater« bewegt, wie sie lachend meinte.
Alles war in Paris für das »Fest der Feste« vorbereitet, nur eines fehlte noch: die Braut. Napoleon hatte sich immer wieder ungeduldig nach ihrem Äußeren erkundigt; die Medaillons, die man ihm überreicht hatte, sagten zu wenig aus über das junge Mädchen, das er in Kürze in seinen Armen halten würde. Aber die Antworten waren vage genug. Die Braut sehe frisch und jung und sympathisch aus, Figur und Teint ähnelten dem Königin von Holland, auch ihr Haar sei blond wie das von Hortense. Nach diesen Aussagen schloß der Kaiser, daß Marie Louise etwa wie seine Stieftochter aussehen müßte, worauf er zur Antwort bekam: »Nicht eigentlich wie Hortense, nur ungefähr so.«

Marie Louise hatte inzwischen französischen Boden betreten; die Wagenkolonne fuhr in Richtung Soissons, wo Napoleon seine Braut begrüßen wollte. Aber der Kaiser hatte es sich wieder einmal anders überlegt, er war wie immer ein Freund der spontanen Entschlüsse. Obwohl er selbst ein eigenes, strenges Zeremoniell angeordnet hatte, nach dem seine österreichische Braut begrüßt werden sollte, warf er im letzten Moment alles über den Haufen, schwang sich wie ein gewöhnlicher, verliebter junger Mann aufs Pferd und ritt Marie Louise entgegen, um sie inkognito in Augenschein zu nehmen. Der Wagen Marie Louises hielt an, da Reiter die Weiterfahrt versperrten; Caroline warf einen ärgerlichen Blick aus dem Fenster und erkannte den ersten Reiter. »Der Kaiser«, rief sie überascht aus. Nun ging alles sehr schnell. Napoleon sprang vom Pferd, riß den Wagenschlag auf, bestieg die Kutsche und fiel in Marie Louises Arme. Das war ganz in seinem Sinne: er kam, sah und siegte.

Vergessen waren die Vorsätze Napoleons, möglichst vornehm und elegant zu wirken, um der Kaisertochter aus dem ältesten Herrscherhaus ebenbürtig zu sein; sein Temperament brach mit Macht durch, und er war nur mehr Mann. Noch in derselben Nacht wurde die Ehe vollzogen, ohne Segen des Priesters und ohne große Feierlichkeit. Marie Louise mußte sich, wenn sie sich nicht allzu sehr überrumpelt fühlte, geehrt vorkommen, daß sie der Frauenliebling Napoleon so heftig begehrte, daß er nicht bis zur offiziellen Trauung warten wollte.

War sich Marie Louise jemals als »verkaufte Braut« vorgekommen, so erkannte sie spätestens jetzt, daß ihr Schicksal viel schlechter hätte sein können. Napoleon wich nicht von ihrer Seite und versicherte ihr Tag für Tag, wie sehr er sie liebe. Und auch sie empfand seine Aufmerksamkeiten und Zärtlichkeiten als angenehm und berichtete ihrem heißgeliebten Papa:

»Seit diesem Augenblick (seit der Fahrt in der Kutsche, Anm. d. Verf.) bin ich fast beständig mit ihm und er liebt mich inniglich, ich bin ihm auch sehr erkenntlich und erwiedere herzlich seine Liebe, ich finde, daß er sehr gewinnt, wenn man ihn näher kennt, er hat so etwas einnehmendes und zuvorkommendes, dem man unmöglich widerstehen kann. Ich bin überzeugt, daß ich recht zufrieden mit ihm leben werde.« Marie Louise, eine sinnliche junge Frau, war alles andere als eine Menschenkennerin, und wahrscheinlich machte sie sich auch kaum Gedanken darüber, warum der alternde Napoleon von ihr so hingerissen war. Sie verwechselte Begierde mit Liebe und konnte sich kaum vorstellen, daß viel mehr zu einer wirklich glücklichen Ehe gehört als Harmonie im Bett.

Napoleon hatte also Europa bewiesen, daß er nicht nur auf dem Schlachtfeld der Größte war; ihm, dem Emporkömmling, war es gelungen, eine Tochter aus dem ältesten Herrscherhaus Europas zur Frau zu bekommen. Eine Kaisertochter war gerade gut genug, ihm den ersehnten Nachkommen, den Sohn zu schenken. Und zur Hochzeit sollte alles aufgeboten werden, was Rang und Namen hatte oder zumindest in den turbulenten letzten Jahren einen Titel erworben hatte. Die Könige von Napoleons Gnaden, fast ausschließlich Brüder des Kaisers, französische Adelige, die ihre Mäntelchen nach dem Wind gehängt hatten und dem neuen Herrscher zum Schein huldigten, freilich nicht ohne sich im geheimen über ihn lustig zu machen, durften genausowenig bei der glanzvollen Feier fehlen wie die höchsten Würdenträger der Kurie. Bei der kirchlichen Trauung in Paris kam es dann aber doch beinahe zu einem Eklat. Einige der Kardinäle, die der Annullierung der ersten Ehe Napoleons nicht zugestimmt hatten, wagten es, der Feier fernzubleiben. Der Kaiser war wütend. Was bedeuteten ihm schon Prunk und Pomp des

Hochzeitszuges, was die Hochrufe der Pariser Bevölkerung, die dicht gedrängt in den Straßen stand, wenn die bekanntesten Würdenträger der katholischen Kirche sich durch ihre Abwesenheit offen, vor den Augen der Welt, gegen ihn auflehnten! Das sollten sie büßen.

Über das »Fest der Feste« konnte man in einer Wiener Zeitung lesen:

»Die Stadt Paris gab an diesem Tage ein Schauspiel, einzig in seiner Art, wovon sich die ausschweifende Phantasie kein getreues Bild machen kann. Die bürgerlichen Häuser, die Hotels, Palais und Kirchen schienen sich an Glanz übertreffen zu wollen und brannten in Feuer von allen Farben. Nie wurde die Kunst im Illuminieren so hoch gebracht; nie sah man mehr Pracht in theatralischen Spielen, nie mehr Geschmack in Verzierungen. Die Kirchthürme hatten alle Feuertöpfe, Sterne und Cometen in der Höhe, welche bewunderungswürdig in den Lüften zu schweben schienen ... überhaupt übertrafen die Beleuchtungen alles was man je gesehen hat ... «

Das Leben in Paris begann für Marie Louise einigermaßen problematisch. Tausende Augen beobachteten sie kritisch, wie sie ging, wie sie stand, wie sie sich kleidete und frisierte, ob sie lächelte, wie sie französisch sprach. Alle maßen sie an ihrer Vorgängerin Joséphine, die bei der Pariser Bevölkerung äußerst beliebt gewesen war. Und die schüchterne junge, ständig leicht verlegene und errötende Marie Louise konnte die Konkurrenz auf keinen Fall für sich entscheiden. Schon bald empfand man die Österreicherin als arrogant, sie fand keine Beziehung zu ihren Untertanen, weil sie nicht den Wunsch danach hatte und weil sie sich vielleicht auch gar nicht getraute. Wieviel Schüchternheit und Unsicherheit in ihrem Wesen lag und wieviel wirkliche Arroganz, war nur schwer auszumachen. Dazu kam, daß sie sich erst einmal mit der Familie

Bonaparte auseinandersetzen mußte. Die Schwestern Napoleons waren ihr keineswegs allzu freundlich entgegengekommen, ganz gegen den ausdrücklichen Wunsch des Kaisers. Napoleon bemühte sich redlich, seine Familie liebenswürdig und gesittet erscheinen zu lassen, galt es doch gegen die altehrwürdige Familie Habsburg zu bestehen. Was sollte sich Marie Louise denken, wenn die Damen des Hauses Bonaparte wie Marktweiber zu schimpfen begannen und sich in aller Öffentlichkeit die unflätigsten Worte an den Kopf warfen!

In den ersten Monaten seiner neuen Ehe wich Napoleon nicht von der Seite seiner jungen Frau. Er entwickelte Charakterzüge, die man bei ihm nie vermutet hätte; er interessierte sich plötzlich für die Malereien, die Marie Louise mit Hilfe eines Lehrers anfertigte, lauschte aufmerksam, wenn sie am Klavier klimperte, er gab Empfänge und Galadiners und führte das Leben eines »wirklichen« Kaisers.

Den Höhepunkt aber bildete die Geburt des Thronfolgers. Viele Jahre hindurch hatte er sich einen legitimen Sohn gewünscht, Augenblicke der Hoffnung hatten mit einer langen Zeit der Resignation abgewechselt – und jetzt, am 20. März 1811, sollte sein Wunsch endlich in Erfüllung gehen! Die Geburt ihres ersten Kindes war für Marie Louise lang und schwer, und als der Knabe endlich mit Hilfe einer Zange ans Licht der Welt geholt wurde, gab er keinen Ton von sich. Die Ärzte waren vor der Wahl gestanden, das Leben der Mutter oder das des Kindes zu erhalten – und der verzweifelte Kaiser hatte sich für das Leben der Mutter entschieden. Diese Antwort war vielleicht die größte Tat in seinem Leben; er hatte sich und seinen sehnlichsten Wunsch selbst überwunden. Aber das Schicksal fügte es, daß der Knabe, den man achtlos auf einen Teppich gelegt hatte, doch Lebenszeichen von sich zu geben begann, nachdem man ihm einige Tropfen Branntwein eingeflößt und ihn mit warmen Tüchern abgerieben hatte. Der sehnlichste Wunsch des Kaisers hatte sich durch Marie Louise erfüllt. Wenn er sie bis dahin auch nicht wirklich geliebt hatte: von diesem Augenblick an fühlte er sich ein Leben lang an sie gebunden.

Die Freude in Frankreich war riesengroß. In den übrigen Ländern Europas nahm man die Geburt des Thronfolgers eher gelassen hin, nur der Großvater in Wien, Kaiser Franz, gratulierte seiner Tochter aufs herzlichste:

»Durch den heutigen Kurier schreibe ich dir diese Zeilen, um dir von Herzen zu deiner glücklichen Entbindung Glük zu wünschen. Jedes Kind hätte mir Freude gemacht, allein die Geburt eines Sohnes macht sie noch größer wegen deinem Glük und Zufriedenheit und jener deines Gemahls. Meine Wünsche hierinn sind erfüllt, nun erwarte ich mit Ungeduld deine und deines Kindes fernere Nachrichten und empfehle dir Schonung, vorzüglich die ersten zehn tage, in allem aber durch 6 Wochen ... «

Für eine kurze Zeit hatte es wirklich den Anschein, als wäre Napoleon nun mit dem, was er bisher erreicht hatte, wirklich zufrieden. Er führte ein beschauliches Leben im Kreise seiner kleinen Familie und kümmerte sich liebevoll um seinen Sohn, in den Augen Marie Louises fast zu viel, denn sie beklagte sich manchmal, daß sie hinter Napoleon II., der schon in der Wiege den Titel »König von Rom« erhalten hatte, zurückzustehen habe.

Aber die Stunden des häuslichen Glücks waren gezählt. Der Kaiser war nicht für diese Lebensart geschaffen, und neue politische Schwierigkeiten trieben ihn wieder in sein altes Fahrwasser zurück. Die Kontinentalsperre wurde umgangen, vor allem durch holländische Schiffe; der russische Zar ließ die Segler der Blockadebrecher seine Häfen anlaufen und gab so England die Möglichkeit, mit Mitteleuropa Warenaustausch zu pflegen. Napoleon sah keine andere Möglichkeit als Krieg, um den Zaren in die Knie zu zwingen. Die von ihm besiegten und unterworfenen Staaten, darunter natürlich auch Österreich, sollten Truppen, Verpflegung und Ausrüstung für den riesigen Feldzug zur Verfügung stellen, um die französische Armee zu verstärken. Auch Kaiser Franz sagte nach anfänglichem Zögern, das seinen Schwiegersohn ärgerlich stimmte, etwas halbherzig Hilfe zu.

Napoleons Glücksstern war im Sinken, aber er ahnte nichts davon. Wie in früheren Jahren war er von seiner Unbesiegbarkeit überzeugt, aber es fehlte ihm der jugendliche Elan und die Spannkraft, die ihn bisher ausgezeichet hatten. Immer noch aber konnte er seine Soldaten begeistern, sie in kritischen Situationen anfeuern, so daß sie nicht zögerten, Leib und Leben für ihn hinzugeben. Selbst die früher feindlichen Regimenter, die jetzt für Frankreich und Napoleon kämpfen mußten, spürten etwas von dieser Faszination. Man dachte nicht mehr darüber nach, warum man jetzt durch das endlose Rußland marschieren sollte, immer auf der Suche nach dem Feind; man sah und hörte bloß den Kaiser, der, wie eh und je in seinen grauen Mantel gewickelt, den typischen Hut auf dem Kopf, überall und nirgends war und mit lauter, fester Stimme seine Befehle erteilte.

Die Armee wälzte sich durch die unendlichen Weiten der russischen Ebenen, drang tief in das Land ein und konnte immer noch keinen Feind erblicken. Wie eine riesige Falle hatte der Zar sein Land geöffnet, und diese Falle sollte zum richtigen Zeitpunkt zuschnappen. Als Napoleon dies erkannte, war es für ihn und seine Armee längst zu spät. Man war auf dem Weg nach Moskau durch verbrannte Dörfer gekommen und hatte den Hunger kennengelernt. Die Soldaten sollten sich von dem ernähren, was sie als Beute finden konnten, aber es war kaum etwas vorhanden. Bevor die Bevölkerung ihre Häuser verlassen hatte, hatte sie alles in

Brand gesteckt und nur Schutt und Asche zurückgelassen.

Der Rußlandfeldzug erwies sich als einzige Katastrophe. Alles lief anders als geplant, der Kaiser hatte sich vollständig verrechnet. Als er im ausgebrannten Moskau seinen Einzug hielt, wußte er, daß alles verloren war, nicht nur eine riesige Armee, sondern auch seine Aura der Unbesiegbarkeit. Der Rückzug, den er viel zu spät anordnete, kostete Hunderttausenden das Leben: die Soldaten erfroren, verhungerten, kamen durch Ruhr und Typhus um oder wurden von plötzlich aus dem Hinterhalt auftauchenden Russen erschlagen. Mit Mühe konnte Napoleon sein eigenes Leben retten und machte sich schließlich auf einem Schlitten Hals über Kopf nach Westen davon.

In Frankreich war ihm nur eine kurze Ruhepause vergönnt. Seine Gegner und Feinde, durch den unglücklichen Ausgang des russischen Abenteuers bestärkt, machten sich daran, der Übermacht des Korsen ein Ende zu setzen. Auch »Papa Franz«, der österreichische Kaiser, schloß sich, sehr zum Kummer seiner Tochter, dieser Allianz gegen Napoleon an. Die junge Kaiserin glaubte den Zwiespalt nicht überwinden zu können, in dem sie sich durch einen neuerlichen Krieg befand. Auf der einen Seite kämpfte ihr – wie sie damals noch glaubte – einzig geliebter Mann, auf der anderen Seite stand der innigst geliebte Papa und hatte nichts anderes im Sinn, als seinen Schwiegersohn zu besiegen. Wahrscheinlich litt die junge Frau wirklich und sah keinen Ausweg aus dem Dilemma, denn ihre kurze Ehe mit Napoleon war überraschend glücklich geworden. Der Kaiser selbst hatte einiges dazu beigetragen, er war ein erfahrener Liebhaber, und das war es wahrscheinlich, was die überaus sinnliche Louise wirklich brauchte, die zeit ihres Lebens körperliche Leidenschaft mit Liebe verwechselte. An den Menschen Napoleon war Marie

Louise wahrscheinlich nie herangekommen, er sah in ihr bloß die Mutter seines einzigen legitimen Sohnes und eine erfinderische und sehr willige Geliebte. Obwohl er sie schließlich während seiner Abwesenheit aus Paris zur Regentin bestimmte, setzte er ihr doch einen erfahrenen Ratgeber an die Seite, weil er ihrem Geist und ihren politischen Fähigkeiten nicht allzu sehr traute. Das Fundament ihrer ehelichen Beziehung war brüchig und wurde immer nur im Bett gekittet.

Marie Louise war in Paris zur Französin geworden, sprach die Landessprache lieber als Deutsch und zog den französischen Lebensstil dem österreichischen vor. Es war für sie ein schwerer Schlag, als sie erkennen mußte, daß ihre Tage in Paris gezählt sein würden, und hörte, daß das Heer der Franzosen in der Völkerschlacht bei Leipzig, 1813, vernichtend geschlagen worden war. Aber vor den nach Frankreich einrückenden Invasionstruppen brauchte sie sich nicht zu fürchten; weder die Preußen noch die Russen und schon gar nicht die Österreicher würden ihr oder ihrem Kind ein Haar krümmen. Zu fürchten waren eigentlich nur die Franzosen selbst, die nun plötzlich erkannt hatten, daß ja eine Fremde neben Napoleon auf dem Kaiserthron gesessen hatte, deren Vater jetzt als Feind Frankreichs in Richtung auf die Hauptstadt marschierte. Marie Louise verließ Paris, obwohl man sie dringend, ja beinahe flehentlich gebeten hatte, in den Tuilerien zu bleiben, in dem Glauben, sie könne durch ihre Anwesenheit noch einiges retten. Aber sie war nicht zur Heldin geboren, sie war keine zweite Jeanne d'Arc; das einzige, wonach sie sich sehnte, waren Ruhe und Sicherheit. Und dies konnte ihr im Augenblick nur der geliebte Papa gewährleisten. Zwar erkundigte sie sich immer wieder, wenn auch ohne echtes Engagement, nach dem Aufenthaltsort Napoleons und hatte vielleicht auch wirklich die Absicht, zu ihm zu reisen, dann aber ging sie doch den Weg des geringeren Widerstandes und folgte den Anordnungen, die der österreichische Kaiser in Absprache mit den anderen Verbündeten erlassen hatte. Marie Louise stimmte zu, mit ihrem Sohn, den Franz I. wie sein eigenes Kind behandeln wollte, nach Wien zu gehen, etwas, vor dem sie Napoleon immer gewarnt hatte, was er unter keinen Umständen haben wollte. Aber seine Frau war zu schwach, sich gegen den Willen ihres Vaters durchzusetzen. Für sie war Napoleon bloß noch ein vernichtend geschlagener Usurpator, er mußte sehen, wie er in Zukunft zurecht kam! Sie konnte ihm auch nicht mehr helfen.

Aber zunächst meinte es das Schicksal noch relativ gut mit dem Mann, der Europa in Brand gesteckt hatte, der wie ein Sturmwind über die Länder dahingefegt war, der nach seinem Staatsstreich am 9. November 1799 als Erster Konsul und später als Oberbefehlshaber der französischen Armee die Heere der Gegner bei Marengo, bei Hohenlinden geschlagen hatte, der aus der Dreikaiserschlacht bei Austerlitz im November 1805 als Sieger hervorgegangen war, der das preußische Heer in der Schlacht bei Jena und Auerstaedt in die Schranken gewiesen hatte, der nach der Schlacht bei Wagram am 5. und 6. Juli 1809 in die alte Kaiserstadt Wien eingezogen war und dem Habsburgerkaiser einen bitteren Frieden diktiert hatte. 1806 war durch ihn das Heilige Römische Reich Deutscher Nation an ein unrühmliches Ende gekommen, und er war es gewesen, der die Verhältnisse in Deutschland nach eigenen Vorstellungen ordnete. Nun schien zunächst alles zu Ende: man wies ihm als Exilort die Insel Elba zu, wo er mit einem bescheidenen Hofstaat seine Tage beschließen sollte. England war allerdings gegen die Regelung; man fürchtete noch Schlimmes von der Tatkraft des Korsen und sollte sich darin auch nicht täuschen.

Marie Louise also sollte in das Land ihrer Väter zurückkehren und dort abwarten, was die Siegermächte über sie bestimmen würden. Was ihren Sohn betraf, so war man nicht sicher, was mit dem Kind in Zukunft geschehen sollte. Allein der Name Napoleon klang schon gefährlich, und es schien allen am besten, wenn er als einfacher Herzog am Wiener Hof unter der Obhut seines Großvaters erzogen wurde.

Marie Louises Gefühle waren zwiespältig: einerseits fühlte sie sich ganz als Kaiserin der Franzosen, andererseits zog es sie mit Macht nach Hause. Als sie mit Sohn und Gefolge am 2. Mai 1814 bei Hüningen denRhein überschritt, schrieb sie in ihr Tagebuch: »Mein Herz schnürte sich zusammen, als ich sie (die Grenze Frankreichs, Anm. d. Verf.) überschritt. Ich wünschte dem armen Frankreich alles Gute. Möge es die Ruhe genießen, deren es seit so langer Zeit bedarf und möge es manchmal Bedauern über eine Person hervorrufen, die an ihm hängt, die sein Schicksal und die Freunde beweint, welche sie dort zu lassen gezwungen ist.«

Die Heimkehr der Kaisertochter gestaltete sich zu einem Triumph. Trompeten und Posaunen verkündeten ihre Ankunft, wo sie hinkam, die Bevölkerung selbst der kleinsten Dörfer stand dichtgedrängt am Straßenrand, um sie mit Hochrufen zu begrüßen. Fahnen wurden geschwenkt; in Innsbruck spannten junge Männer ihrem Wagen die Pferde aus und zogen die Kutsche selbst. Als der Wagen endlich vor dem Schloß Schönbrunn vorfuhr und Marie Louise mit ihrem Sohn langsam ausstieg, gab es für die kaiserliche Familie kein Halten mehr; alle stürmten die Freitreppen hinunter und umarmten sie mit liebevoller Herzlichkeit. Ihrem französischen Begleiter Meneval blieb nichts anderes übrig, als die bitteren Gefühle, die ihn bei dieser Szene überkamen, hinunterzuschlucken. Mit dieser Frau hatte sein Herrscher auch Ansehen, Macht und Glück verloren.

Für Marie Louise hingegen war das Leben noch lange nicht zu Ende. Sie war ganze 23 Jahre alt, eine voll erblühte junge Frau, die allerdings immer wieder von allerlei Leiden heimgesucht wurde. Nach ihrer Ankunft in Schönbrunn zog sie sich zunächst von der großen Welt zurück, um abzuwarten, wie ihr Schicksal weiter aussehen würde und sich um ihren Sohn zu kümmern, der nach anfänglicher Zurückhaltung der Liebling seines kaiserlichen Großvaters geworden war. Alle waren von dem ungewöhnlich schönen, charmanten Kind hingerissen, nur die Kaiserin Maria Ludovica konnte ihm seinen Vater nie verzeihen; sie war und blieb eine unversöhnliche Feindin Napoleons und übertrug ihre Abneigung auch auf seinen Sohn.

Das weitere Schicksal Marie Louises hing von den Siegermächten ab. Im ersten Pariser Frieden wurde der Kaisertochter schließlich das Herzogtum Parma mit Piacenza und Guastalla zugesprochen. Marie Louise mußte sich erst an den Gedanken gewöhnen, ihr weiteres Leben in Oberitalien zu verbringen. Sie machte sich Sorgen und begann wieder zu kränkeln, und die Ärzte schlugen der jungen Frau eine Badereise vor, die sie nach Aix in Savoyen unternehmen sollte. Vielleicht würde sie dort allmählich ihren Mann vergessen und über den Abwechslungen einer Kur neuen Mut schöpfen. Man vertraute auf das einfache Gemüt der Kaisertochter, auf ihren Hang zum Vergnügen und Amüsement mit charmanten Männern und verheimlichte ihr die vielen Briefe, die der auf die Insel Elba verbannte Kaiser an sie schrieb und in denen er sie immer wieder bat, doch zu ihm zu kommen oder wenigstens nach Parma zu gehen, denn dort wisse er sie in seiner Nähe. Diese Vorschläge wurden am Wiener Hof als viel zu gefährlich rundweg abgelehnt. Man wußte, wie labil die junge Erzherzogin war, man mußte sie unbedingt vor unüberlegten Handlungen schützen. Das Kapitel Napoleon sollte für das österreichische Kaiserhaus endgültig und ein für allemal abgeschlossen sein!

Wer aber konnte Marie Louise besser auf andere Gedanken bringen als ein erfahrener, charmanter und gutaussehender Mann, der ihr als Beschützer und Ratgeber zur Seite stand? Kaiser Franz hat den ständigen Begleiter für seine Tochter höchstwahrscheinlich selbst ausgewählt, und er mußte sich von Anfang an über die Konsequenzen im klaren sein, die sich unweigerlich ergeben würden, wenn seine Tochter mit einem solchen Mann Tag und Nacht unter einem Dach wohnte.

Für Marie Louise war der Reitergeneral Adam Adalbert Neipperg kein Fremder. Schon bei ihrem Aufenthalt in Prag, während dessen sie von der Prager Bevölkerung begeistert als Kaiserin der Franzosen gefeiert worden war, hatte man Neipperg zu ihrem Ehrenkavalier ernannt. Jetzt sollte er die Reise nach Aix vorbereiten und sich um die Belange der jungen Frau kümmern.

Adam Graf Neipperg war nicht eigentlich das, was man einen schönen Mann nennen konnte. Er hatte in einer Schlacht, in der er wie immer und überall unter Einsatz seines Lebens gekämpft hatte, ein Auge verloren und verbarg diese Verletzung hinter einer schwarzen Binde. Aber er war tapfer, geistreich und geistvoll, und er übernahm die Aufgabe, Marie Louise zu begleiten, gern, auch wenn er ebenfalls mit Konsequenzen rechnen mußte, die sein Innerstes in Aufruhr versetzen würden: Neipperg war noch verheiratet und Vater mehrer Kinder.

Meneval, der treue Begleiter Marie Louises, schildert den Grafen folgendermaßen:

»Der General war nicht eigentlich ein schöner Mann. Eine schwarze Binde bedeckte die tiefe Narbe einer Verwundung, die ihn ein Auge gekostet hatte, aber diese Entstellung vergaß man, wenn man ihn genau ansah, denn diese Verwundung paßte eigentlich durchaus zu seinem Gesicht und gab ihm etwas Martialisches. Sein schon gelichtetes blondes Haar war gelockt, sein Blick klar und scharf. Seine Züge ... verrieten einen klugen, feinsinnigen Mann ... Er war mittelgroß und gut gebaut und die Eleganz seiner Erscheinung wurde durch die ungarische Uniform noch unterstrichen. General Neipperg war um diese Zeit etwa 42 Jahre alt ...«

Meneval hatte sich im Alter des Grafen geirrt, er war erst 39, aber immerhin wesentlich älter als Marie Louise, der er in den folgenden Jahren nun wie ein Schatten folgte. Ohne ihn war sie hilflos und beinahe verloren. Alles, was zu tun war, regelte er. Er hatte vom Kaiser den Auftrag bekommen, Marie Louise zu überwachen und vor allem jeden Kontakt mit Napoleon zu unterbinden. Es wirkt wie eine Ironie des Schicksals, wenn Marie Louise in den wenigen Briefen, die sie Napoleon nach Elba schickte, immer wieder den Grafen erwähnt und hinzufügt, daß Graf Neipperg nicht schlecht vom Franzosenkaiser spreche ...

In Aix verbrachten die beiden einige Wochen, in denen die junge Frau an Leib und Seele gesundete. Auf der Rückreise unternahm man gemeinsam eine Fahrt ins Berner Oberland. Zwischen Marie Louise und Adam Neipperg waren die trennenden Standesschranken gefallen: Nicht als Tochter des Kaisers und Herzogin von Parma wurde Marie Louise die Geliebte des Grafen, sondern als junge Frau, die sich nach den Zärtlichkeiten eines Mannes sehnte. Neippergs Liebe ließ sie alles vergessen, was bisher gewesen war – auch die Liebe zu ihrem Sohn.

Für Kaiser Franz war es eine Selbstverständlichkeit, daß der Knabe in Wien bleiben sollte, als Marie Louise ihre Regentschaft in Parma antrat. Keine leichte Aufgabe in einem politisch unruhigen Gebiet; Regenten verschiedenster Herrscherhäuser hatten dort schon Macht ausgeübt, und jetzt strebte man auch dort mit allen Kräften nach republikanischer Freiheit. In den Wirren des ausgehenden 18. Jahrhunderts war auch diese Gegend schwer in Mitleidenschaft gezogen worden, so daß Marie Louise, als sie endlich ihren neuen Lebensbereich betrat, leere Kassen und eine mißtrauische Bevölkerung antraf. Ein gewisses diplomatisches Geschick konnte man ihr nicht absprechen; in kurzer Zeit gewann sie die Sympathien der eher zurückhaltenden Parmesaner. Vor allem aber war es die Umsicht Neippergs, die zu einer raschen Besserung der Lage führte. Er war der starke, weitblickende Mann an ihrer Seite, der ihr Kraft gab, sich endlich als Landesmutter fühlen zu können.

Die Herzogin war in eine Kulturstadt von europäischer Bedeutung gekommen. Berühmte italienische Meister hatten Parma ihren Stempel aufgedrückt, Correggio und Parmigianino hatten hier gewirkt, der romanische Dom mit dem eindrucksvollen Glockenturm prägte das Bild der Stadt, und die Palazzi erinnerten Marie Louise an die prunkvollen Bauten von Versailles. Unter ihrer Herrschaft, das hatte sie sich vorgenommen, sollte die Stadt eine neue Blütezeit erleben.

Völlig auf ihre neue Aufgabe und natürlich auf Neipperg konzentriert, vergaß sie jenen Mann auf der fernen Insel Sankt Helena, der einmal ihr Schicksal gewesen war. Schließlich war Napoleon an seiner tristen Lage selber schuld! Wer hatte ihn geheißen, von der Insel Elba zu fliehen und in Eilmärschen nach Paris zu ziehen, um noch einmal die Macht an sich zu reißen? Im Triumph war der Kaiser 1815 durch Frankreich gezogen, von allen Seiten strömten ihm Männer zu, die gerne noch einmal für ihn kämpfen wollten. Die Herrschaft der hundert Tage war ein letztes Aufflackern jenes Feuers gewesen, das einmal ganz Europa versengt hatte, und hatte den Kontinent aufs neue in Unruhe versetzt.

Kaum war der Kaiser in Paris eingezogen, richtete er an Marie Louise die dringliche Bitte, die beinahe einem Befehl glich, mit ihrem und seinem Sohn zu ihm nach Paris zu kommen. Die Erzherzogin verschanzte sich wieder hinter ihrem kaiserlichen Vater und versuchte ruhig zu bleiben. Jetzt war der Augenblick gekommen, vor dem sie sich seit langem gefürchtet hatte: sie stand zwischen ihrem Mann und ihrem Geliebten! Sie hatte sich längst ganz für Neipperg entschieden und hoffte insgeheim, daß diese Aktion Napoleons scheitern würde. Im Grunde ihres Herzens wünschte sie ihm ja nichts Böses, aber er sollte sie in Ruhe lassen!

Als in Wien die Nachricht von der endgültigen Niederlage Napoleons bei Belle Alliance oder Waterloo eintraf, soll Marie Louise ihre Freude offen gezeigt haben. So schrieb sie am 7. Juli aus Baden an Kaiser Franz folgende Zeilen:

»Ich habe mit unendlicher Freude die neuen guten Nachrichten von Ihrem weiteren Feldzug bekommen. Seyn Sie versichert, liebster Papa, daß niemand mehr Wünsche für Ihr Glück und Wohlseyn macht als wie ich. Wir werden vermutlich bald Nachrichten von Ihren Einzug in Paris bekommen. Ich bitte Sie, sich, liebster Papa, bey dieser Gelegenheit von dem zu erinnern, was ich Ihnen den Tag vor Ihrer Abreise gesagt habe, daß ist, das es mir nie mehr, auf keinen Fall, möglich wäre, nach Frankreich zurückzukehren. Indeßen höre ich von der lieben Mama, daß der König (=Ludwig XVIII, Anm. d. Verf.) eine sehr große Partey hat und daß freuet mich unendlich.«

In ihrer Freude über den Sieg der alliierten Truppen über ihren Gemahl vergaß Marie Louise völlig, daß nicht nur ihr Mann, sondern auch ihr Sohn Krone und Land verloren hatte. Wahrscheinlich machte sie sich nicht allzu viele Gedanken darüber, was einmal aus Napoleon II. werden sollte, einem Prinzen, den alle gern sahen, mit dem aber letztlich niemand so recht etwas anfangen konnte. Insgeheim befürchtete man nicht nur in Österreich, daß der junge Franz, wie er jetzt nach seinem kaiserlichen Großvater genannt wurde, dem Namen Bonaparte alle Ehre machen und so wie sein Vater Europa in Unruhe versetzen könnte. Daher kümmerte man sich in Wien sehr intensiv um eine geregelte Erziehung, ohne aber auf die kindlichen Neigungen Rücksicht zu nehmen. Allzu bald hatte die Mutter den Kleinen, der mit unendlicher Liebe an ihr hing, verlassen und sich wenig Kopfzerbrechen darüber gemacht, wie sehr das sensible Kind unter ihrer Abwesenheit litt. So lange der Prinz lebte, sehnte er sich nach seiner fernen Mutter, die an der Seite des Grafen ihr beinahe bürgerliches Leben in Parma genoß. Napoleon hatte man auf Betreiben der Engländer weit weg in den Südatlantik, auf die von Stürmen umtoste Insel Sankt Helena verbannt, aber Marie Louise war dennoch nicht von ihm geschieden und somit seine rechtmäßige Frau.

Trotz aller Diskretion wurde bald öffentlich bekannt, daß Marie Louise seit geraumer Zeit die Geliebte des Grafen war. Die Folgen dieses Verhältnisses blieben auch nicht aus, wenngleich sowohl die Tochter Albertine, die am 1. Mai 1817 das Licht der Welt erblickte, als auch der Sohn Wilhelm Albrecht, zwei Jahre nach seiner Schwester geboren, sofort nach der Entbindung einem Arzt namens Dr. Rossi in Obhut gegeben wurden. Freilich ließ es sich Marie Louise nicht nehmen, möglichst nahe bei den Kindern zu sein und sich in aller Heimlichkeit abends, wenn die Dunkelheit hereingebrochen war, zu ihnen zu schleichen. Zu gerne hätte Marie Louise ihren Neipperg geheiratet, dessen Frau in der Zwischenzeit gestorben war, aber sie mußte erst das schreckliche Ende Napoleons auf Sankt Helena abwarten, der 1821 dem Magenkrebsleiden erlag, das ihn schon jahrelang geplagt hatte. Kaum war die Nachricht vom Tod des Kaisers zusammen mit dessen einbalsamiertem Herz nach Parma gekommen, als Marie Louise Adam Neipperg heimlich ehelichte.

Wieviel man in Wien von dieser morganatischen Ehe und den schon vorhandenen Kindern der Liebe wußte, bleibt dahingestellt. Erst viel später, beim Tod Neippergs im Jahr 1829, mußten die Geburtsdaten der Kinder offiziell bekanntgegeben werden, die bis dahin wie ein strenges Geheimnis gehütet worden waren. Der gute Papa, der Kaiser, verzieh seiner Tochter den Fehltritt, waren ihm doch menschliche Dinge nicht gerade fremd. Auch Franz hatte seine Schwächen in dieser Hinsicht, und wenn seine angetraute Ehefrau nicht gerade bei Laune war, wußte er immer einen Ausweg. Und Louise war eben ganz und gar seine geliebte Tochter.

Nur einer litt wirklich unter ihrem nicht gerade moralischen Lebenswandel: ihr Sohn in Wien, der Herzog von Reichstadt. Der Knabe war am Kaiserhof zurückgeblieben, um dort unter den wachsamen Augen seiner Großvaters und des Fürsten Metternich vor dummen Gedanken sicher zu sein. Er sollte in Wien zum guten Österreicher erzogen werden und mußte, ob er wollte oder nicht, alles ablegen, was an seine halbfranzösische Herkunft erinnerte. Das Kind wehrte sich zuerst mit Händen und Füßen, Deutsch zu lernen und sprach, wo immer es möglich war, aus Trotz französisch. Gar bald aber erkannte der »Franzl«, wie er von seinem kaiserlichen Großvater gerufen wurde, daß er keine Chance hatte. Die Mutter kümmerte sich kaum um ihn, sie schrieb bloß Briefe aus dem fernen Parma, in denen sie ihren baldigen Besuch ankündigte, der dann doch immer wieder verschoben wurde. Und sein berühmter, geliebter Vater war weit weg und konnte ihm schon gar nicht helfen.

Der Kaiser hatte für seinen Enkel gute Erzieher ausgewählt, die sich nicht nur um den aufgeweckten Knaben kümmerten, sondern ihn wie ein eigenes Kind liebten. Aber auch die Damen am Hof fanden Gefallen an dem blondgelockten Buben mit den tiefblauen Augen und dem eigenartigen, faszinierenden Charme. Er wußte schon bald artige Komplimente zu machen, und man war hingerissen von dem »deliziösen Reichstadt«, wie man ihn allgemein zu nennen pflegte. Dabei war der Titel »Herzog von Reichstadt« erst im Jahre 1816 geschaffen worden, als die europäischen Großmächte beschlossen hatten, daß Marie Louise für ihre Person wohl das Herzogtum Parma mit den umliegenden Gegenden regieren sollte, daß diese Gebiete aber nach ihrem Tod nicht an ihren Sohn fallen durften. Plötzlich gab es also weder einen König von Rom noch einen Prinzen von Parma am Wiener Hof: Der Sohn Napoleons stand nicht nur ohne Eltern da, er war auch ohne Land und ohne Titel. Tief gekränkt wandte sich Marie Louise an ihren Vater und stellte ihm die unmögliche Lage ihres Sohnes vor Augen. Und Kaiser Franz bemühte sich redlich, etwas zu tun, berief Konferenzen ein, auf denen natürlich sein Kanzler Metternich das große Wort führte und alle Vorschläge des Kaisers immer wieder verwarf. Es wurden die seltsamsten Titel besprochen, der junge Mann sollte ein »Herzog von Podiebrad« oder ein »Herzog von Mödling« werden, bis man sich schließlich und endlich auf einen »Herzog von Reichstadt« einigte. Und dabei blieb es.

Marie Louise versuchte ihr schlechtes Gewissen zu beruhigen, indem sie ihrem Sohn, so oft sie konnte, Geschenke schickte, die ihn erfreuen sollten. Aber die lange Zeit, die der Knabe auf seine heißgeliebte Mutter warten mußte, war für das feinfühlende Kind eine Ewigkeit. War Marie Louise dann endlich mit Neipperg in Wien, war es außer sich vor Freude, vor allem, da man dann gemeinsam außerhalb der Stadt entweder in Baden oder bei Persenpeug wohnte, wie eine richtige kleine Familie. Lange bevor Marie wieder abreiste, weinte das Kind still in seine Kissen und fürchtete sich vor dem festgesetzten Tag, an dem es wieder allein sein sollte. So schrieb der Knabe zum Beispiel am 4. September 1823:

»Liebe Mutter! Ich getraue mich kaum von dem Schmerze zu sprechen, den mir die neue Trennung von Ihnen verursacht, weil ich sonst besorgen müßte, gar nicht schreiben zu können. Um Sie nicht selbst auf Ihrer Reise noch mehr zu betrüben, nehmen Sie heute nur die Versicherung an, daß Sie in mir immer den zärtlichsten und dankbarsten Sohn finden werden, daß ich alle Ihnen gemachten Versprechungen gewiß erfüllen werde und daß Ihnen nur Trost und Freude von mir kommen wird. Ich bethe recht eifrig für Sie und hoffe, daß Sie Ihre Reise recht glücklich vollbringen werden. Ich freue mich schon unendlich auf Ihren Brief aus Salzburg, und obschon ich Ihnen übermorgen von Schönbrunn schreiben werde, konnte ich mich nicht enthalten, es schon hier zu thun. O, wie kann ich schon nicht die Zeit erwarten, wo ich Sie wieder sehen werde, indes wann ich den Unterschied von zwey Jahren und zwölf Stunden betrachte, denn in so langer Zeit werde ich Sie wieder sehen und vor so kurzem sah ich Sie noch, so wird mein Schmerz doppelt: Der ganze Weg von Wels bis her schien mir öde und traurig, denn ich fuhr nicht mit Ihnen, wie gestern. Mein großer Trost war die kleine Flasche, die Sie mir gaben und die nie aus meinen Händen kommen soll, indem, wenn ich sie anschaute, mir immer einfiel, daß Sie sie immer mit Sich trugen …«

Hätte Marie Louise gewußt, welch kurzes Leben ihrem schönen und begabten Sohn beschieden sein würde, vielleicht hätte sie sich mehr um ihn gekümmert, vielleicht sogar zu sich nach Parma geholt. Wahrscheinlich hat sie nicht einmal den leisesten Versuch unternommen, sich gegen den Willen Metternichs zu behaupten. So war sie in allem: unsicher, anlehnungsbedürftig, unentschlossen. Stets ging sie den Weg des geringsten Widerstandes, auch wenn es um ihre persönlichsten Gefühle ging. Vielleicht war ihr gar nicht bewußt, was sie dem Kind durch ihre jahrelange Abwesenheit antat, vielleicht glaubte sie dennoch eine gute Mutter zu sein, wenn sie ihm ab und zu ein paar Zeilen schrieb.

Strahlend, glänzend, verehrt, so lebte der Sohn Napoleons sein kurzes Leben am Wiener Kaiserhof. Kaum zum Jüngling herangewachsen, umschwärmten ihn die Frauen jeden Alters, und er berauschte sich an der Zuneigung und Liebe, die man ihm entgegenbrachte. Sein Großvater hatte ihm eine militärische Karriere ermöglicht, die allerdings immer wieder durch Krankheit unterbrochen wurde. Von Kindheit an litt er chronisch an Erkältungen, starkem Husten und Bronchitis. Besorgt sahen sich seine Lehrer an, wenn er wieder einmal von einem nicht enden wollenden Hustenanfall geplagt wurde und sich danach den kalten Schweiß von der Stirne wischte. Die Schwindsucht hatte schon so manchen am Kaiserhof dahingerafft, und noch gab es kein Mittel gegen sie. Ein Aufenthalt im Süden würde dem jungen Mann gut tun, das erkannte sogar Metternich! Aber für ihn kam eine Abreise des Prinzen unter gar keinen Umständen in Frage, konnte sie doch ungeheures politisches Aufsehen in ganz Europa hervorrufen und in Frankreich, wo die Bourbonen wieder installiert worden waren, womöglich zu einer Staatskrise führen.

So war das Schicksal des schönen, glücklosen Herzogs besiegelt. In einer Art Sinnesrausch verbrachte er die letzten Jahre seiner Jugend, die Frauen konnten seiner Faszination nicht widerstehen, selbst die Gemahlin seines Onkels Franz Karl, Sophie von Bayern, die Mutter des späteren Kaisers Franz Joseph, suchte seine Nähe, wo sie nur konnte. Aber auch der Herzog von Reichstadt fühlte mehr für die anziehende Sophie, als erlaubt war, und so wollten die Gerüchte nicht verstummen, der zweite Sohn der Erzherzogin, der spätere

Kaiser Maximilian von Mexiko, sei eigentlich der Sohn des Herzogs von Reichstadt. Wäre es so gewesen, hätte er die Tragik, die sein Leben überschattete, von seinem Vater geerbt.

Im Jahre 1832 verschlechterte sich der Gesundheitszustand des jungen Mannes rapide, und man konnte nur noch hoffen, Marie Louise würde rechtzeitig vor seinem Ende eintreffen. Aber die Herzogin war wahrscheinlich falsch informiert worden oder machte sich keine Vorstellungen über die Schwere seiner Erkrankung; sie ließ sich jedenfalls viel zu viel Zeit, bevor sie sich aufmachte, um an das Krankenlager ihres erstgeborenen Sohnes zu eilen. Die Reise wurde noch durch einen mysteriösen Aufenthalt in Triest unterbrochen, wo sie angeblich an einer schweren Grippe erkrankte. Es ist aber nicht auszuschließen, daß sie dort wieder eine Fehlgeburt erlitt, wie dies schon öfter bei ihr vorgekommen war. Zu dieser Zeit war zwar Neipperg, den sie unmittelbar nach dem Tod Napoleons in aller Stille geheiratet hatte, schon tot, aber Marie Louise hielt durchaus nichts von sexueller Abstinenz, suchte sich ihre Liebhaber aus den verschiedenen Bevölkerungsschichten, und als Herzogin fiel es ihr nicht schwer, so manchen jungen Mann in ihr Bett zu bekommen, obwohl sie mit ihren vierzig Jahren schon eine ausgemergelte, leicht bucklige Gestalt hatte, ein spitzes Gesicht, in dem die üppige Habsburgerlippe besonders auffällig hervorquoll, und einen zahnlosen Mund. Beileibe keine Schönheit, aber eine einflußreiche Frau! Da konnte man schon über einige körperliche Mängel hinwegsehen!

Als Marie Louise endlich am 24. Juni 1832 in Wien eintraf, fand sie einen Sterbenden vor, der von grauenvollen Hustenanfällen geplagt wurde und dem man den Schleim aus der zerfressenen Lunge aus dem Mund wischen mußte, da er selbst nicht mehr in der Lage war, ihn auszuspucken. Der einstmals so schöne, 1,86 Meter große Herzog war zum Ske-

Der Herzog von Reichstadt auf dem Totenbett.
Zeichnung von Johann Ender

Erzherzog Ferdinand Max.
Lithographie von Eduard Kaiser nach Anton von Einsle

lett abgemagert, und seine Betreuer kostete es jedesmal Überwindung, das übel stinkende Zimmer zu betreten, in dem der junge Mann qualvoll sein Leben aushauchte. Auch seine eigene Mutter konnte den Anblick nicht ertragen. Im letzten Moment wurde sie geholt, als man sah, daß der Tod seine Hand nach ihm ausgestreckt hatte. »Ach Gott, meine Mutter! Ich gehe unter!« Die letzten Worte konnte der Sohn Napoleons nur noch flüstern; dann stand sein Herz für immer still.

Die Abreise Marie Louises aus Wien glich einer Flucht, einer Flucht vor der Vergangenheit, die sie immer wieder eingeholt hatte, einer Flucht vor den Intrigen am Wiener Hof, einer Flucht vor Metternich, der ihr nicht gestattet hatte, beim Tod Neippergs Trauerkleidung zu tragen, der sie zu spät über den wahren Gesundheitszustand ihres Sohnes benachrichtigt hatte, einer Flucht in ihre neue Heimat, nach Parma, wo sie, wie sie glaubte, geliebt und verehrt wurde, wo sie selbst Aufstände und Revolutionen allein durch ihre Anwesenheit verhindern konnte. In Wien hatte sie nichts mehr zu suchen, das fühlte sie. Ja, der gute Papa und ihre Geschwister waren hier und liebten sie, sie aber war ihnen innerlich fremd geworden. In Parma wollte sie bleiben, koste es, was es wolle. Die Zeiten waren in Italien schwieriger geworden; im Februar 1831 war es zu Revolten gekommen. Das Volk war nach dem Tod Neippergs, der im Auftrag Marie Louises das Land einfühlsam und mit weiser Hand geführt hatte, mit seinem politischen Nachfolger Werklein unzufrieden und forderte eine liberale Verfassung. Der Weg zur italienischen Einheit schien Gestalt anzunehmen. Marie Louise lehnte alle geforderten Zugeständnisse ab und verblüffte die Delegation, die zu ihr gekommen war, durch ihre entschlossene Haltung. So hatte man die Herzogin noch nie erlebt! Aber immer wieder flackerte der Widerstand auf, und Marie Louise konnte erst

mit Hilfe von österreichischen Truppen, die in Parma ein-
rückten, ohne auf Widerstand zu treffen die Lage wieder-
herstellen.

Werklein verlor in diesen Tagen Amt und Würden; sein
Nachfolger wurde Graf Charles-René Bombelles, ein Mann
mit abwechslungsreicher Vergangenheit und alles andere als
ein Charmeur, der aber trotzdem die leicht entflammbare,
alleinstehende Marie Louise erobern konnte, die ihn in aller
Stille heiratete. Daß es eine Liebesheirat war, kann man beileibe nicht behaupten: Marie Louise suchte wieder einen
Mann wie Neipperg, dem sie vertrauen und auf den sie sich
stützen konnte und der ihre einsamen Nächte verkürzen
sollte. Das Leben, das Bombelles an der Seite der früh geal-
terten Frau erwartete, war bestimmt kein allzu verlockendes,
hatte man doch schon den Grafen Neipperg bedauert und
gemeint, daß der General, der die traurige Ehre gehabt hatte,
Marie Louise zu heiraten, aus Langeweile daran gestorben
sei …

Bombelles überlebte seine Frau, die in ihren letzten Lebensjahren viel Gutes für ihren Staat tat: sie war zu einer wahren
Mäzenin geworden. Ihr Ende kam recht plötzlich: Am
5. Dezember 1847 wurde sie von Schmerzen in der Brust befallen, nahm dies aber nicht allzu ernst. Als ein schwerer Schüt-
telfrost dazukam, ließ sie sich trotzdem nicht davon abbringen, den Ministerrat abzuhalten und noch am Abend Gäste
zu empfangen. Aber schon um Mitternacht stellte der herbeigerufene Arzt hohes Fieber fest. Man ahnte, daß die Stunden
Marie Louises gezählt sein würden; in aller Eile sandte man
nach ihrer Tochter, die mit dem Grafen Sanvitale verheiratet
war; auch Bombelles hielt bei der Sterbenden Wache. Um
5 Uhr nachmittags am 17. Dezember schloß die Herzogin die
Augen für immer. »Addio amici miei« waren ihre letzten
Worte, die sie an die Vertreter des Staatsrates richtete.

Immer nur der Zweite

MAXIMILIAN VON MEXIKO

»… aber ich will gar kein Kaiserreich haben, das wäre mir gar
nicht angenehm, es würde mir viel zuviel Unannehmlichkeiten und Sorgen machen.«

Fast trotzig stieß der kleine Ferdinand Max diese Worte hervor, setzte ein bockiges Gesicht auf und warf den Speer, mit
dem er üben sollte, in hohem Bogen durch die Luft. Weder
wollte er in Zukunft Kaiser sein, wie er der Hofdame seiner
Mutter gegenüber eben gemeint hatte, noch wollte er genau
wissen, wie man mit diesem Wurfgeschoß wirklich umging.
Krieg spielen war nun einmal nicht die Sache des aufgeweckten und lebhaften jüngeren Sohnes von Erzherzog Franz
Karl und seiner bayrischen Gemahlin Sophie.

Fünf Kinder waren dem erzherzoglichen Paar im Lauf der
Zeit beschert worden, vier Buben und ein Mädchen, die alle
im Schoß der Familie geborgen aufwuchsen, wo die Mutter
eine dominierende Stellung einnahm. Als neunzehnjähriges
Mädchen war Sophie an den Wiener Hof gekommen, nachdem ihre Eltern, König Maximilian von Bayern und seine
Frau Karoline, mit dem Habsburger Kaiser Franz I. die Ehe
zwischen ihr und seinem Sohn Franz Karl abgemacht hatten.
Der Abschied von der Heimat, vor allem aber von der geliebten Mutter war für Sophie schmerzlich gewesen; noch
monatelang zehrte das Heimweh an dem jungen Mädchen.
Das Leben hier in Wien, im Zentrum der riesigen Donau-

monarchie, war so ganz anders als im beschaulichen München, und Sophie mußte sich erst allmählich an die Gepflogenheiten ihrer Umgebung gewöhnen.

Man hatte das gesunde und hübsche Mädchen mit großer Herzlichkeit aufgenommen, vor allem Kaiser Franz selbst, so daß sich die junge Braut bald wohlfühlte. Freilich: der Bräutigam, Franz Karl, war kein Mann, bei dessen Anblick das Herz eines Mädchens höher schlagen konnte. In seiner gutmütigen, braven Art und mit seinem unscheinbaren Äußeren war er beileibe kein Herzensbrecher. Aber Sophie akzeptierte ihn als den ihr von den Eltern bestimmten Gemahl, als den Mann, der so ganz anders geartet war als sie selbst, der zufrieden mit dem war, was er hatte, keine großartige Karriere anstrebte und den die heiße Leidenschaft wahrscheinlich höchst selten übermannte. Da war der junge, schöne Herzog von Reichstadt aus anderem Holz geschnitzt, der unglückliche Sohn Napoleons, der durch die Politik der Siegermächte gezwungen war, sein Gnadenbrot am Wiener Hof zu essen. Von ihm konnte man träumen, auch wenn sich das für die streng katholisch erzogene Sophie eigentlich nicht schickte. Aber sie schätzte und suchte, wo sie konnte, die Nähe des charmanten »Fränzchen«, wie der Herzog genannt wurde, und so gab es nur zu bald Gerüchte, die Vaterschaft vor allem des zweiten Sohnes betreffend: kein Wunder, wo der Ehemann so unendlich unattraktiv und bieder war!

So wenig Sophie zur idealen Ehefrau ihres Mannes geboren war, so perfekt beherrschte sie ihre Rolle als Mutter. Und sie ging mit offenen Augen durch die Welt. Mit Schrecken, aber auch mit Hoffnung beobachtete sie den kranken Nachfolger von Kaiser Franz, seinen ältesten Sohn Ferdinand, der immer wieder von schweren Epilepsieanfällen heimgesucht wurde. Obwohl man den armen Menschen mit der noch ärmeren Prinzessin von Savoyen, Maria Anna, verheiratet hatte, war an etwaige Nachkommenschaft nicht zu denken, da der Erzherzog und spätere Kaiser die Ehe nicht vollziehen konnte. Seine Gemahlin lebte als stille Dulderin wie eine besorgte Schwester neben ihm her. An der Thronbesteigung Ferdinands nach dem Tod von Kaiser Franz im Jahre 1835 war nicht zu rütteln, obwohl jedermann in der Monarchie den beklagenswerten Zustand des neuen Kaisers beobachten konnte. Die alten habsburgischen Gesetze der Primogenitur besagten, daß der Erstgeborene Anrecht auf die Kaiserkrone hatte, standen auch noch so viele fähigere Familienmitglieder zur Verfügung. Für Ferdinand war es ein Glück, daß Fürst Metternich schon seit geraumer Zeit die Geschicke der Monarchie leitete, wenn auch nicht gerade zum Vorteil des Staates, wie die politische Entwicklung der Zukunft zeigen sollte. So war der zum Regieren unfähige Monarch bloß eine Marionette in den Händen des Staatskanzlers; Metternich konnte, später mit nomineller Hilfe der sogenannten Geheimen Staatskonferenz, zu der neben Erzherzog Ludwig und Anton Graf Kolowrat auch Franz Karl gehörte, weiter schalten und walten, wie er wollte. Auch Sophie, die dem Charme und Esprit dieses schillernden Charakters nicht widerstehen konnte, beeinflußte er mit seinen konservativen Ansichten in ihrem Erziehungsstil.

Eines Tages, vielleicht nur zu bald, würde der kranke Kaiser sterben oder abdanken müssen. Und da Sophie von den Fähigkeiten ihres eigenen Mannes, des nächsten in der Thronfolge, herzlich wenig hielt, konzentrierte sie sich voll darauf, ihren eigenen ältesten Sohn, Franz Joseph, auf den altehrwürdigen Thron zu bringen. Die Erziehung des Kindes war von frühester Jugend dahin ausgerichtet, aus ihm einmal einen fähigen und pflichtbewußten Monarchen zu machen. Franz Joseph war Sophies Lebensaufgabe. Dabei vernachlässigte sie aber ihre anderen Kinder keinesfalls, obwohl es nicht leicht war, ihren verschiedenen Neigungen und Temperamenten gerecht zu werden.

Ferdinand Maximilian erblickte am 6. Juli 1832 in Schönbrunn das Licht der Welt und wurde von den dankbaren Eltern mit großer Freude begrüßt. Erst die Geburt eines zweiten Sohnes garantierte ja endgültig den Fortbestand der Familie, wußte man doch bei den ständig auftretenden Seuchen und Krankheiten nie, ob die Kinder alle am Leben blieben. Maxi, wie er im Familienkreis gerufen wurde, war ein ungewöhnlich lebhaftes und phantasiebegabtes Kind, das manchmal nicht leicht zu bändigen war. Man war bei ihm nie vor einer Überraschung sicher, denn auch bei offiziellen Anlässen konnte es geschehen, daß er plötzlich hinter den Gästen Grimassen schnitt oder in Damenkleidung zur Begrüßung erschien. Erzherzogin Sophie, die einen sehr regen Briefwechsel mit ihrer Mutter in Bayern führte, berichtete in ihren ausführlichen Briefen über ihren jüngeren Sohn:

»Ich muß sagen, daß unter den Buben Franzi von allen der Besterzogenste war ... Maxi aber gewann alle Herzen, ohne nur im mindesten schön zu sein, zieht er alle Welt durch seine stets wechselnde und Intelligenz verratende Physionomie, seine herzige kleine Gestalt und seine komische Art an. Es ist wahr, daß er für sein Alter außerordentlich fortgeschritten ist.«

Allerdings gab es auch des öfteren Probleme mit dem »sunny boy«, denn Maximilian kannte seine umwerfende Wirkung nur zu genau und nahm sich alles mögliche heraus, was die ehrgeizige Mutter keineswegs erfreute. Sophie berichtete nach München:

»Maxi ist sehr faul und schwätzt zu viel, weil seine lebhafte Phantasie ihn wider seinen Willen mit sich reißt. Er wird häufig ausgezankt, aber es ist, als spräche man zu einer Kuh. Doch ist er ein gutes Kind und gewinnt, leichtlebig wie er ist, allen Dingen die gute Seite ab ... Er ist ein guter kleiner Herzensjunge, aber sein Leichtsinn und seine Faulheit machen mir manchmal Sorge für die Zukunft. Wenn nur einmal etwas Ordentliches aus ihm wird! Bombelles, der ihn förmlich anbetet, ist guten Mutes, aber Coronini ist manchmal ganz verzweifelt. Maxi zeigt manchmal das Gehaben eines Lazzarone oder Pariser Gassenbuben, wohl weil das französische Blut von Lothringen her und das italienische aus Neapel die Oberhand über das meine gewinnen. Aber dafür besitzt er die Anmut und die tolle und ungestüme Einbildungskraft dieser beiden Nationen ... «

Mit seinem älteren Bruder gab es so manchen Raufhandel, weil der ernsthafte und ordentliche Franz Joseph öfter seine Spielsachen vermißte, obwohl er genau wußte, daß er sie an Ort und Stelle aufgeräumt hatte. Maxi war nun einmal ein enfant terrible, dem man aber nie böse sein konnte, da er nach allen Streichen, die er seinen Brüdern Franz Joseph, Karl Ludwig oder dem kleinen Ludwig Viktor spielte, die Geschwister so drollig um Verzeihung bat, daß bald alles vergeben und vergessen war. Nur mit seiner kleinen Schwester Anna, die schon bald, im Alter von nur viereinhalb Jahren, der Tod hinwegraffte, ging er vorsichtig wie ein kleiner Kavalier um, sie verschonte er weitgehend mit seinen manchmal derben Scherzen.

Maxi war ein Kind, das Liebe suchte und Liebe brauchte. Seine »Aja«, die Baronin Louise Sturmfeder, hatte vor allem seinen älteren Bruder besonders ins Herz geschlossen und war sehr betroffen, als Maxi ihr eines Tages sagte, daß er sie so lieb habe wie sie den Franzi.

Mit wachem und regem Geist verfolgte der heranwachsende Maximilian alles, was um ihn herum vorging. Er fühlte sich vor allem zur Kunst hingezogen, versuchte sich im Malen und Dichten und begann schon sehr bald selber Aufzeichnungen über alles, was ihn bewegte, anzufertigen. Als Zweitgeborener durfte er eine wesentlich freiere Kindheit als Franz Joseph verbringen, hatte nicht so viele Pflichten und mußte weniger Rücksichten nehmen. Er wurde auch nicht gezwungen, tagtäglich zu exerzieren und sich mit anderen militärischen Übungen, Paraden und Aufmärschen abzugeben, die ihn ebensosehr anödeten, wie sie seinen älteren Bruder begeisterten. Die Mutter berichtete über die verschiedene Auffassung ihrer älteren Söhne:

»Ich führte Franzi zur Truppenschau und kam aus dem Entzücken nicht heraus; er war genau so begeistert von den Kanonenschüssen, die ganz knapp in seiner Nähe abgegeben wurden, wie von dem Gewehrfeuer, das beim Plänkeln unmittelbar rund um uns erklang. Alle Militärs hatten, wie ich großes Vergnügen an seinem Mut. Bei der Defilierung war auch Maxi an seiner Seite, aber er schien sich eher zu langweilen, weil er sich aus militärischen Dingen so wenig macht, daß ich ihn zu den Manövern des folgenden Tages gar nicht mehr mitnahm. Franzi dagegen sagte nachher, er hätte in seinem Leben nichts Schöneres gesehen.«

Maxi hing lieber seinen Träumen nach, am liebsten in den prachtvollen Parks von Schönbrunn und Laxenburg, er genoß den Duft der Blumen und lauschte hingerissen dem Gesang der Vögel. Hier stellte er seine Lebensregeln auf, die er zu Papier brachte und die er, wo es nur ging, mit peinlicher Genauigkeit beachtete.

Schon sehr früh erkannten auch die Damen bei Hofe den Charme und die Liebenswürdigkeit des fröhlichen jungen Erzherzogs, und bald fanden sich viele Verehrerinnen ein, die von Maximilian bezaubert waren. Schon als Kind behandelte er die Mädchen nicht wie dumme Dinger, wie andere Buben, sondern verhielt sich als Kavalier, der sich schon sehr zeitig mit Heiratsabsichten trug. Seine Mutter berichtete, daß Maxi eines Tages die fixe Idee hatte, die kleine, neunjährige Adelaide Loewenstein zu heiraten. Er setzte sich hin und schrieb der Mutter des Mädchens in seiner unbeholfenen Kinderschrift einen Brief, in dem er ihr seine feste Absicht mitteilte. Die Fürstin verwechselte ihn aber mit seinem jüngeren Bruder Karl Ludwig, worauf er ihr erklärte, daß nicht sein Bruder, sondern er ihre Tochter liebe. Seiner Mutter Sophie gegenüber äußerte er sich unmißverständlich:

»Der Karl kommt doch nicht in Betracht, denn er ist ein dicker Braumeister. Ich aber bin ein dünner, schlanker Bräutigam.«

Ferdinand Maximilian entwickelte sich zu einem nicht unansehnlichen, schlanken jungen Mann mit blondem Haar und später blondem Bart. In seinem Äußeren und vor allem in seinen Augen lag etwas geheimnisvoll Schwärmerisches, Romantisches, das die Frauen anzog. Man spürte, daß er aus weichem Holz geschnitzt war, ohne aber unmännlich zu wirken. Er war nicht der Mann, der seine Männlichkeit zur Schau trug, der in letzter Konsequenz alle Dinge durchführte, die er plante oder ankündigte; er war ein Mann der Mitte, aber auch der Halbheiten, der im Vertrauen auf Treu und Glauben unter den Menschen mit halbgeschlossenen Augen durch die Welt ging und dabei die grausame Wirklichkeit nicht klar erkannte. Er gab sich seinen Illusionen hin – und mußte dies schließlich mit dem Leben bezahlen.

Als Zweitgeborener war er ein Erzherzog wie so viele andere auch, ein Schicksal, das für so manchen jungen Mann, der das sorgenfreie lustige Leben, ja das Nichtstun bevorzugte, einen besonderen Reiz haben konnte. Aber nicht für Ferdinand Maximilian, für den die Devise galt: »Nur in der Tätigkeit ist Glück.« Wie beneidete er Franz Joseph, der zum Regieren auserkoren worden war, nachdem im Jahre 1848 der kranke Oheim zu Gunsten seines Neffen abgedankt hatte! Der Bruder hatte nun einen beinahe zu großen Aufgabenbereich, in dem er etwas schaffen und leisten konnte; wie gerne hätte ihm Ferdinand Max schwierige Aufgaben abgenommen, wäre ihm mit Rat und Tat zu Seite gestanden! Aber Franz Joseph wollte keine Hilfe, vor allem nicht von Max. Längst hatte er bemerkt, daß sein Bruder bei der Wiener Bevölkerung ungewöhnlich beliebt war und achtete mit Argusaugen darauf, daß der Bruder nicht allzu oft in der Öffentlichkeit auftrat. Konnte man denn nicht eventuell einen Umsturz zugunsten Maximilians planen, vor allem nach der brutalen Niederschlagung der Revolution in Ungarn, die so viel böses Blut gemacht hatte? Franz Joseph war es am liebsten, den Bruder weit weg von Wien zu wissen, und dabei kam ihm die Vorliebe Maximilians für das Meer sehr zustatten. Schon als Kind hatte sich Max in Ischl, wo die Familie immer die Sommermonate verbrachte, nicht wohlgefühlt. Die hohen, steil aufragenden Berge rund um den Ort hatten den Knaben bedrückt. Er fühlte sich eingeengt und begrenzt. Er sehnte sich nach der unendlichen Weite, nach der grenzenlosen Freiheit, die er nur am Meer finden konnte. Wenn er als Erzherzog schon die Militärlaufbahn einschlagen mußte, so kam für ihn nur der Dienst in der Marine in Frage. Mit Begeisterung absolvierte er die auch für ihn geltende Grundausbildung auf den oft wenig komfortablen Kriegsschiffen und wurde schon 1854, als 22jähriger, zum Oberkommandierenden der Kriegsmarine ernannt. Maximilian hatte große Pläne mit dem »Stiefkind« der österreichischen Militärmacht; bis jetzt hatte man allen Truppengattungen mehr Augenmerk geschenkt als der Marine, aber unter seiner Leitung sollte es anders werden.

Das Meer lockte Maximilian hinaus in die Ferne. Er wollte fremde Länder sehen, fremde Kulturen kennenlernen. Er unternahm Reisen nach Griechenland, wo er staunend die großartigen Tempel der Antike bewunderte, er ging aber auch in Izmir an Land und sah dort voll Abscheu, wie auch noch im 19. Jahrhundert Menschen als Sklaven verkauft wurden. Tief beeindruckt suchte der Erzherzog die Stätte seiner Urahnen in Granada auf, wo er vor den Halbreliefs auf den Sarkophagen Johannas der Wahnsinnigen und Philipps des Schönen meditierte, die durch ihre Heirat das riesige habsburgische Weltreich begründet hatten. Hier in Spanien lernte Maximilian die große Liebe seines Lebens kennen, die bezaubernde Amalie von Braganza, der er schon nach kurzer Bekanntschaft sein Herz schenkte. Aber das Glück der beiden war nur kurz; Amalie starb schon ein Jahr später in Madeira an einem bösartigen Lungenleiden. Maximilian konnte Amalie ein Leben lang nicht vergessen und trug den Ring, den sie ihm als Zeichen ihrer Liebe und Treue gegeben hatte, bis zu seinem Tod bei sich.

Hatte der jüngere Bruder des Kaisers schon keine politische Aufgabe von Bedeutung zu erfüllen. so schien es doch günstig, den charmanten und wortgewandten Erzherzog an den europäischen Höfen seine Aufwartung machen zu lassen, um internationale Kontakte zu pflegen. Maximilian wußte vor allem die Herzen mächtiger Damen einzunehmen, wie zum Beispiel das der französischen Kaiserin Eugénie. Anders als die schöne Gemahlin Franz Josephs, Elisabeth, die sich um politische Angelegenheiten kaum kümmerte, außer wenn es um das Schicksal Ungarns ging, beeinflußte die kaum minder schöne Eugénie ihren Gemahl in vielen seiner Entscheidungen. Napoleon III., ein Neffe des großen Korsen, hatte als Frauenkenner der spanischen Schönheit Eugénie von Montijo nicht widerstehen können und sie, da sie anders nicht zu erobern war, kurzweg geheiratet. Freilich hinderte ihn diese Ehe nicht daran, weiterhin amourösen Abenteuern nachzugehen, und um die Eifersucht Eugénies zu besänftigen, wies er ihr immer mehr politische Kompetenzen zu. Eugénie hatte Geist und politischen Verstand, war aber trotzdem nicht davor gefeit, sich von attraktiven, charmanten Männern umgarnen zu lassen, die ihr den Hof machten, um ihre persönlichen Ziele zu erreichen. Besonders zuvorkommend und gutaussehend zeigte sich der Exilmexikaner José Manuel Hidalgo y Esnaurizar. Aus einer andalusischen Adelsfamilie stammend, die versucht hatte, in Mexiko ihr Glück zu machen, hatte Hidalgo das Land wegen der dort herrschenden chaotischen Zustände verlassen und die Stelle als zweiter Sekretär der mexikanischen Gesandtschaft in London angenommen. Als eleganter Mann von Welt ging er in den vornehmen Häusern aus und ein, und so war er auch bei der Gräfin Montijo in Spanien ein gern gesehener Gast gewesen, der vor allem die beiden jungen, schönen Töchter bezaubert hatte.

In den Augen Hidalgos hätte der Kaiser keine bessere Entscheidung treffen können, als Eugénie Montijo zu heiraten, denn er konnte seinen Einfluß auf sie immer mehr vergrößern, je länger sie verheiratet war. Er war es, der dem französischen Kaiserpaar zum erstenmal den Floh ins Ohr setzte, ein mexikanisches Kaiserreich zu gründen, der auf die unermeßlichen Reichtümer des mittelamerikanischen Landes hinwies, der davon sprach, wie sehr Frankreich seine Machtposition stärken könne, wenn es Einfluß in Mexiko hätte.

Was zunächst wie eine ferne Illusion erschienen war, gewann in den nächsten Monaten immer konkretere Gestalt. Als Maximilian seinen Antrittsbesuch bei den kaiserlichen Majestäten in Paris machte, wußten allerdings alle drei noch nicht, daß hier der Mann stand, der einst die Krone Mexikos tragen sollte. Napoleon III., ein keineswegs schöner oder auch nur ansprechender Mann, erschien dem jungen Erzherzog im ersten Augenblick wenig sympathisch, aber je länger er mit dem Kaiserpaar sprach, um so wärmer wurden seine Worte, um so mehr zeigte sich Max von Napoleon angetan. Als er schließlich nach Brüssel abreiste, hatte er das Gefühl, von einem lieben alten Freund Abschied zu nehmen.

In Brüssel erwartete man ihn schon ungeduldig; es gab Pläne, ihn mit der einzigen Tochter König Leopolds I. von Belgien zu verheiraten. Der belgische König aus dem Hause Coburg, der nach der Gründung des belgischen Staates 1831 inthronisiert worden war, ein aufrechter Mann und liebevoller Vater, der das Beste für seine Tochter Charlotte wollte, hatte von dem liebenswürdigen Habsburger schon viel Gutes vernommen, und alle Anzeichen sprachen dafür, daß das Mädchen mit ihm glücklich werden könnte.

Charlotte war ein sehr hübsches Mädchen; ihr eigener Vater bezeichnete sie stolz als die schönste Prinzessin Europas. Niemals sollte sie einen ungeliebten Mann heiraten müssen!

Aber das Glück schien den beiden hold; bald merkte Maximilian, daß das schlanke junge Mädchen mit dem kindlich runden Gesicht, den großen braunen Augen und dem vollen dunklen Haar einen unwiderstehlichen Reiz auf ihn ausübte, und obwohl Charlotte erst sechzehn Jahre alt war, sprach man schon bald von Heirat. Ein prekäres Thema war dabei die Mitgift der Prinzessin. Wenn auch Leopold seine Tochter über alles liebte, war ihm doch auch sein Vermögen lieb und wert; aber so gewinnend Maximilian sich auch sonst zeigen mochte, so hartnäckig war er, wenn es um finanzielle Angelegenheiten ging. Stück für Stück wurde dem König abgehandelt, so daß Charlotte schließlich eine beträchtliche Aussteuer mit in die Ehe brachte, neben dem Trousseau noch reichlich Schmuck, kostbare Gold- und Silbergegenstände und eine Landesdotation von 100.000 Gulden; von König Leopold jährlich 20.000 Gulden als sogenanntes »Spennadelgeld«; Kaiser Franz Joseph legte noch 100.000 Gulden dazu und schenkte daneben zur Hochzeit 30.000 Gulden. Maximilian äußerte sich nach den zähen Verhandlungen mit seinem zukünftigen Schwiegervater triumphierend:

»Ich tue mir ein wenig darauf zugute, dem alten Knauser schließlich doch von dem, was seinem Herzen am teuersten ist, etwas abgerungen zu haben.«

Als Schwiegersohn des belgischen Königs konnte Maximilian natürlich nicht ohne Aufgabe in der Welt herumreisen, dazu war auch seine junge Frau viel zu tatendurstig und ehrgeizig. Leopold wandte sich selbst an Franz Joseph und stellte ihm die Lage Maximilians vor Augen. Der Kaiser reagierte überraschend schnell, indem er seinen Bruder zum Generalgouverneur des Königreiches Lombardei und Venetien einsetzte, eines der unruhigsten Gebiete der Monarchie. Hier waren die italienischen Einigungsbestrebungen bereits mit großer Heftigkeit zu spüren, heimlich, dann aber ganz offen unterstützt vom französischen Kaiser. Die Lage begann für den neuen Generalgouverneur schon kurz nach seiner Ankunft gefährlich zu werden. Zwar brachte die Mailänder Bevölkerung dem jungen Paar anfangs Sympathien entgegen – Maximilian, zeit seines Lebens gegen die konservative Politik seines Bruders eingestellt, versuchte durch liberale Gesetze zum Wohle der Bevölkerung zu regieren –, aber man konnte trotz allem nicht übersehen, daß er eben ein Habsburger war. Gerade durch seine liberale Art konnte er den Aufständischen gefährlich werden. So fand er schließlich weder Rückhalt in Wien, wo man seine Anordnungen beinahe feindselig betrachtete, noch bei der Mailänder Bevölkerung.

Immer unerträglicher wurde die politische Situation für das junge Paar. Seiner Mutter Sophie schrieb Max im Herbst 1858 einen Brief, aus dem seine ganze Unzufriedenheit über die verkehrte Politik Wiens hervorging:

»... Wären nicht die religiösen Pflichten, ich wäre schon längst ferne diesem Land der Qual, wo man die Demüthigungen doppelt fühlt, eine that- und gedankenlose Regierung, die der Verstand vergebens zu vertheidigen sucht, repräsentieren zu müssen. Mit einem Gefühl tiefer Scham bin ich neulich nach Mailand hineingefahren, doppelt gedrückt und gedemüthigt durch die freundliche wohlwollende Art, mit der man uns beide persönlich, so zu sagen als respectable Privatpersonen, empfangen hat. Diese desavouierende Privatfreundlichkeit zeigt mir am besten die Lage der Dinge, zeigt meine Ohnmacht, zeigt aber auch, wie unverantwortlich die Regierung mit dem guten Willen der Masse umgeht. Eines hat man in Wien erreicht, wenn man das bezweckte, so hat man staatsmännischen Geist bewiesen, d. i. daß es keine Opposition mehr gibt. Wie ist dieses Wunder bewerkstelligt worden? Die Erklärung ist einfach; indem nun alle Navas, Archintos, Scottis, Militärs, Beamte, Geistliche etc. Opposition machen. Es ist nunmehr eine Stimme, die der Entrüstung und Mißbilligung, die durch das ganze Land hinzieht und der vis a vis ich allein und machtlos stehe; ich fürchte mich nicht, denn das ist nicht Sitte der Habsburger, aber ich schäme mich und schweige … Wir leben jetzt in einem kompletten Chaos und nur die vollkommene Ruhe, die ich meinen 26 Jahren zum Trotze zu affektieren suche, erhält noch das Ganze mit Ach und Krach; um mich hat alles Kopf und Mut verloren, und mitunter fange ich schon selbst an, mir die Frage zu stellen, ob das Gewissen es erlaube, den Anordnungen der Wiener blind Folge zu leisten …«

Schweren Herzens entschloß sich Maximilian, sich vorübergehend von seiner jungen Frau zu trennen und Charlotte zu ihrem Vater in Sicherheit zu bringen. Er selbst blieb in Mailand zurück und schrieb Charlotte im Winter 1858 folgenden Brief: »… Ich sitze hier festgebannt und einsam wie ein Eremit im weiten Palast von Mailand, um mich tanzt und schwirrt der Carneval, bei mir ist's still wie in der Charwochenzeit … Ich bin der verlachte Prophet, der nun Stück für Stück das auskosten muß, was er Wort für Wort den tauben Ohren vorausgesagt hat und auf den man nun, um die Ursachen vergessen zu machen, lostrommeln möchte, als sey er es, der durch falsche Milde oder zuckersüße Güte das Unheil heraufbeschworen habe. Die Welt ist komisch, sie vergißt ganz, daß der arme Prophet um all das gebeten hat, was man jetzt in der Todesangst machen möchte: die Verlegung der Universität Pavia, die Befestigung von Mailand, die Entfernung der schwachen Beamten, die Deportation etc. etc. Nur hat er es in ruhigeren Zeiten gewollt, wo es aus einem System hervorgehende Maßregel gegolten hätte. Solche Kraftmaßregeln mit wohltuenden Gesetzen gepaart, waren meinem Charakter nie fremd …

Zwei Gründe halten mich zurück. Die Pflicht, in schweren Augenblicken den mir anvertrauten Posten nicht zu verlassen, und die durch Angst und Nervosität hervorgerufenen Übergriffe so viel als möglich zurückzuhalten... Wo es brennt, da helfe ich bis zum letzten Augenblick und sollte ich mitten in den Flammen stehen; wo es gilt, den Karren der Mittelmäßigkeit mitfortzuwälzen, da spanne man andere Gäule ein.«

Maximilian mußte nicht lange warten, bis man diese Gäule gefunden hatte; seine Tage in Lombardo-Venetien waren gezählt. Mit Wehmut erkannte er die völlig verfehlte Politik, die von Wien aus immer noch betrieben wurde. Schon Anfang des Jahres 1859 wurde Maximilian als Generalgouverneur entlassen und die oberste Zivil- und Militärgewalt dem Grafen Gyulai übertragen, der die Fackel des Aufstandes gegen die verhaßten Österreicher nicht mehr löschen konnte. Die Schlacht von Solferino besiegelte das Schicksal der österreichischen Herrschaft, und Franz Joseph blieb nichts, als einen schnellen und günstigen Frieden auszuhandeln. Maximilian, der das Beste gewollt hatte und nichts mehr verhindern konnte, schrieb voller Resignation an seinen Schwiegervater:

»Es ist so traurig, unsere schöne und ehemals kräftige Monarchie durch Ungeschicklichkeit, Mißverständnisse und rätselhaftes Vorgehen immer mehr und mehr sinken zu sehen.« Wieder einmal stand Maximilian ohne Aufgabe da. Sein Tatendrang war zwar ungebrochen, aber er erkannte ganz genau, daß ihn der Bruder, wo es nur ging, zurückhielt und ihn mit nichts wirklich Entscheidendem beauftragte. Dabei hatte Max sich längst die Sympathien vieler Monarchen gewonnen; Königin Victoria von England war von dem jungen Habsburger hingerissen und hatte sich ihrem Vetter Leopold von Belgien gegenüber geradezu schwärmerisch über ihn geäußert. Auch das Verhältnis zu Napoleon III. und Eugénie war äußerst herzlich geworden; nur der eigene Bruder stand Maximilian nach wie vor mißtrauisch gegenüber.

Max und Charlotte beschlossen, Schoß Miramar in der Nähe von Triest als ihr zukünftiges Domizil ausbauen zu lassen und hier in der nächsten Zeit zu bleiben. In dieser herrlichen Gegend am tiefblauen adriatischen Meer wollte Maximilian Ruhe und Entspannung finden. Um Tag und Nacht an seine geliebte Seefahrt erinnert zu werden, ließ er das Schloß im Marinestil einrichten; er kümmerte sich auch selber um die Ausgestaltung und um die Anlage des Parks mit exotischen Pflanzen. Diese Tätigkeiten sollten ihn von seinem Schicksal ablenken, durch sie hoffte der tatendurstige junge Mann, Vergessen zu finden.

Auch wenn Maximilian selber zur Ruhe gekommen wäre, auch wenn er für sich selber eine Lebensgrundlage gefunden hätte: Charlotte konnte sich nie und nimmer mit der Rolle abfinden, die der Kaiserhof in Wien dem jungen Paar zugedacht hatte. Sie, die zuerst von Monat zu Monat, schließlich von Jahr zu Jahr auf Kindersegen gehofft und bittere Tränen geweint hatte, daß der Himmel ihr diesen Wunsch nicht erfüllte, brauchte eine Aufgabe, die ihr Leben sinnvoll machen konnte. Und sie wußte, daß auch ihr Mann nicht glücklich sein würde, ohne etwas Bleibendes zu leisten.

Um sich von seinen immer wiederkehrenden düsteren Gedanken abzulenken, unternahm Maximilian eine Forschungsreise nach Südamerika. Da der Komfort auf den Schiffen nicht dazu angetan war, auch einer Frau über Wochen ein halbwegs bequemes Leben an Bord zu ermöglichen, reiste Charlotte allein nach Madeira, während Max die »Novara« bestieg, sein Lieblingsschiff, um nach Brasilien überzusetzen. Triumphierend schrieb er, daß er es sei, der den echten Weitblick habe; er erforsche die Schönheit dieser Erde, bekäme Einblick in andere Länder und sitze nicht wie sein Bruder, der Kaiser, bloß mit dem Federkiel in der Hand hinter dem Schreibtisch. Nur er könne andere Kulturen und deren Menschen wahrhaft begreifen, da er nicht zu Hause hinter dem Ofen liege.

Während Ferdinand Max an Land ging, wurde in Europa über sein zukünftiges Schicksal entschieden, ohne daß er eine Ahnung davon hatte. Am französischen Kaiserhof hatten die Exilmexikaner immer mehr Einfluß gewonnen. Zu jeder Tages- und Nachtzeit empfing Eugénie den galanten Hidalgo und einen zweiten Exilmexikaner, Don José Maria Gutierrez de Estrada, der als Haupt der monarchistischen Partei sein Vaterland hatte verlassen müssen, als Benito Juárez an die Macht gekommen war.

Das mittelamerikanische Land war in den letzten Jahrzehnten, bedingt durch die abgrundtiefen sozialen und rassischen Unterschiede, von einer Krise in die andere getaumelt. Jeder, der die Macht an sich gerissen hatte, suchte sich selbst auf Kosten der Ärmsten der Armen zu bereichern, und dabei ging die katholische Kirche mit leuchtendem Beispiel voran. Hohe kirchliche Würdenträger rafften immer mehr Reichtümer für die Kirche, während die niedere Geistlichkeit das

armselige, kümmerliche Leben der Indianer teilte. Unüber-
brückbare Gegensätze zwischen den Weißen, die mit einer
Million die Minderheit im Lande bildeten, den drei Millionen
Mestizen und der indianischen Urbevölkerung machten eine
geordnete Politik unmöglich, und alle, die, wenn auch mit
guten Absichten, die Regierungsgeschäfte übernahmen, mußten scheitern. So glaubte man lange, nur eine kompromißlose
Diktatur könne das Land aus Chaos und Anarchie reißen,
aber jeder, der es versuchte, erlebte eine Niederlage. Erst der
aus ärmlichsten Verhältnissen stammende Indianer Benito
Juárez hatte mit seinen Parolen Anklang bei der Bevölkerung,
aber auch bei den liberal gesinnten Bürgern gefunden, freilich
erst, nachdem ein beträchtlicher Teil des Landes an die auf-
strebenden USA verloren gegangen war: das heutige Kalifor-
nien, Arizona, Teile von Utah, New Mexico und das reiche
Texas hatten ursprünglich zu Mexiko gehört.
Die besitzlose Masse hatte der »echte Azteke« Juárez, wie er
sich bezeichnete, dadurch gewonnen, daß er durch Gesetz
die Kirchengüter konfiszieren ließ, und als sich der Erzbischof von Mexiko und andere hohe Kirchenfürsten nicht
beugen wollten, ließ er sie einfach ausweisen. Die überhöh-
ten Auslandsschulden erklärte der Präsident für null und
nichtig. Einem wirtschaftlichen Aufschwung wäre nun wohl
nichts mehr im Wege gestanden, wäre ihm nicht aus den Reihen der Konservativen ein Gegner erwachsen: der frühere
Präsident Miguel Miramon. In jahrelangen Kämpfen sollte
das Land nicht mehr zur Ruhe kommen, weil Europa wieder
glaubte, in Übersee Schiedsrichter spielen und die Geschicke
eines Volkes leiten zu müssen, das in Benito Juárez einen
zwar skrupellosen und grausamen, aber am Schicksal seiner
Heimat interessierten Führer gefunden hatte. Der Indianer,
bis zu seinem zwölften Lebensjahr Analphabet war durch
Zufall einem reichen Kaufmann aufgefallen, lernte all das,

was er in der Kindheit versäumt hatte, nach und studierte Theologie. Mit seiner kleinen, dicklichen Gestalt und dem breitflächigen Gesicht, in dem nur die listigen, kalten Augen auffielen, wäre er der Prototyp des mexikanischen Klosterbruders gewesen, hätte er nicht bald erkannt, daß ihn die Lehren des Himmels weit weniger anzogen als die der Rechtsfindung. Mit leidenschaftlicher Energie und unendlicher Ausdauer schloß er sein Studium der Rechte in kürzester Zeit ab, um sich dann als Advokat niederzulassen. Rigoros kämpfte er sich vorwärts, scheute weder List noch Lüge, um sein Lebensziel zu erreichen: Präsident von Mexiko zu werden, was ihm 1861 schließlich gelang.

In Europa allerdings dachte man anders über das Schicksal Mexikos. Die Exilanten setzten alle Hebel in Bewegung, um den französischen Kaiser zu überzeugen, daß Frankreich einen Fuß auf mittelamerikanischen Boden setzen und im Verein mit England und Spanien einen Kaiser in dem alten Aztekenreich installieren müsse. Und wenn man mit Napoleon und vor allem mit Eugénie von Macht und Einflußnahme sprach, waren beide ganz Ohr; jeder war willkommen, der Pläne unterbreitete, wie der Ruhm Frankreich zu vergrößern sei.

Hidalgo war in den Privatgemächern der Majestäten inzwischen ständiger Gast. Zusammen schmiedete und verwarf man Pläne, wer als Kaiser von Mexiko in Betracht käme. Es war gar nicht so leicht, einen Angehörigen eines regierenden Hauses zu finden, der für dieses hohe Amt von Frankreichs Gnaden geeignet war. Schon lange vorher war einmal der Sieger von Aspern, Erzherzog Carl, der Bruder von Kaiser Franz I., im Gespräch gewesen, aber der klar denkende Realpolitiker hatte das Ansinnen rundheraus abgelehnt. Jetzt aber erinnerte man sich wieder an die österreichischen Erzherzöge und an den jungen Maximilian; der Donaumonarchie würde man keine selbstsüchtigen Ambitionen nachsagen, warum also nicht einen »Schattenkaiser« aus Österreich nehmen? Napoleon und Eugénie waren überzeugt, daß der handsame Prinz, der seinen tatendurstigen Ehrgeiz nur schwer verbergen konnte, für den Plan zu gewinnen sein müßte.

Hidalgo und Gutierrez hatten immer leichteres Spiel in Paris, da Gerüchte nicht verstummen wollten, daß ausländische Bürger durch Juárez zu Schaden gekommen wären, ja daß man ihnen ganz allgemein Repressalien angedroht hätte. Überdies munkelte man von Geheimverhandlungen mit den USA. Mit scheelen Augen sahen auch Spanien und Großbritannien auf die Vorgänge in Mexiko. Den Vereinigten Staaten war nicht mehr zu trauen, da es dort inzwischen über die Frage der Sklaverei zum blutigen Bürgerkrieg gekommen war. Wenigstens in Mittelamerika wollte man präsent sein, um nicht sämtlichen Einfluß in der an Rohstoffen so reichen Neuen Welt zu verlieren.

Der anfänglich zögernde Napoleon wich immer mehr dem Einfluß seiner Frau und begann konkret ein Eingreifen in Mexiko zu erwägen, allerdings immer mit dem Hinweis, daß er nur Truppen und Geld bereitstellen würde, »wenn England und Spanien bereit sind, hinzugehen und die Interessen Frankreichs es erfordern...«

Nachdem man sich schon mehr oder minder für das mexikanische Abenteuer entschieden hatte, trat man endlich an den Habsburger Hof heran und stellte die vorsichtige Frage, ob Ferdinand Max als Kandidat für den Kaiserthron in Frage käme. Anfangs stieß Gutierrez, der die Verhandlungen in Wien führte, auf skeptische Gesichter. Der österreichische Außenminister Graf Rechberg-Rothenlöwen berichtete dem Kaiser über die französisch-mexikanischen Vorschläge; Franz Joseph, der sich nie von übertriebenen Gefühlsregungen hinreißen ließ, wollte dem Bruder aber nicht vorgreifen und schickte Rechberg am 10. Oktober 1861 nach Miramar, um Maximilian selbst zu informieren.

Für den abwechselnd in Miramar oder auf Lacroma, einer kleinen Insel gegenüber von Ragusa (Dubrovnik), lebenden Maximilian taten sich plötzlich völlig neue Zukunftsperspektiven auf. Er, der Zweitgeborene, der kaum Aussicht hatte, jemals eine Krone zu tragen, sollte vom Schicksal dazu bestimmt sein, die Regierungsgeschäfte eines fremden Landes zu führen? Seinem Bruder jedenfalls gefiel der Plan gar nicht übel; Maximilian hätte eine Lebensaufgabe und war außerdem beruhigend weit weg von Wien! Allerdings erkannte der Kaiser mit klarem Blick, daß Maximilian das Abenteuer nur mit Unterstützung der beiden großen Seemächte Großbritannien und Spanien wagen und sich nicht allein auf die Gunst Frankreichs verlassen durfte. Außerdem sollte das mexikanische Volk selbst klar den Wunsch äußern, den Habsburger als Kaiser auf dem Thron zu sehen. Jedenfalls war Franz Joseph nicht gewillt, seinen Bruder mit Truppenkontingenten zu unterstützen; wollte Maximilian Kaiser werden, so mußte er selbst zusehen, wo er Hilfe her bekam. Prügel wollte er ihm dann keine in den Weg legen.

Maximilian war kaum mehr Herr seiner Gedanken und Gefühle. Einerseits lockte ihn die Krone mit magischer Gewalt, und Charlotte unterstützte die Idee mit wahrem Feuereifer, andererseits war auch ihm klar, daß das Abenteuer mit großen Schwierigkeiten und Opfern verbunden sein würde. Unschlüssig wandte er sich an seinen Schwiegervater Leopold um Rat, aber auch der belgische König konnte die Aussichten nicht beurteilen; die Lage in Mexiko sei zu verworren. Auf alle Fälle riet er dem Schwiegersohn, darauf zu achten, daß man ihm eine verläßliche Truppe zur Verfügung stellte; woher diese zu rekrutieren sei, wußte er allerdings selber nicht. Ende September 1861 schrieb Maximilian: »Man wird mich stets und in allen Gelegenheiten des Lebens bereit finden, für Österreich und die Machtstellung meines Hauses jedes, wenn auch noch so schwere Opfer zu bringen. Im vorliegenden Falle wäre das zu bringende Opfer ein doppelt so großes, sowohl für mich als für meine Frau, denn es hieße, sich von Europa und seinen Verhältnissen auf immer loszureißen. Unser Haus ist durch das Andrängen der jetzigen Zeitumstände in seinem ehemaligen Glanze verdunkelt; während die Coburgs Thron um Thron erringen, hat unsere Familie gerade in den allerletzten Zeiten zwei Souveränitäten verloren (Österreich Este in Modena 1860 und Toscana 1859).«

Während Maximilian von widerstreitenden Überlegungen zerrissen war, waren sich die europäischen Mächte durchaus noch nicht einig darüber, ob sie das von Frankreich vorgeschlagene abenteuerliche Unternehmen in Mexiko unterstützen sollten oder nicht. Großes Mißtrauen bewegte sowohl England als auch Spanien: Sollte man Napoleon III. und seinen anscheinend redlichen Absichten trauen? Schließlich wurde am 31. Oktober 1861 doch eine gemeinsame Konvention unterzeichnet, die einen Kompromiß darstellte. Kaum wurde dies bekannt, als sich Gutierrez mit einem schwülstigen, seitenlangen Schreiben an Maximilian wandte, um ihm sämtliche Vorzüge schmackhaft zu machen, welche die mexikanische Kaiserkrone für ihn bringen sollte. Und wie so oft ließ sich der Erzherzog von unseriösen Schmeichlern beraten, die nur auf ihren eigenen Vorteil bedacht waren. Menschenkenntnis war nicht die große Stärke des Erzherzogs, und bis zu seinem Lebensende hörte er lieber auf die zuckersüßen Worte von Menschen, die alles andere als sein Bestes wollten, und verschloß Augen und Ohren vor ehrlichen Warnern.

Auch sein belgischer Schwiegervater schaltete sich jetzt in die Diskussion ein und schrieb Maximilian folgende Zeilen:

»Mexiko muß das Prinzip selbst aussprechen ... Um das, was das Land selbst tun würde, dreht sich also zuerst die wichtigste Entscheidung, weil man dann erst Boden hat. Bis sich dies alles entwickelt, möchte es nöthig seyn, sich frey zu erhalten.«

Maximilian aber war in einer regelrechten Euphorie befangen, und als ihn auch noch der Papst, den er um seinen Segen gebeten hatte, zu dem Unternehmen beglückwünschte, waren die Würfel für ihn gefallen.

Anders sahen es die österreichischen Diplomaten. Der österreichische Botschafter in Paris, Fürst Richard Metternich, schrieb zweifelnd an Außenminister Rechberg:

»Wie viel Kanonenschüsse wird es wohl brauchen, um in Mexiko einen Kaiser einzusetzen und wie viele, um ihn dort zu erhalten.«

Auch Kaiser Franz Joseph machte sich nun seine Gedanken. Es galt die Erbfolge zu klären; Max stand immer noch an zweiter Stelle, und sollte Kronprinz Rudolf etwas zustoßen, dann rückte sein Onkel an die erste Stelle vor. Ein Kaiser von Mexiko, der gleichzeitig österreichischer Monarch war, erschien Franz Joseph absurd, und so ließ er ein Dokument ausarbeiten, das den Verzicht Maximilians auf die Thronfolge festlegen sollte.

Zwar hatte es auch in der österreichischen Geschichte schon Beispiele gegeben, daß ein Bruder dem anderen auf dem Thron folgte, aber das Verhältnis der beiden hatte sich in den letzten Jahren nicht verbessert, und für Franz Joseph war es eine Beruhigung, Max aus der Thronfolge ausgeschaltet zu wissen. Der Kaiser reiste selbst nach Venedig, um mit dem Erzherzog eine erregte Aussprache zu führen, ihm ins Gewissen zu reden und zu bedenken zu geben, daß er ihm als einzige Unterstützung ein Freiwilligenkorps zur Verfügung stellen wolle. Er warnte ihn auch, sich nicht nur auf die

Unterstützung Frankreichs zu verlassen, sondern auch auf der Hilfe Englands und Spaniens zu bestehen; schon hatte es den Anschein, als hätten beide Mächte die Absicht, das mexikanische Unternehmen nicht mehr ernst zu nehmen. Lord Russel hatte sich dem österreichischen Botschafter in London gegenüber unmißverständlich geäußert:

»Es ist möglich, daß Napoleon schließlich bei seiner Unternehmung übrigbleibt und Ihren Erzherzog auf den Thron setzt; aber in diesem Falle glaube ich, daß Sie die Dienste, die er Ihnen geleistet hat, teuer bezahlen werden, denn Sie wissen, daß er solche niemals umsonst leistet.«

Auch der österreichische Botschafter in Paris, Metternich, und Außenminister Rechberg hofften immer noch auf die Einsicht Maximilians; man unternahm alles, um den jungen Erzherzog von dem, wie viele glaubten, zum Scheitern verurteilten Unternehmen abzuhalten, ja England lockte ihn sogar mit der frei gewordenen Krone Griechenlands. Aber Maximilian war wie die Spinne im Netz Napoleons gefangen, konnte und wollte sich nicht mehr befreien. Er schlug alle wohlgemeinten Warnungen in den Wind, hörte nicht auf die beschwörenden Worte seiner Mutter und verschloß die Ohren vor den Ratschlägen des amerikanischen Konsuls in Triest, der dem Erzherzog mit deutlichen Sätzen seine Meinung sagte, daß »wer immer den Thron von Mexiko anstrebt, wenn er ihn wirklich erlangt, außerordentlich froh sein muß, wenn er mit dem Leben davonkommt«.

Napoleon ließ sein Opfer nicht mehr laufen. Er schilderte Maximilian das Unternehmen in den rosigsten Farben; zuviel hatte er schon investiert, als daß er sich einen Rückzug noch hätte leisten können. Anleihen waren gezeichnet worden, Truppenkontingente erstellt; in Paris handelte man so, als würden die Mexikaner nur darauf warten, daß der neue Kaiser mit Glanz und Gloria in ihrem Land einzog.

Dabei waren die beiden großen Parteigruppierungen in Mexiko nicht untätig geblieben. Unter der Führung des französischen Generals Bazaine war eine Nationalversammlung installiert worden, nachdem man den Botschafter in Paris, General Almonte, abgesetzt hatte. Juárez, der mit großer Heftigkeit und Grausamkeit gegen die konservativen Elemente kämpfte, hatte Niederlagen erlitten und mußte sich, knapp mit dem Leben davongekommen, in den Norden des Landes zurückziehen. Die provisorische Regierung und die Nationalversammlung handelten jetzt ganz im Sinne Napoleons und forderten Maximilian auf, die Krone Mexikos anzunehmen.

Mit einem Schlag waren dessen letzte Bedenken zerstreut, als Gutierrez mit einer mexikanischen Delegation bei ihm in Miramar erschien. Am 2. Oktober 1863 bat er den Erzherzog in überschwenglichen Worten, dem Willen des mexikanischen Volkes zu entsprechen und als Kaiser nach Mexiko zu gehen. Auch Almonte sandte einen schmeichlerischen Brief an Maximilian, in dem er den Erzherzog inständig bat, zum Wohle des Landes und des Volkes bald nach Mexiko zu kommen, ja, er unterstrich seine Worte noch mit Zahlen, die für sich sprechen sollten. Angeblich waren sechs der acht Millionen Mexikaner für Maximilian, die alle sehnsüchtig auf eine bessere Zukunft unter der weisen und gerechten Herrschaft Maximilians hofften.

Wie um sich selbst von seinen inneren Zweifeln zu befreien, schrieb Maximilian am 20. November 1863 auf einen Zettel: »Meine Individualität, wie sie mir Gott und die Natur gegeben, wie sie die Erziehung meiner Eltern und die Wechselfälle des Lebens ausgebildet haben, kann ich nicht ändern, auch ist eine solche Änderung von keinem Ehrenmanne festen Charakters zu fordern; man kann Fehler Gott zuliebe ablegen, aber das eigene, klar ausgeprägte ›Ich‹ wandelt niemand. Diese meine Individualität, dieses selbsteigene Etwas, entspricht nun nicht den Ansichten meines ältesten Bruders, dies hat er mich bei jeder Gelegenheit auf die unzweideutigste, schonungsloseste, ja oft kränkendste Weise fühlen lassen. Mein Freimut, mein burschikoses, offenes Wesen genieren, meine liberalen Ansichten schockieren ihn; meine ungebundene Zunge fürchtet, mein aufbrausendes Temperament erschreckt ihn, meine auf Reisen gesammelten Weltanschauungen erregen seine Eifersucht. Er ist der Herr, ihm ist die Macht, die mein strenges Rechtsgefühl jederzeit anerkennt; was bleibt mir also unter solchen Verhältnissen vom Standpunkte der Klugheit und des religiösen Gefühls übrig, als auszuweichen, ohne Kränkung und Ostentation mich zurückzuziehen. Dies habe ich seit dem unglücklichen Jahre 1859 redlich im friedlichen Miramar und im stillen Lacroma getan. Ich habe mich stets effaciert und hätte nur gewünscht, daß man auch mich immer in Frieden gelassen und meine Handlungsweise geehrt hätte. Nun tritt plötzlich der mexikanische Kronantrag an mich heran und mit ihm die Gelegenheit, auf ehrenhafte und gesetzliche Weise die schweren Bande einer tatenlosen Existenz, eines vergessenen Vegetierens auf immer zu lösen. Wer hätte da in meiner Lage mit dem Herzen auf dem rechten Fleck und in der Vollkraft des Mannesalters, an seiner Seite eine strebsame und tugendreiche Gattin, wer hätte da, sage ich, nicht mit beiden Händen zugegriffen!«

Vielleicht wollte Maximilian sein eigenes Gewissen beruhigen, die innere Stimme, die er in stillen Stunden hörte, zum Schweigen bringen, indem er den Bruder anklagte.

Je näher die Kronannahme rückte, um so dramatischer verliefen die Versuche, das junge Paar zu retten. Die Großmutter Charlottes, Amalie von Orléans, die im Exil lebte, flehte die Enkelin an, in Europa zu bleiben, und schloß ihr Schreiben mit dem schicksalsschweren Satz: »Sie werden euch ermorden!«

Napoleon war sich seines Sieges auf der ganzen Linie sicher, er hatte längst erkannt, daß Maximilian nicht der Mann war, der dem Glanz der mexikanischen Krone widerstehen konnte, daß man ihn mit Schmeicheleien und Gaukeleien völlig einspinnen konnte, daß er zu schwach war, um sich einem eisernen Willen zu widersetzen. Mit der starken Bindung Maximilians an das Haus Habsburg hatte er allerdings nicht gerechnet. Als der Erzherzog sah, daß Kaiser Franz Joseph unter allen Umständen auf der Verzichtserklärung bestand, die Maximilian ein für allemal seiner Rechte auch als österreichischer Erzherzog entbinden sollte, da begann sein Blut zu kochen, er trug sich sogar mit dem Gedanken, auf Mexiko zu verzichten. Franz Joseph sandte Maximilian folgendes Schreiben, das Klarheit verschaffen sollte:

»Lieber Herr Bruder Erzherzog Ferdinand!

Da Euer Liebden Ihrer Mir gemachten Mitteilung zufolge gesonnen sind, den Ihnen angebotenen Thron von Mexiko anzunehmen und daselbst mit Gottes Beistand ein Kaiserreich zu gründen, so sehe Ich Mich als Oberhaupt des Erzhauses und nach reiflichster und gewissenhaftester Erwägung der Mir obliegenden Regentenpflichten genötigt, Ihnen zu eröffnen, daß Ich zu diesem wichtigen und folgenschweren Staatsakte Meine Zustimmung nur unter der Bedingung erteilen vermag, daß Euer Liebden vorher die Abschrift beiliegende auf Ihre und Ihrer Nachkommen Thronfolge und Erbansprüche in Österreich bezüglichen Verzichtsurkunde ausstellen und feierlich bekräftigen. Sollten Euer Liebden sich hiezu nicht entschließen können und es daher vorziehen, die angebotene Krone auszuschlagen, so würde Ich es auf Mich nehmen, die Ablehnung dem Ausland und namentlich dem Französischen Kaiserhofe gegenüber zu vertreten.

Wien, den 22. März 1864   Franz Joseph«

Als Napoleon Gerüchte zu Ohren kamen, der Erzherzog wolle vielleicht doch noch auf den mexikanischen Thron verzichten, fuhr er schwerere Geschütze auf. Entrüstet schrieb er an Maximilian:

»Was würden Sie tatsächlich von mir denken, wollte ich, wenn Eure kaiserliche Hoheit schon in Mexiko sind, auf einmal sagen, daß ich die Bedingungen nicht mehr erfüllen kann, die ich mit meiner Unterschrift bekräftigt habe?«

Napoleon wies auf die großen Opfer hin, die man dem Erzherzog zuliebe schon gebracht habe, auf die Anleihe, die nun wertlos sein sollte, und appellierte vor allem an das Ehrgefühl Maximilians. Damit hatte er einen wunden Punkt berührt; alles konnte der junge Mann ertragen, nur keinen Zweifel an seiner Ehrenhaftigkeit. Für die Ehre gab er schließlich seinen Anspruch auf den Thron der Habsburger auf, für die Ehre verließ er Europa und seine Kultur, die er so sehr schätzte, für die Ehre wagte er sich in eine unsichere Zukunft, und für die Ehre ließ er schließlich sein Leben.

Am 9. April 1864 teilte Charlotte ihrem Vater mit:

»An den König von Belgien. Windsor.

Max hat angenommen. Gib uns Deinen Segen.

Charlotte.«

Napoleon und Eugénie hatten ihr Ziel erreicht, und das Schicksal Maximilians nahm seinen Lauf.

Noch einmal reiste Franz Joseph nach Miramar, um den Bruder ein letztes Mal zu sprechen, vielleicht auch ein letztes Mal zu warnen. Denn was die beiden in einem erregten Gespräch unter vier Augen hinter verschlossenen Türen diskutierten, wußte nicht einmal Charlotte. Der Kaiser hatte dem Bruder ein letztes Zugeständnis gemacht:

»Lieber Herr Bruder, Erzherzog Ferdinand Max!

Für den Fall, den der Allmächtige verhüten möge, daß Euer Liebden entweder freiwillig dem Throne Mexikos entsagen oder daselbst Verhältnisse eintreten sollten, welche Sie bestimmen würden, dieses Land wieder zu verlassen, glaube Ich jetzt schon Meiner brüderlichen Liebe entsprechend Euer Liebden die Zusicherung geben zu sollen, daß es einem solchen unerwarteten Falle meiner Fürsorge anvertraut bleiben wird, alles das zu veranlassen, was Ich zur Festsetzung Ihrer Stellung in Meinem Reiche als mit dessen Interessen vereinbarlich finden werde; so wie auch Ich nicht ermangeln will, in gleichem Falle diese Meine brüderliche Vorsorge auch auf Ihre Gemahlin, die Frau Erzherzogin Charlotte und Ihre Nachkommen zu erstrecken.

Wien, den 31. III. 1864   Franz Joseph«

Als wäre Franz Joseph plötzlich von einer bösen Ahnung befallen gewesen, drehte er sich, nachdem er schon formell Abschied von seinem Bruder und dessen Frau genommen hatte, plötzlich noch einmal um, ging auf Maximilian zu und schloß ihn unter Tränen in seine Arme. Dann wandte er sich wortlos um und bestieg den bereitgestellten Wagen.

Nachdem Maximilian sich offiziell bereit erklärt hatte, die Krone Mexikos anzunehmen, hielt er folgende Ansprache:

»Ich kann mich dank dem Ausspruch der Notabeln von Mexiko nun mit Berechtigung als Erwählten des mexikanischen Volkes betrachten. So ist die erste Bedingung erfüllt. Auch die Bürgschaften, von denen ich zur Zeit der ersten Anwesenheit der Deputation gesprochen, sind dank der Großmut des Kaisers der Franzosen nunmehr gegeben. Darum darf ich nun die Krone annehmen und werde mich bestreben, sie in unermüdlicher Arbeit für die Freiheit, die Ordnung, die Größe und Unabhängigkeit Mexikos zu tragen.«

Die Finger zum Schwur erhoben, sprach Maximilian den Eid auf die mexikanische Verfassung, »so wahr mir Gott helfe!« Beim anschließendem »Te deum« überkam so manchen der

230

Anwesenden ein heißes Gefühl der Rührung, und auch Charlotte konnte die Tränen kaum unterdrücken.

Für Maximilian begann nun sofort der Alltag eines Kaisers. Er unterzeichnete die ihm vorgelegte Militärkonvention, eine Anleiheakte über die Behebung von 200 Millionen Franken, weiters Dekrete über die Aushebung belgischer und österreichischer Freiwilliger, die ihm sein Bruder und sein Schwiegervater zugesagt hatten. Die Ernennung Almontes zu seinem einstweiligen Stellvertreter in Mexiko stand noch an, daneben mußten die diplomatischen Vertreter Mexikos in Europa berufen werden. Mit Feuereifer stürzte sich Maximilian in seinen neuen Aufgabenbereich, stundenlang überlegte er mit Charlotte, was noch vor der Abreise aus Europa anzuordnen wäre.

Nach den ungeheuren Anspannungen der vorangegangenen Monate und Tage kam es zum Zusammenbruch. Maximilian war nicht aus hartem Holz geschnitzt, und wenn er auch seine weichen Gefühle mit der Zeit zu verbergen verstand, so war er im Inneren zum Bersten gespannt.

Am Abend der Eidleistung war ein großes Bankett in Miramar geplant, wo der Kaiser der eleganten Welt seinen ersten Empfang geben sollte. Doch als schon die Lichter angezündet wurden und die erlauchten Gäste mit ihren Kaleschen eintrafen, als der Champagner in den Gläsern perlte und die Damen in ihren prunkvollen Toiletten gespannt nach dem neuen Kaiser Ausschau hielten, da überfiel Maximilian ein Gefühl der Ohnmacht, der Verzweiflung. Er war unfähig, sein Schlafzimmer zu verlassen; der herbeigerufene Arzt Dr. Basch stellte völlige Erschöpfung des Herrschers fest. Wie so oft rettete die energische Charlotte in ihrer bestimmten Art die Situation und vertrat ihren Mann als frischgebackene Kaiserin in wahrhaft kaiserlicher Würde. Aber die Abreise des Paares mußte verschoben werden, bis Maximilian sein

Gleichgewicht wieder gefunden hatte. Kurz bevor das Schiff in See stach, erreichte ihn noch eine letzte Depesche der Eltern aus Wien:

»Lebe wohl, unser Segen von Papa und mir, unsere Gebete und Tränen geleiten Dich, Gott schütze und geleite Euch, zum letztenmal lebe wohl auf heimatlicher Erde, wo wir Dich leider nicht mehr sehen sollten. Wir segnen Dich wiederholt aus tief betrübtem Herzen.«

Was es bedeutete, Kaiser zu sein, merkten Maximilian und Charlotte spätestens in Rom. Die Stadt und der Papst hatten alles nur Erdenkliche aufgeboten, um dem Kaiserpaar einen gebührenden Empfang zu bereiten. Charlotte konnte sich nicht genug in dem herrlichen Gefühl sonnen, wahrhaft bedeutend zu sein. So war es also, wenn man eine Kaiserin und keine kleine, unwichtige Erzherzogin war! Wie würde es erst im Mexiko sein, in dem Land, das sie so sehnlich erwartete!

Aber noch galt es, sich zu gedulden, noch stand die nicht ungefährliche Überfahrt über den Atlantik bevor. Aber das Meer zeigte sich von seiner besten Seite, und Maximilian und Charlotte hatten Muße, sich bereits Gedanken über die Organisation ihrer Kabinettskanzlei zu machen. Maximilian kannte die österreichische Verfassung genau und wollte so manchen, in Europa jahrhundertelang überlieferten Fehler von vornherein vermeiden. Modern und liberal wollte er regieren, aus den Krisen der vergangenen Jahrzehnte wollte er das Land in eine bessere Zukunft führen. Freilich, auf ein gewisses Zeremoniell würde man nicht verzichten können, und je länger die beiden überlegten, desto passender erschien ihnen das spanische Hofzeremoniell, das sie einst am Wiener Kaiserhof so gestört hatte. Zwischen Herrscher und Bevölkerung sollte nun einmal Distanz herrschen, gepaart mit tiefstem Respekt!

Die sechs Wochen auf See vergingen wie im Fluge, und als endlich Land in Sicht kam, standen die beiden Majestäten

Erzherzogin Charlotte. Gemälde von Isidore Pils

Maximilian und Charlotte als Kaiserpaar von Mexiko

erwartungsvoll an der Reling, um ihr Reich zu begrüßen. Aber bald wich die freudige Aufregung herber Enttäuschung. In Veracruz zeigte sich nur zerlumptes Bettelvolk in den schmutzigen Straßen, um einen stummen Blick auf den neuen Kaiser zu werfen. Eilig hatte man einen schäbigen Triumphbogen errichten lassen, ihn aber schlecht im Boden verankert, so daß ihn eine starke Windbö einfach umwarf. Ein paar angeheiterte Musikanten spielten mehr schlecht als recht ein Willkommensständchen, von dem einem die Ohren schmerzten. Enttäuscht zogen sich Maximilian und Charlotte, so schnell sie konnten, in den wartenden Wagen zurück, um die beschwerliche Fahrt von Veracruz nach Mexiko-Stadt anzutreten. Die schmutzige Tristesse der Hafenstadt wich nun einer blühenden exotischen Landschaft, von ferne sah man schneebedeckte Vulkane, und der Gesang der Vögel erfüllte die Luft. Staunend betrachteten die Indianer den Kaiser, er schien ihnen der lange angekündigte blonde Fürst zu sein, den sie aus ihren alten Überlieferungen kannten und der sie endlich in die Freiheit führen sollte. Freilich war die Fahrt nicht ganz ungefährlich; überall lauerten die Anhänger von Benito Juárez, die den Einzug Maximilians mit Argusaugen beobachteten und sofort an ihren Herrn Bericht erstatteten.

Maximilian hatte auf der Überfahrt begonnen, Spanisch zu lernen, und so konnte er, wenn auch mühselig, seine ersten Begrüßungsansprachen in der offiziellen Landessprache halten. Als die ersten spanischen Worte von seinen Lippen kamen, flogen ihm die Herzen zu, aber die Gesichter wurden immer länger, als er allzu oft den Namen Kaiser Napoleons erwähnte, der sich in Mexiko keiner besonderen Beliebtheit erfreute. Hatte man hier etwa einen Handlanger der Franzosen vor sich?

Der Einzug in die Hauptstadt gestaltete sich schon wesentlich freundlicher: Charlotte und Maximilian fuhren im offe-

nen Wagen durch die Stadt, dann folgte eine Blasmusikkapel-
le, der sich elegante Equipagen mit prachtvoll gekleideten
Mexikanerinnen und Mexikanern anschlossen; den Schluß
bildete ein Reiterzug mit herrlichen Pferden und reich
gewandeten Menschen. An den Straßen hatte man Wasserträ-
ger, Obdachlose und jede Menge Straßenjungen postiert, die
das jubelnde Volk repräsentieren sollten. Für ein paar Pesos
schrieen sie sich auch die Kehlen heiser, so daß das Kaiserpaar den Eindruck hatte, daß die Bevölkerung es wirklich
herzlich willkommen hieß.

Bitter enttäuscht aber waren die Leute vom Aussehen der
beiden; Maximilian trug bloß einen schlichten Reiseanzug,
Charlotte ein bescheidenes Reisekleid. Das Volk hatte sich
einen wirklichen, einen echten Kaiser mit der goldenen
Krone auf dem Kopf vorgestellt, in prunkvoller Robe; aber
einen Menschen wie du und ich zu sehen, das war entschieden zu wenig!

Auch Max und Charlotte erlebten eine Enttäuschung. Man
hatte für das Kaiserpaar den häßlichen Regierungspalast als
Wohnsitz vorgesehen, ein riesiges, düsteres Gebäude ohne
jeden Komfort, mit über hundert Zimmern, von denen aber
eines primitiver war als das andere. Charlotte glaubte ihren
Augen nicht zu trauen, als sie die Privatgemächer inspizierte
und an den Wänden allerlei Ungeziefer kriechen sah. Die
erste Nacht, die das Kaiserpaar in seinem neuen Domizil verbrachte, glich einem Alptraum. Mücken und Stechfliegen
belästigten beide sehr, auch die Betten waren voller Insekten,
so daß Maximilian sich in panischer Furcht aus dem Bett
flüchtete und sein müdes Haupt auf einen Billardtisch legte,
wo er versuchte, Schlaf zu finden.

Kaum hatte sich Maximilian von den Strapazen der Reise
und den Unannehmlichkeiten der neuen Behausung erholt,
da begann er auch schon mit großem Eifer mit der Regie-

rungsarbeit. Sein Hauptziel war es, den Parteienhaß zu begraben und einen Ausgleich zu schaffen. Außerdem war es notwendig, den Vertrag über die Schürfrechte der Franzosen aufzuheben, damit das Land sich finanziell erholen konnte. Daß die Maßnahme natürlich nicht im Sinne seines großen Gönners Napoleon war, läßt sich denken. Um Ruhe im Land zu schaffen, entschloß sich der Kaiser, eine Generalamnestie für politische Verbrechen auszusprechen, was ihm wiederum sehr viele Konservative verübelten. Auch daß die Zeitungen nicht mehr zensiert werden sollten, kreidete man ihm von Anfang an als ganz entscheidenden Fehler an.

Alles, was Maximilian im besten Glauben, mit den lautersten Absichten anordnete, stieß in weiten Teilen der Bevölkerung sofort auf Widerstand und Opposition. Keiner der Reichen war an einer grundlegenden Änderung der bestehenden Verhältnisse interessiert. Die Gruppe der Konservativen, auf die er sich stützen wollte, hielt nichts davon, auch andere in Machtpositionen gelangen zu lassen, und die Liberalen, die der Kaiser zur Regierung heranziehen wollte, waren ihm von vornherein feindlich gesinnt, da sie erklärte Anhänger von Juárez waren. Plötzlich merkten alle, daß Änderungen vor allem der Gesetze und der Finanzen in der Luft lagen, und jeder fürchtete für seine Pfründe.

Maximilian sah viel zu spät, da ihm sein Idealismus die Augen verschloß, daß die Richter bestechlich, die Offiziere ohne Ehrgefühl und der Klerus ohne jede Moral waren. Dazu kamen schon bald Streitigkeiten der mexikanischen Offiziere und Beamten mit den Franzosen. Bald vergaß man ganz, daß der Kaiser eigentlich aus Österreich stammte; Drahtzieher im Hintergrund war ja doch Napoleon.

Schon bald, zu bald, überwarf sich Maximilian mit einem wichtigen Machtfaktor in Mexiko, mit dem Klerus, da er nicht gewillt war, die von Juárez durchgeführten Enteignungen rückgängig zu machen. Wahrscheinlich unterschätzte er die Macht der hohen Geistlichkeit und ihren Einfluß auf die Bevölkerung. Maximilian vertraute auf den niederen Klerus und ahnte nicht oder merkte viel zu spät, daß er auf Leute ohne Ansehen gebaut hatte. Obwohl ihm der Papst selbst Vorhaltungen machte, konnte er sich nicht entschließen, den korrupten und verkommenen Geistlichen ihre Güter zurückzugeben. Und auch eine solche Aktion hätte ihm natürlich nur wieder Feinde geschaffen. Von allen Seiten erwuchsen dem Kaiserpaar neue Gegner. Mit scheelen Blicken sah man, daß Maximilian Umbauten im Schloß Chapultepec anordnete; er wollte aus dem Gebäude ein neues Schönbrunn erstehen lasse. Natürlich kostete das alles Geld, und der Kaiser konnte nicht auf eine reichlich gefüllte Privatschatulle zurückgreifen wie sein Bruder in Wien. Er wollte aus seiner neuen Hauptstadt eine Kulturmetropole nach europäischem Muster machen, mit Bibliotheken, Museen und Theatern. Aber auch diese Absichten verübelte man ihm und sah darin nur übersteigertes Geltungsbedürfnis.

In seinen Briefen nach Europa freilich schilderte Maximilian die Situation ganz anders; er lebte nach wie vor in der Illusion, daß sich alles bald ändern würde. So schrieb er an seinen jüngeren Bruder Karl Ludwig im Juli 1864 folgende Zeilen:

»Daß ich mit Arbeiten aller und jeder Art überhäuft bin, kannst Du Dir, lieber Bruder, denken; aber man arbeitet gern, wenn man Zweck und Dank sieht und die Hoffnung hat, seinem Nebenmenschen nützlich zu werden. Ich fand das Land viel besser, als ich es mir erwartete, die Verleumdungen der europäischen Presse unwahr und das Volk viel weiter fortgeschritten, als man es daheim glaubt. Unser Empfang war überall ein ungemein herzlicher und offener, bar jeder Komödie und jenes ekelhaften Servilismus, den man bei solchen Gelegenheiten sehr oft in Europa findet.«

Im fernen Österreich sollte man wissen, daß er und Charlotte mit der Entscheidung, die sie getroffen hatten, glücklich seien:

»Wir sind jetzt immer abwechselnd in der Stadt und auf dem Lande. In Chapultepec sind wir ganz allein und sehr zurückgezogen und leben noch stiller und einfacher als in Miramar. Übrigens geben wir auch in der Stadt sehr selten Diners, speisen fast immer allein und sehen abends nie jemanden, dies fordert Gott sei Dank der ernste Charakter der Mexikaner, eine Eigenschaft, die mir sehr behagt und mir viel Zeit zu wahrer Arbeit läßt. Diese sogenannten europäischen Unterhaltungen, wie Soireen, Theaterklatsch und so weiter, gräßlichen Angedenkens, kennt man hier gar nicht, und wir werden uns wohl hüten, sie einzuführen. Die einzige Unterhaltung des Mexikaners ist, auf seinem vortrefflichen Pferd in seinem schönen Lande herumzureiten und manchmal die Theater zu besuchen. Bälle sind auch selten, aber dann sehr schön und animiert, und mit wahrer Leidenschaft tanzt die hiesige elegante und sehr reiche Gesellschaft einen reizenden Nationaltanz, den Gräfin Melanie Zichy in Wien einführen will. Charlotte hat vierzehn unbesoldete Palastdamen, die alle Wochen ihren Dienst wechseln. Auch besitzen wir einen europäischen Stall für Stadt und Zeremonie und einen echt nationalen für das Land. Es würde Dich amüsieren, uns in unserer mexikanischen Equipage zu sehen, ein federleichter kleiner, offener Wagen, auf dem Bock der berühmte Leibkutscher mit einem riesigen weißen Hut, dem grünen Samtspenzer und den weißen Leinwandhosen, um die Schultern den dreifarbigen Poncho ... Wir finden uns schon beide recht gut in unsere neue Lage, wir haben Gottvertrauen und sind sehr zufrieden. Von allen Seiten hilft man uns in rührender Liebe, zurück sehnt sich weder Charlotte noch ich ...«

Vielleicht wäre alles gut gegangen, vielleicht hätte das mexikanische Volk doch allmählich die redlichen Absichten des
Kaisers erkannt, hätte es nicht von allem Anfang an Intrigen
gegen den neuen Herrscher gegeben und hätte sich Maximilian von zwielichtigen Beratern und falschen Freunden frei-
gemacht. Außerdem hatte sich die außenpolitische Lage
drastisch verändert; die Nordstaaten in den USA hatten den
Sieg über die Südstaaten errungen und angedeutet, daß aufgrund der Monroe-Doktrin (»Amerika den Amerikanern«)
eine reaktionäre Monarchie in Mittelamerika nicht akzeptiert
werden könne. Dazu kam, daß Österreich 1866 gegen
Preußen in der Schlacht bei Königgrätz eine vernichtende
Niederlage erlitten hatte, wodurch das Königreich Preußen
gewaltig an Ansehen und Stärke gewann. Frankreich und
Napoleon III., dessen Gesundheitszustand durch seine
unzähligen Liebesaffären sehr gelitten hatte, mußten fürchten, daß das nächste Ziel Preußens Elsaß-Lothringen sein
würde. Die Aktionen im fernen Mexiko hatten riesige
Löcher in den französischen Staatssäckel gerissen, trotz der
hohen Summen, die man aus dem Land gepreßt hatte, und in
der französischen Bevölkerung wurde die Frage immer
lauter, was eigentlich Napoleon bewog, den schwachen
österreichischen Kaiser in Mittelamerika immer noch mit
Soldaten und Geld zu unterstützen. Eugénie begann dem aal-
glatten Hidalgo, der sie in das unglückselige Abenteuer hin-
eingetrieben hatte, immer mehr zu mißtrauen und ihn
schließlich zu hassen.
Nun galt es nur eines: sich mit guter Miene aus Mexiko
zurückzuziehen, solange es noch nicht zu spät war. Von
Maximilian unbemerkt, gaben die Franzosen einen Ort nach
dem anderen auf, und kaum waren sie abgezogen, tauchten
sofort die Männer des Juárez auf, um blutige Rache überall
dort zu üben, wo kaiserliche Truppen stationiert gewesen

waren und die Bevölkerung sie toleriert hatte. Immer weiter marschierten sie aus dem Norden in Richtung Süden, ohne daß man sie entscheidend aufzuhalten vermochte. Maximilian versuchte die französischen Truppen durch österreichische und belgische Freiwilligenkontingente, denen man eine neue Existenz versprochen hatte, zu ersetzen; sie konnten aber dem Vormarsch der Gegner nicht Einhalt gebieten.

Maximilian verstand den Rückzug der Franzosen nicht; immer noch traute er unerschütterlich den Versprechungen Napoleons. Für den gutgläubigen Kaiser war die Vorstellung absurd, daß sein Partner wortbrüchig werden könnte. Was seinen wenigen echten Freunden längst sonnenklar geworden war, das konnte und wollte Maximilian nicht einsehen. Am 28. Juni 1866 schilderte der österreichische Gesandte die Situation in Mexiko:

»Überall erhebt der Juarismus sein Haupt, die eifrigsten Anhänger werden apathisch, des Kaisers Volkstümlichkeit von einst macht einer kalten, wenn auch respektvollen Gleichgültigkeit Platz, die Liberalen bleiben geschworene Feinde des Thrones, dem sie sich nur nähern, um ihn besser zu verraten.«

Wahrscheinlich erkannte Charlotte die verzweifelte Lage früher als ihr Mann, aber unter keinen Umständen war sie bereit, zuzugeben, daß er – zwar nicht durch eigene Schuld, aber durch widrige Umstände – Schiffbruch erlitten hatte. Nichts hatte geholfen, seine Position zu festigen und auszubauen, nicht einmal die Tatsache, daß sie, kinderlos, wie sie waren, den Enkel des einstigen Kaisers Agustín Iturbide an Kindes Statt angenommen hatten und ihn zum Thronerben ausrufen ließen. Im Gegenteil, es war bekannt geworden, daß die Mutter, eine gebürtige Amerikanerin, sich heftigst gegen die Adoption gewehrt und man den Knaben Salvador fast mit Gewalt dem Kaiserpaar überbracht hatte.

239

Je mehr sich die Situation zuspitzte, je offensichtlicher Frankreich seine Hand von Mexiko abzog, um so lauter wurden die warnenden Stimmen um Maximilian. Aber er wollte seinen drohenden Untergang auch dann noch nicht wahrhaben, als ein Schreiben vom 15. Januar 1866 aus Paris eintraf, in dem Napoleon seine Maske fallen ließ:

»Mein Herr Bruder!

Ich schreibe Euer Majestät nicht ohne peinliches Gefühl, denn ich bin gezwungen, Ihnen den Entschluß bekannt zu geben, den ich angesichts all der Schwierigkeiten, die mir die mexikanische Frage bereitet, fassen mußte. Die Unmöglichkeit, vom corps législatif neue Hilfsgelder für den Unterhalt des Armeekorps in Mexiko zu erlangen und die Erklärung Eurer Majestät, außerstande zu sein, selbst noch dazu beizutragen, zwingen mich, endgültig einen Schlußstrich für die französische Besetzung zu bestimmen ... Wenn Sie, woran ich nicht zweifle, die in diesen schwierigen Verhältnissen notwendige Energie zeigen, wenn Sie Ihre nationale und ausländische Armee festgefügt organisieren und durch Verwirklichung aller denkbaren Einsparungen Mittel finden, um die Hilfsquellen Ihres Kaiserreiches zu entwickeln, glaube ich, daß sich Ihr Thron festigen wird, denn der Abgang unserer Truppen wird zwar eine momentane Schwäche bedeuten, aber den Vorteil haben, den Vereinigten Staaten jeden Vorwand für eine Intervention zu nehmen ...

Euer Majestät guter Bruder Napoleon.«

Der »gute Bruder« hatte unter den fadenscheinigsten Entschuldigungen das Weite gesucht, als die Krise um Maximilian dem Höhepunkt entgegenging. Zwar hatten die USA schon seit längerem gedroht, keine Monarchie in Mexiko dulden zu wollen, aber für Napoleon war dies nun ein guter Vorwand.

Wütend antwortete Maximilian dem »guten Bruder«:
»Ziehen Sie Ihre Truppen augenblicklich zurück. Ein Habsburger wie ich wird mit Würde mit seinen mexikanischen Untertanen auszukommen versuchen. Ich werde meine Seele und mein Leben weiter meinem neuen Vaterland weihen!«
In der Zwischenzeit war der ganze Norden in Aufruhr geraten. Schon waren die Zufahrtswege nach Mexiko-Stadt vor den herumstreifenden Banden nicht mehr sicher, und lauter ertönte die Forderung nach einem harten Durchgreifen des Kaisers. Aber auch dazu konnte sich Maximilian nur schwer entschließen; zu sehr ließ er sich von seinen intriganten Beratern einlullen, die mit ihren unüberlegten oder vorsätzlich brutalen Taten die Lage nur noch mehr verschlimmerten. Wenige meinten es gut mit Maximilian und rieten ihm zur baldigen Flucht. Und beinahe wäre Maximilian bereit gewesen, sich über das Meer in die Heimat abzusetzen, wäre nicht Charlotte gewesen, für die eine Abdankung eines Kaisers aus freien Stücken undenkbar war. In einem Memorandum an ihren Mann schrieb sie:
»Abdanken heißt, sich verurteilen, sich selbst ein Unfähigkeitszeugnis ausstellen, und das ist nur annehmbar bei Greisen und Blödsinnigen, das ist nicht Sache eines Fürsten von vierunddreißig Jahren voller Leben und Zukunftshoffnungen. Die Souveränität ist das heiligste Besitztum, das es unter den Menschen gibt, man verläßt den Thron nicht, wie man aus einer Versammlung fliehen will, die ein Polizeikorps umschlossen hält. Im Augenblick, da man die Geschicke einer Nation übernimmt, tut man dies auf eigene Gefahr, und es steht einem nicht frei, sie zu verlassen. Ich kenne keine Lage, wo Abdankung etwas anderes wäre als ein Fehler oder Feigheit.«
Charlotte selbst wollte dazu beitragen, das Kaisertum und die Position ihres Mannes zu sichern und zu festigen. Sie

wollte im alten Europa um Hilfe bitten; vielleicht konnte man Napoleon mit guten Worten und Versprechungen doch noch dazu bringen, wieder Geld und Truppen zu schicken. Aber Charlotte hatte die Rechnung ohne den eiskalten Kaiser der Franzosen gemacht, der ihr klipp und klar erklärte, sie solle endlich aufhören, sich weitere Illusionen zu machen. Als abgewiesene, am Boden zerstörte Bittstellerin verließ Charlotte tief gedemütigt den Pariser Hof und mußte sich ihren Ärger und ihre Verzweiflung am 22. August 1866 vom Herzen schreiben:

»Innig geliebter Schatz!

...So kannst Du wenigstens darüber im reinen sein, für mich ist er der Teufel selbst, und bei unserer letzten Unterredung gestern hatte er einen Ausdruck, um die Haare in die Höhe stehen zu machen, er war hidos, und dies war der Ausdruck seiner Seele, die anderen sind Oberfläche. Also von Anfang bis zu Ende hat er Dich nie geliebt, weil er nicht liebt noch lieben kann, er hat Dich fasziniert wie die Schlange, seine Tränen waren falsch wie seine Worte, alle seine Handlungen Betrug .... In der alten Welt ist es ekelhaft und drückend … Im selben Weltteil wie Er kannst Du nicht sein, er würde Dich verbrennen zu Aschen …«

Völlig erschöpft verließ Charlotte Paris und suchte in ihrer Villa am Comersee Ruhe und Frieden; hier überfielen sie mit Macht die Erinnerungen an sorgenlose Tage, hier hatten Max und sie ihre Flitterwochen verbracht. Unendlich traurig schrieb sie folgende Zeilen nach Mexiko:

»Innig geliebter Max!

Aus diesem Lande so vieler Erinnerungen des Glückes und Genusses, der besten Jahre unseres Lebens, denke ich an Dich beständig und sende Dir diese Zeilen. Alles tut hier von Dir atmen, Deinen Comersee, den Du so gerne hattest, habe ich vor Augen mit seiner blauen Ruhe, alles ist dasselbe, nur Du bist drüben weit, weit, und beinahe zehn Jahre sind vorüber! Und doch, es kommt mir wie gestern vor, und diese Natur spricht mir nur von ungetrübtem Glück, nicht von Schwierigkeiten und Enttäuschungen. Alle Namen, alle Begebenheiten treten aus lang unbenützten Winkeln meines Gehirnes wieder hervor, und ich lebe in unserer Lombardei von neuem, als ob wir sie nie verlassen hätten, ich lebe in zwei Tagen diese zwei Jahre wieder, die uns so teuer waren. Ich möchte Dich nur hier sehen, die Leute sind so freundlich. Heute früh hörte ich die Messe am Grabe von San Carlo und besuchte den Dom, der in einem Nu sich mit Menschen füllte, es war nicht Neugierde, sondern dankbare Liebe, und hier in meinem Schlafzimmer fand ich, wahrscheinlich eigens hingestellt, Dein jugendliches Gesicht mit der Inschrift Gobernatore generale des Regno Lombardo-Veneto ... Hoffentlich, lieber Schatz, daß Du mit mir zufrieden sein wirst, denn ich habe ununterbrochen gearbeitet, für die Zwecke, die Du mir angegeben hast ... jetzt ist Mondschein und Gesang, es ist unaussprechlich schön«

Nicht nur Maximilian ging der Erfüllung seines traurigen Schicksals entgegen; auch Charlotte stand, was diese Zeilen nicht vermuten lassen, schon ganz nah am Abgrund.

Ende September 1866 wurde sie in Rom mit Glanz und Gloria empfangen, wie es sich für eine regierende Kaiserin gebührte. Aber Charlotte nahm das alles kaum wahr; ihr einziges Ziel war und blieb es, das Konkordat mit dem Vatikan, um das sich Maximilian und sie so lange vergeblich bemüht hatten, endlich zu erreichen und die Hilfe des Papstes für Mexiko zu erlangen. Aber auch in den Räumen des Vatikan, in denen man ihr höflich, aber äußerst zurückhaltend begegnete, hatte man für ihre Sorgen und Wünsche nur ein bedauerndes Achselzucken.

Da plötzlich fuhr ein alles zerstörender Blitz durch ihr Gehirn, dessen grelles Licht ihr den klaren Blick für die

Realität für immer nehmen sollte. Am 2. Oktober ließ sich Charlotte in den Vatikan fahren, nachdem sie schon tagelang nichts mehr von den Speisen, die man für sie zubereitet hatte, zu sich genommen hatte. Auf dem Weg dorthin befahl sie dem Kutscher, an einem der vielen römischen Brunnen zu halten; sie beugte sich nieder und schlürfte gierig das Wasser ein; alles andere schiene ihr vergiftet. Kaum war sie in den Räumen des Papstes, als sie vor dem Heiligen Vater auf die Knie fiel und ihn unter Schreien und Tränen anflehte, sie vor ihren Mördern, die sie Tag und Nacht verfolgten, zu schützen. Der Papst suchte sie zunächst mit tröstenden Worten zu beruhigen, erzielte aber nur den Erfolg, daß Charlotte ihn inständig bat, sie im Vatikan übernachten zu lassen, da sie sich nur noch in Gegenwart Seiner Heiligkeit sicher fühlen könne. Ihr Ansinnen brachte Pius IX. in arge Verlegenheit; es war bis dahin absolut unüblich, ja unmöglich gewesen, daß weibliche Wesen in den Räumen des Vatikan schliefen.

Charlottes seltsames Verhalten beunruhigte nicht nur ihre nähere Umgebung; allmählich wurde ihr Geisteszustand, der sich von Tag zu Tag verschlechterte, Tagesgespräch in Rom. Die mexikanische Kaiserin war anscheinend wahnsinnig geworden! Überall sah sie Mörder lauern, die nur darauf sannen, ihre Nahrung zu vergiften, die im geheimen Messer schliffen, um ihr Herz zu durchbohren. Ob Maximilian, ihr eigener Mann, vielleicht auch mit im Komplott war? Zum Heiligen Vater zu entkommen, war für die Kaiserin beinahe unmöglich, weil sie sich nicht getraute, ihr Zimmer zu verlassen. Ihre eigene Kammerfrau, der sie noch halbwegs Vertrauen entgegenbrachte, mußte lebende Hühner in ihr Zimmer bringen, die dann am Tisch angebunden, von der unglücklichen Palastdame eigenhändig geschlachtet und vor Charlottes Augen zubereitet werden mußten.

Bald wußte man sich in Rom keinen Rat mehr. Der Papst sandte ein Eiltelegramm an ihren Bruder, den Grafen von Flandern, er sollte die Unglückliche abholen. Aber auch dies war kein leichtes Unterfangen, Charlotte begann grell zu schreien, wild um sich zu schlagen und sinnlos zu toben, so daß man ihr eine Zwangsjacke überziehen mußte. Dann setzte man sie in aller Eile in einen Wagen, der sie auf schnellstem Wege nach Miramar bringen sollte. Ihr Testament hatte sie schon am 1. Oktober gemacht und gleichzeitig auch einen Abschiedsbrief an ihren fernen Gemahl verfaßt:

»Innig geliebter Schatz!

Ich nehme von Dir Abschied, Gott ruft mich zu sich. Ich danke Dir für das Glück, das Du mir stets gegeben hast. Gott segne Dich und mache Dir die ewige Seligkeit gewinnen.

Deine Dir treue Charlotte.«

Maximilian im fernen Mexiko konnte man den Zustand seiner armen Frau nicht mehr verheimlichen. Zu seinen politischen Sorgen kam noch die unfaßbar schreckliche Vorstellung, daß die geliebte Frau im Wahnsinn dahindämmern würde. Sie war seine Stütze in den vielen Stürmen gewesen, ihr hatte er grenzenlos vertrauen können, auf ihr Urteil hatte er sich stets verlassen. Die Berater, die ihn umgaben, waren Emporkömmlinge, Männer, die im Leben Schiffbruch erlitten hatten und sich jetzt mit Gewalt an den völlig verunsicherten Maximilian klammerten, wie etwa Pater Fischer, der nach Rom gesandt worden war, um das Konkordat mit dem Vatikan zum Abschluß zu bringen, aber nichts erreicht hatte. Jetzt wurde er zum bösen Geist für Maximilian, von dem sich der Kaiser in seiner Schwäche nicht befreien konnte. Alle verläßlichen Leute, die dem Kaiser immer und immer wieder zur Abdankung geraten hatten, wurden von Fischer systematisch ausgeschaltet, so daß Maximilian nur noch mit offenen Augen ins Unglück rennen konnte.

Unaufhaltsam waren die Soldaten von Juárez gegen Süden gezogen. Der Kreis um die kaiserlichen Truppen wurde immer enger, und bei der kleinen Stadt Querétaro erfüllte sich schließlich ihr Schicksal. In heldenhaftem Kampf hatte sich Maximilian selbst an die Spitze der Truppen gestellt und bei ihnen ausgeharrt, obwohl ihm durch persönliche Opfer der Weg zur letzten Flucht noch geebnet worden war. Aber ein Habsburger, dessen Tradition ihn zur Ehre verpflichtete, konnte nicht seine Leute bei Nacht und Nebel im Stich lassen und sich wie ein Dieb davonschleichen.

Nach 71 Tagen der Belagerung und des Kampfes fiel Querétaro, und der mexikanische Kaiser wurde von General Escobedo gefangen genommen. Der Sieger zeigte sich den Besiegten gegenüber zunächst überraschend ritterlich, und Maximilian bat Escobedo, ihn und seine Truppen abziehen zu lassen. Er verpflichtete sich, die fremden Soldaten aus Mexiko zu führen. Aber nicht Escobedo hatte die Macht nun in Händen, sondern sein Führer, der Herr über Leben und Tod, Benito Juárez. Und für diesen gab es nur einen Gedanken, den der Rache. Für ihn war Maximilian immer nur der Handlanger Frankreichs gewesen, der sich im fremden Land bereichern wollte, der Gesetze unterzeichnet hatte, die Tausenden das Leben gekostet hatten, der das Geld für seine Bautätigkeit mit vollen Händen zum Fenster hinausgeworfen hatte, der das mexikanische Volk, sein Volk, ausgeplündert und verhetzt hatte. Gründe genug, um Maximilian einen Prozeß wegen Hochverrat zu machen.

Ein Gerichtshof aus einem Stabsoffizier und sechs jungen Hauptleuten wurde eingesetzt, die alle natürlich im Sinne ihres Befehlshabers Recht sprechen würden. Der Prozeß begann am 12. Juni 1867 im städtischen Theater; auf der Bühne nahm der Gerichtshof Platz, vor ihnen die Angeklagten, neben Maximilian seine treuesten Offiziere.

Bis zum letzten Moment hatte man gehofft, der Kaiser werde nur zu lebenslänglicher Verbannung verurteilt werden. Aber Juárez war kein Mann der Halbheiten; für ihn gab es als Sühne und Strafe nur den Tod.

Von allen Seiten trafen jetzt Bittgesuche um Begnadigung ein. Die schöne Gräfin Salm, eine der wenigen Personen, auf die sich Maximilian blindlings hatte verlassen können, wollte sogar ihre Ehre opfern, um einen Wachesoldaten durch das Versprechen auf eine Liebesnacht mit ihr dazu zu bewegen, Maximilians entkommen zu lassen. Aber alle Aktionen erwiesen sich als Fehlschlag; für den Kaiser gab es keine Rettung mehr. Am 16. Juni um 11 Uhr wurde das Todesurteil verlesen, aber die Hinrichtung im letzten Moment noch um drei Tage verschoben. Auch Preußen trat nun auf den Plan und bat Juárez mit Hinblick auf die hohe Verwandtschaft Maximilians um dessen Begnadigung. Aber so gut man es gemeint hatte, so gegenteilig war die Wirkung. Juárez sonnte sich in seiner Macht, die er nun über das älteste Kaiserhaus der Welt ausüben konnte.

Im schwarzen Anzug erklomm Ferdinand Maximilian, der einst so fröhliche und zu allen Späßen aufgelegte Maxi, der Bruder des Kaisers von Österreich, der Schwager des belgischen Königs, der Ritter des Goldenen Vlieses, den Hügel, auf dem die Todesschützen schon postiert waren. Aufrecht und ohne Furcht stand er mit seinen beiden letzten Generälen Miramon und Mejia und erwartete die Schüsse, die ihm den Tod geben sollten. Als die Gewehre abgefeuert wurden, stieß Maximilian das Wort »hombre« (Menschensohn) aus. Aber die Schützen hatten mit zitternden Händen schlecht getroffen; Maximilian wälzte sich nach fünf Kugeln in seinem Blut, und erst ein sechster Schuß, aus nächster Nähe direkt ins Herz abgegeben, beendete sein Leben und eines der sinnlosesten Abenteuer der neueren Geschichte.

Den Leichnam des Kaisers balsamierte man schon an Ort und Stelle ein und brachte ihn mit der »Novara« nach Europa, zurück nach Wien, in seine Heimatstadt, wo er unter großer Anteilnahme der Bevölkerung und unter den heißen Tränen seiner Mutter in der Kapuzinergruft beigesetzt wurde.

Schaurig hallten noch lange die gellenden Rufe einer verzweifelten, geistig umnachteten Frau durch die düsteren Gänge des Schlosses Bouchout in Belgien, wohin man die unglückliche Charlotte gebracht hatte. Sie hatte vom Tod ihres Gemahls kaum Notiz genommen; selbst in den seltenen Augenblicken, in denen sich ihr verdunkeltes Gemüt etwas erhellte, konnte sie seine ganze Tragik nicht erfassen. Jahrzehntelang sollte sie noch dahindämmern, von aller Welt vergessen, bis sie der Tod erst im Jahre 1927 von ihrem traurigen Schicksal erlöste.

Erzherzog im Zwielicht

JOHANN ORTH

»Ich werde sterben, ohne tot zu sein, denn ich bin der Nichtigkeiten des Lebens müde und gedenke, eine neue Laufbahn zu beginnen...«

Mit diesen Worten verabschiedete sich Erzherzog Johann von der Gräfin Larisch, nachdem sie ihm nach dem schrecklichen Tod des Kronprinzen eine Kassette ausgehändigt hatte, wie von Rudolf zu Lebzeiten verfügt. In aller Heimlichkeit hatte die Übergabe stattgefunden, wichtige Dinge schien die Schatulle zu enthalten, die, wären sie vor der Tragödie von Mayerling von den kaiserlichen Spitzeln entdeckt worden, Thronfolger wie Erzherzog größten Unannehmlichkeiten und peinlichen Verhören ausgesetzt hätten.

So vermutete zumindest Marie Larisch, Freiin von Wallersee, die Cousine Rudolfs, in ihren Memoiren. Was wirklich in der Kassette war, wohin ihr Inhalt verschwand und welche Rolle Rudolf und Johann in ihrer Hoffnung auf Macht und Ruhm gespielt hatten, ist bis heute nicht restlos geklärt. Verständlich, daß es in der Gerüchteküche brodelte und man die abenteuerlichsten Spekulationen über die wahren Hintergründe von Rudolfs Tod anstellte. Einig war man sich schon bald darin, daß die Schüsse von Mayerling kein Romeo-und-Julia-Drama beendet hatten; viel mehr verbarg sich dahinter, und man hätte sicherlich die Rolle, die Johann gespielt hatte, besser durchschauen können, wären die von allerhöchster

249

Stelle befohlenen Vertuschungsaktionen nicht von derart akribischer Perfektion gewesen. Alles irgendwie belastende oder kompromittierende Material war verschwunden.

Dabei hatte die beiden jungen Männer, den hochnervösen, sensiblen Kronprinzen Rudolf und seinen robusten Vetter Johann aus der Toskana-Linie des Hauses Habsburg, in Wahrheit keine wirkliche Freundschaft verbunden. Zu unterschiedlich waren die beiden, ihre Stellung am Hof, ihre persönlichen Aufgaben, zu verschieden ihre Lebenseinstellung, wenngleich sie sich in manchen Ansichten über die Probleme der Zeit und Politik trafen. Eigentlich hätten sie sich sympathisch sein müssen, denn sowohl Rudolf als auch Johann liebten die Traditionslosigkeit, das Spontane, das Unkonventionelle, beide ruhten sich nicht auf den Gepflogenheiten des Althergebrachten aus, und beide suchten einen neuen Weg für eine bessere Zukunft. Aber vielleicht waren es gerade die vielen Gemeinsamkeiten, die die beiden in einer Art Haßfreundschaft zugleich verbanden und trennten.

Wer derjenige war, der Streit und Auseinandersetzungen suchte, ist leicht festzustellen: Erzherzog Johann Nepomuk Salvator beneidete den Kronzprinzen ein Leben lang um das Privileg seiner Geburt und war es schon bald leid, zusehen zu müssen, wie Rudolf jedes Vorrecht eingeräumt wurde, nur weil er der Sohn des Kaisers war. Der Erzherzog glaubte vieles besser zu verstehen als der Thronfolger und ließ dies Rudolf auch deutlich spüren. Johann Salvator hatte andere Vorstellungen von der Verantwortung eines Thronfolgers der österreichisch-ungarischen Doppelmonarchie. Er mußte erleben, wie der Kronprinz die Jahre verstreichen ließ, ohne eine echte Aufgabe zu finden, mußte allerdings auch erkennen, daß der Kaiser nach wie vor alle Fäden in der Hand hielt, daß er auch nicht im entferntesten daran dachte, Rudolf an der Regierung zu beteiligen. Und außerdem konnte es Johann nicht verborgen bleiben, daß sich zwischen Vater und Sohn ein ernster Konflikt anbahnte. Ein Mann wie Franz Joseph konnte auch beim besten Willen nicht in der Lage sein, einen so völlig anders gearteten Sohn zu verstehen. Alles, womit sich Rudolf beschäftigte, mißbilligte der Kaiser, und so war es beinahe gefährlich, zu eng mit dem Kronprinzen bekannt oder befreundet zu sein.

Erzherzog Johann hatte wahrscheinlich in dieser Hinsicht kaum Bedenken, denn Kontroversen mit dem Kaiser gehörten für ihn fast zur Tagesordnung. Was immer er unternahm, Franz Joseph oder seine Vertrauten fanden auf jeden Fall ein Haar in der Suppe. Trotzdem brachte der Monarch dem ungebärdigen jungen Mann gegenüber lange Zeit große Geduld auf, denn außer Ermahnungen oder zeitweiligen Strafversetzungen hatten die oft unüberlegten Handlungen des Erzherzogs kaum ernste Konsequenzen. Vielleicht fühlte sich Franz Joseph für den ungestümen, undurchsichtigen jungen Mann auch mitverantwortlich, der nach der Vertreibung seines Vaters aus der Toskana 1859 in den sicheren Schoß der kaiserlichen Familie zurückgekehrt war.

Als siebenjähriges Kind hatte Johann Salvator miterleben müssen, wie seine Familie Florenz Hals über Kopf verließ. Für seinen Vater, Großherzog Leopold II., bot sich keine Möglichkeit mehr, das Land weiter zu regieren, als Italien sich mit Riesenschritten der staatlichen Einheit näherte. Leopold II. war Diplomat genug, seinen Thron gütlich zu räumen und mit seiner Familie nach Österreich zurückzukehren. Übertriebene Freude strahlte sicher nicht aus dem Gesicht des Kaisers, als sich ein weiterer Exmonarch unter seinen Fittichen einfand. Allmählich entwickelte sich Österreich zu einem Dorado für abgedankte Hoheiten, die den Staatssäckel belasteten, da laut Familiengesetz jedem Mitglied eine beachtliche Apanage zustand. Und man war nun einmal daran gewöhnt, standesgemäß zu leben, keiner dachte daran, sich auch nur im mindesten einzuschränken. Der Kaiser aber hatte eine Aufgabe mehr zu bewältigen, galt es doch dafür zu sorgen, jedem männlichen Sproß einen entsprechenden Posten in der Armee zur Verfügung zu stellen. Junge Leute brauchten eine Lebensaufgabe, und die sah der Monarch einzig und allein in dieser Institution.

Groß, zahlreich und unübersichtlich war die Familie der Habsburger in den Jahrzehnten des 19. Jahrhunderts geworden. Die vielen Kinder Maria Theresias und Franz Stephans von Lothringen hatten mit ihren Sprößlingen den Grundstein für eine umfangreiche Sippe gelegt, und es war selbst für Eingeweihte schwierig, die einzelnen Linien der Dynastie auseinanderzuhalten und ihre Mitglieder dem Rang und der Stellung nach richtig einzuordnen. Der Pater familias aber war und blieb der Kaiser, ohne seine Zustimmung konnten die jungen Erzherzöge und Erzherzoginnen nichts von Bedeutung unternehmen. Und das, was sie unternahmen, trug ihnen hin und wieder kaiserliche Strafpredigten ein. Der Dienst für das Vaterland fiel den jungen Herren nicht schwer, solange sie in der Nähe der Hauptstadt stationiert waren. Vergnügungen und Abwechslungen gab es da mehr als genug, und oftmals zog ein fescher Erzherzog die Chambres séparées dem Exerzierplatz vor, um dort seine Ruhmestaten zu begehen. In den jeweiligen Cercles galt es als »fesch«, möglichst viele Liaisons zu haben, niemand brach den Stab, auch wenn die »Helden« verheiratet waren, im Gegenteil, leichtlebige Damen und Dämchen sahen es als geradezu Sport an, einen Angehörigen des Kaiserhauses zu becircen. Franz Joseph sah das Treiben mit Mißfallen, und es setzte manche Strafpredigt, aber letztlich fruchteten solche Ermahnungen wenig oder gar nichts.

Und nun war also auch die umfangreiche Familie Leopolds II. zurückgekehrt, der Herzog und seine Gemahlin Maria Antonia mit vier Söhnen und einer Tochter. Viel hatte die Familie aus dem Palazzo Pitti nicht mitnehmen können, lediglich die Juwelen hatte man vorsorglich in einer unscheinbaren Schachtel versteckt. Die kostbaren Pretiosen sollten eine finanzielle Grundlage im fernen Exil bilden.

Leopold II. und seine Frau ließen sich in Böhmen nieder, einige Söhne wurden vom Kaiser in andere Landesteile geschickt. So lebte der Älteste, Ferdinand, in Salzburg, wo er ein eher beschauliches Dasein als begeisterter Esser und Trinker führte. Seine große Liebe galt der Seefahrt, und wahrscheinlich bedauerte »Nando«, wie man ihn in der Familie nannte, ein Leben lang, daß er nicht Admiral der k.u.k. Flotte geworden war. Nun ab und zu zeigte er sich in Wien und erheiterte selbst die melancholische Kaiserin Elisabeth mit seinen Späßen und mit seiner Begabung, den Hanswurst zu spielen. Der für die Scherze Nandos sehr zugängliche Kaiser schenkte dessen Familie jedesmal, wenn ein neuer Sproß das Licht der Welt erblickte, ein kostbares Perlengeschmeide. Die ironische Kaiserin vermerkte dann lakonisch: »Der Perlenfischer wird bald eine hübsche Sammlung von Perlen und Kindern haben.«

Erzherzog Johann Salvator war der jüngste Sohn des Großherzogspaars, der Liebling der Mutter, die ihm unendlich viel bedeutete und der er ein Leben lang die rührendesten Briefe schrieb, die größtenteils erhalten sind. Alles, was ihn bewegte, teilte er Maria Antonia mit und fragte sie in schwierigen Situationen immer um ihren mütterlichen Rat. Dabei mußte Maria Antonia erkennen, daß ihr Sohn schwer zu lenken war, daß er schon sehr bald unkonventionelle Vorstellungen vom Leben und seiner Zukunft entwickelte (die Linie Toskana galt allgemein als exzentrisch), daß er trotz seiner hervorragenden Anlagen nicht fähig war, sich zu disziplinieren. Es mußte die strenggläubige Mutter schmerzlich stimmen, als sie merkte, daß Johann wohl religiös war, nicht aber von jenem tiefen Gottvertrauen beseelt, von dem sie glaubte, daß es allein den Menschen glücklich machen könne.

Schon bald, im April 1864 – Johann war damals noch keine zwölf Jahre alt –, holte der Kaiser den jungen Erzherzog an den Hof und befahl ihn unter die Fittiche des ältesten Erzherzogs, Albrecht. Franz Joseph hätte wahrscheinlich keinen Mann finden können, dessen Wesen dem ungestümen Jungen mehr entgegengesetzt war. Der starre Militarist, dem Ordnung und Tradition alles bedeuteten, konnte den jungen Mann niemals verstehen, der die deutsche Literatur ebensosehr liebte wie die Malerei und besonders die Musik. Er fand keinen Zugang zu seinem Zögling, weil er menschlich dazu nicht in der Lage und ihm die Welt der Kunst völlig verschlossen war. Johann versuchte sich auch selbst als Komponist; einige seiner Werke schickte er an den berühmten Walzerkönig Johann Strauß. Der Meister beriet den begabten jungen Mann bei seinen weiteren kompositorischen Versuchen freundschaftlich und dirigierte bei einem Konzert sogar einen Walzer Johanns, der unter dem beziehungsreichen Pseudonym Johann Traunwart erschienen war.

Unliebsames Aufsehen erregte Johann am Kaiserhof zum erstenmal, als bekannt wurde, daß er während einer Italienreise Kontakte mit der neuen Regierung König Viktor Emanuels II. aufgenommen hatte. Helle Empörung herrschte in Wien, als man davon erfuhr. Ausgerechnet der Sohn des aus der Toskana vertriebenen Großherzogs sprach im Quirinal vor! Und dies ohne Wissen und Genehmigung seines kaiserlichen Herrn! Politik hatte nur der zu machen, der von Franz Joseph extra dazu aufgefordert worden war und das war sicherlich kein kleiner, unbedeutender Erzherzog!

Aber Johann Salvator ließ schon sehr früh erkennen, daß er gerade dies nicht sein wollte: einer, der auf Staatskosten ein feines Leben führte, wie es so viele seiner Verwandten taten. Er wollte selbst die Fäden ziehen, er war nicht der Typ des Mannes in der zweiten Reihe, und um sich eine Position zu verschaffen, waren ihm beinahe alle Mittel recht.

Aus Rom zurückgekehrt, wurde er sofort zum Rapport in die Hofburg bestellt, wo ihm der Kaiser ernstliche Vorhaltungen machte. Johann hörte sich alles mit gespielter Ruhe an, aber in seinem Inneren brodelte es. Wie sollte er den Kaiser davon überzeugen, daß es ihm einfach zuwenig war, nur ein kleiner Befehlshaber innerhalb der k.u.k. Armee zu sein? Daß ein junger Mann aus kaiserlichem Geblüt auch höhere Ambitionen haben, anderweitig interessiert sein könnte, kam Franz Joseph wahrscheinlich gar nicht in den Sinn. Die mit Soldaten aus allen Teilen der Monarchie bestückte Armee brauchte tüchtige, verläßliche und kaisertreue Befehlshaber, und die rekrutierte man am besten aus Mitgliedern der eigenen großen Familie.

Erzherzog Johann war allerdings trotz seiner schöngeistigen Neigungen auch Soldat mit Leib und Seele, und vielleicht sah er gerade deshalb mit um so wacherem Auge die Fehler und Schwächen, die sich im k.u.k. Heer allmählich nur allzu deutlich zeigten. Disziplin und absoluten Gehorsam forderten die Offiziere von der Mannschaft, Eigenschaften, auf die sich der Soldatenstand seit alten Zeiten stützte; daß dabei aber der Willkür Tür und Tor geöffnet wurden, mußte der Erzherzog an allen Ecken und Enden feststellen. Und er hielt mit heftiger Kritik an sinnlosen Schikanen nicht hinter dem Berg. Als Praktiker und Theoretiker bemängelte er den harten Kasernenhofdrill, der wichtiger zu sein schien als die Ausbildung der Soldaten in moderner Angriffs- und Verteidigungstaktik. Für ihn war es purer Sadismus, daß zum Beispiel Offiziere

mit weißen Rehlederhandschuhen die Bettgestelle der Soldaten auf Sauberkeit überprüften und die Unglücklichen mit
Ausgangssperren und Arrest bestraften, wenn sich auch nur
eine Spur Staub fand. Johann analysierte die Schlachten, die
das kaiserliche Heer in den letzten Jahren geschlagen und
auch verloren hatte, und stellte dabei fest, daß man vieles
hätte anders, besser machen können. Er nahm Kontakt mit
der Presse auf und veröffentlichte eine Schrift mit dem Titel
»Betrachtungen über die Organisation der österreichischen
Artillerie«. Eine weitere Publikation Johanns, »Drill und
Erziehung«, die nach einem gleichnamigen Vortrag Johanns
erschienen war, erboste den Kaiser und Erzherzog Albrecht
aufs neue. Kronprinz Rudolf, dem der Inhalt der Schrift sehr
zugesagt hatte, schrieb an Johann: »Onkel Albrecht hat wieder mit Papa gesprochen ... Wenn ich etwas sage, wird Papa
nur gereizter. Es ist das Gescheiteste, Du thust Buße und ver-
söhnst den gekränkten Helden von Custozza.«
Das war allerdings nicht leicht, hatte Johann dem alten Erzherzog doch nachgewiesen, daß die Österreicher am 24. Juni
1866 bei Custozza nicht durch Albrechts Heldenhaftigkeit
oder taktisches Geschick, sondern durch puren Zufall einen
glänzenden Sieg errungen hatten...
So nimmt es nicht wunder, daß die Karriere Johanns von
ständigen Versetzungen und Strafen wegen seiner Diszplin-
losigkeit geprägt war. Der Erzherzog konnte Zustände, die er
als unhaltbar erkannt hatte, nicht tolerieren, und er war auch
nicht der Mann, der den Mund hielt; er sagte, was er sich
dachte und kam dadurch notgedrungen immer wieder in
Konflikt mit seinen Vorgesetzten. Dabei hätte der Kaiser in
dem jungen Mann wahrscheinlich einen fähigen, engagierten
und modern denkenden Befehlshaber haben können, aber
Franz Joseph war viel zu sehr sturer Beamter, viel zu sehr
von Mitarbeitern seines Schlages umgeben, als daß er hätte

erkennen können, daß Johann Salvator seiner Zeit voraus war.

In Lemberg, wohin Johann gleichsam in die Verbannung geschickt worden war, steckte man ihn für eine Disziplinlosigkeit sogar einmal für acht Tage in den Arrest, eine Maßnahme, die ihn nach dem Ehrenkodex der Habsburger Erzherzöge tief treffen mußte. Schon die Überstellung ins tiefe Galizien galt als Strafe für lebenslustige junge Offiziere, denn hier sagten sich buchstäblich Fuchs und Hase gute Nacht. Lemberg lag im östlichsten Teil Galiziens, hier gab es keine raffinierten Salons, keine Chambres séparées, keine koketten Ballettratten, keine Delikatessen aus aller Welt, keinen eisgekühlten Champagner. Die Unterkünfte waren äußerst einfach ausgestattet und alles andere als komfortabel, es fehlte an allem, was das Leben etwas angenehmer hätte machen können. Lehmige Straßen, in denen man bei Dauerregen mit Roß und Wagen fast versank und die sich im Sommer in der oft wochenlang anhaltenden Hitze in eine Staubwüste verwandelten, prägten das Bild der Stadt, in der es außer Schnaps und derben Weibern kaum Abwechslung gab.

Johann machte seinen Vorgesetzten auch in Lemberg, wo es ging, Schwierigkeiten. Obwohl sich in Wien Klagen über ihn häuften, beförderte ihn der gnädig gestimmte Kaiser 1874 doch zum Oberstleutnant und schließlich zum Obersten. Ein gewöhnlicher Sterblicher hätte bei einem derartigen Sündenregister wohl kaum diese Karriere gemacht, aber die privilegierte Geburt half über vieles hinweg. Die nächste Station hieß Temesvar, wo er aber auch nicht allzu lange bleiben sollte; 1875 wurde Johann zum Infanterieregiment nach Krakau versetzt. Hier war das Leben ganz anders als in Lemberg; die alte Stadt hatte eine lange kulturelle Tradition, hier konnte man sich durchaus wohlfühlen, und der Weg nach Wien war nicht allzu weit.

Für Johann hatte schon die Abreise aus Wien 1875 nicht die Trennung von allem bedeutet, was ihm bisher lieb und teuer gewesen war. Eine Frau begleitete ihn: gegen den ausdrücklichen Wunsch des Kaisers nahm er seine Geliebte, die Balletttänzerin Ludmilla Stubel, mit. Offiziell reiste sie als seine »Beschließerin«; auch der böswilligste Späher durfte nichts Böses daran finden, wenn auch jeder ahnte, in welcher Funktion die junge, blonde Dame wirklich den Erzherzog begleitete.

Ließ sich Johann schon im Berufsleben wenig sagen, so noch weniger in seinen privaten Angelegenheiten. Wie andere Erzherzöge auch war er schon als ganz junger Mann allerhand Versuchungen ausgesetzt gewesen. Es war nun einmal keine Schande, eine Affäre mit einem Erzherzog zu haben, und auch für den flotten »Schani« hätte so manche Vorstadtschöne ganz gerne ihre Unschuld geopfert, aber auch höhergestellte Damen machten sich erbötig, den jungen Mann in die Künste der Liebe einzuweihen und versprachen in eindeutigen, glühenden Briefen absolute Diskretion. Nun war Johann sicherlich nicht häßlich, aber wohl kein Adonis; aber auch ihm wären die Damen eben gern in die Arme und nicht nur dorthin gefallen, galt doch die Gunst eines Erzherzogs, und wenn es auch nur für kurze Zeit war, als eine Art Auszeichnung. Man wurde begehrt, und nicht von einem gewöhnlichen Sterblichen, sondern von einem Angehörigen des Kaiserhauses! Obwohl der Kaiser oft versucht hatte, das unmoralische Treiben zu unterbinden, war ihm dies nicht gelungen. Sein eigener Sohn war das beste, schlechteste Beispiel für einen solch lockeren Lebenswandel. Über die Affären des Kronprinzen klatschte man in ganz Wien, und dafür mochten ihn die Wiener. Rudolf liebte vor allem die Abwechslung, was sich auch nach seiner Hochzeit mit Stephanie von Belgien nicht änderte, obwohl er sich anfangs redlich bemühte, den treuen Ehemann zu spielen. Die Mädchen aus dem Volk hatten es ihm angetan, sie übten einen unwiderstehlichen Reiz auf den übersättigten Kaisersohn aus, bei ihnen konnte er sich geben, wie er wollte, sie verstanden ihn ohne lange Worte. Mit Mizzi Caspar, der einzigen wirklichen Vertrauten, fuhr Rudolf jede Woche zweimal zu seinem Leibfiaker Bratfisch, dem er besonders zugetan war, um hier in der kleinbürgerlichen, aber gemütlichen Atmosphäre mit großem Appetit Blutwurst mit Sauerkraut oder Rostbraten zu verzehren.

Erzherzog Salvator war weniger leicht entflammbar oder einfach nur überlegter. Denn trotz der zahlreichen Angebote Wiener Damen verliebte er sich als Zwanzigjähriger heftig in eine Engländerin, die er auf einer Mittelmeerreise kennengelernt hatte. Sie war ihm nicht ebenbürtig, und Johann kannte die Einstellung des Kaisers solchen Verbindungen gegenüber. Er glaubte aber, das Glück seines Lebens gefunden zu haben und trug sich schon damals mit dem Gedanken, freiwillig aus dem Kaiserhaus auszuscheiden. Ein einziger Liebesbrief Johanns an seine Angebetete ist erhalten, in dem er sie mit Kosenamen geradezu überhäuft:

»Herzallerliebster Engel ... Du bist meine reizendste Geliebte, mia cara carissima, ma petite chérie, meine süße Rose von Kent...« Johann versprach seiner Geliebten, sie trotz des Standesunterschiedes heiraten zu wollen, und erfand in seiner schwärmerischen Verliebtheit immer neue Möglichkeiten, wie sie gemeinsam ihren Lebensunterhalt verdienen könnten, sollte der Kaiser ihn verstoßen. Am Ende des Briefes standen die vielsagenden Zeilen:

»Ich könnte das Mädchen meiner Wahl in Italien heiraten. Ich wurde in der Toskana geboren, wo die Gesetze der großherzoglichen Familie nur noch tote Buchstaben sind. Da Du nie eine Erzherzogin sein kannst, würde es mich glücklich machen, die Erzherzogswürde zurückzulegen, doch hoffe ich, immer Dein liebes Erzherzoglein zu bleiben.

Johann.

– oder, da Du meinen zärtlichen italienischen Namen magst, Giovanni – aber auf gar keinen Fall (Don) Juan.«

Nach Hause zurückgekehrt, erkalteten die Gefühle des Erzherzogs allerdings sehr bald, und er wandte sich einem anderen Abenteuer zu, das ihn zeit seines Lebens beschäftigen sollte: Bei einer Aufführung in der Hofoper fiel sein Blick auf die junge Balletteuse Ludmilla Stubel, die auf der Bühne die hübschen Beine schwang. Johann konnte den Blick nicht von dem blonden Mädchen wenden und schickte seinen Diener hinter die Bühne, um die unbekannte Tänzerin zu einem Abendessen nach der Vorstellung einzuladen. Die Mädchen vom Ballett waren bei den Erzherzögen beliebt, und für Milli kam die Einladung deshalb nicht überraschend. Sie war zwar etwas naiv, konnte sich aber ganz gut vorstellen, wo so etwas enden würde. Und trotzdem erschien sie nach der Vorstellung mit klopfendem Herzen zum Rendezvous, ohne genau zu wissen, wer der Kavalier war, der sie zu Tisch gebeten hatte.

Es fiel Johann nicht schwer, die unerfahrene kleine Milli für sich zu gewinnen. Wenn er wollte, konnte er sehr charmant und galant sein, und er machte Milli nach allen Regeln der Kunst den Hof. Sie trafen sich immer öfter, und die Tante, welche die Nichte als Anstandsdame behüten sollte, drückte beide Augen zu.

Tatsächlich hatte sich der Erzherzog zunächst bis über beide Ohren in die kleine Tänzerin verliebt, obwohl sie weder außergewöhnlich hübsch noch sonderlich tänzerisch begabt war. Was wie eine harmlose Tändelei begonnen hatte, wurde zur Leidenschaft. Johann suchte jede Gelegenheit, um in Millis Nähe sein zu können, und sprach sogar mit Ludmillas

Mutter. Damit allerdings sprengte er den Rahmen, den der Kaiser bei den Liasons der Erzherzöge gerade noch duldete. Liebschaften konnte er hinnehmen, aber ernsthafte Absichten durfte keiner hegen, das ging entschieden zu weit!

Im Hause Stubel sah man den jungen Erzherzog gern, und auch er fühlte sich in der kleinbürgerlichen Atmosphäre wohl. Bedenkt man, daß es Erzherzöge gab, die ihr höchstes Vergnügen darin sahen, Köchinnen zu Freundinnen zu haben und dann bei ihren Rendezvous in der Küche der Herrschaft zu sitzen und die Wurst aus dem Papier essen zu können, dann kann man sich vielleicht eine Vorstellung davon machen, wie sehr gerade das einfache Leben manchmal die Hochwohlgeborenen lockte.

Milli hatte sich unsterblich in Johann verliebt und suchte ihm in allem und jedem zu gefallen. Aber je mehr sie sich ihm anbiederte, desto zurückhaltender wurde der Erzherzog. Er konnte auf die Dauer keine Frau vertragen, die ihm zu Füßen lag; die arme Milli allerdings hatte nicht den Geist, der ihn faszinieren, nicht die Raffinesse einer Dame, die ihn halten konnte. Alles, was ihn am Anfang ihrer Beziehung entzückt hatte, ihr naives, natürliches Wesen, ihre kindlichen Fragen, ging ihm allmählich auf die Nerven. Mühevoll versuchte er die Geliebte über ihr geistiges Niveau hinauszuheben, ließ ihr Musik- und Gesangsstunden erteilen, engagierte einen Sprachlehrer, der ihren Urwiener Dialekt etwas mildern sollte, er nahm sie in Ausstellungen mit und erklärte ihr die Werke der alten Meister. Milli fügte sich, wo immer sie konnte, aber immer mehr erkannte Johann die Unzulänglichkeiten seiner Geliebten. Er war zu anspruchsvoll, als daß die kleine Millie Stubel ihm wirklich hätte genügen können.

Und doch sollte er ein Leben lang nicht von ihr loskommen. Sie erlebte an seiner Seite mehr düstere als freudvolle Stunden, er ließ sie ihre Abhängigkeit in manchmal geradezu sadistischer Weise spüren, und sie rächte sich auf ihre Art, wo sie nur konnte. Vielleicht war Johann ohnehin zu keiner anderen intensiven Bindung als der zu seiner Mutter fähig. Und für die war Milli Stubel ein Thema, das nicht einmal erwähnt werden durfte.

Als die Affäre des Erzherzogs allmählich in Wien bekannt wurde, glaubte man zunächst an eine Eintagsfliege, die den nächsten Morgen nicht überdauern würde. Als man aber Johann nur noch in Begleitung der kleinen Ballettratte erblickte, zog man allerorten seine Schlüsse daraus, die auch dem Kaiser zu Ohren kamen. Wieder einmal ließ er Johann Salvator kommen und befahl ihm in strengem Ton, das Abenteuer zu beenden. Er mag auf Widerspruch gefaßt gewesen sein und war wohl überrascht, daß der sonst so rebellische Erzherzog sich friedfertig zeigte und überraschend schnell einwilligte, seinem Wunsch zu entsprechen. In Wirklichkeit kam Johann die Forderung des Herrschers gerade recht; er hatte ohnehin genug von der kleinen Tänzerin, die ihn ständig mit ihren Wehwehchen traktierte.

Milli allerdings war keineswegs gewillt, sich so ohne weiteres abschieben zu lassen. Sie wollte um ihn kämpfen, um ihren Schani, ihren »Alterl«, ihren »inniggeliebten Mann«, ihr »Bübchen«, von dem sie sich nichts sehnlicher als ein Kind wünschte. Aber gerade diese Vorstellung entsetzte Johann geradezu, und er hatte ihr streng verboten, zur Behebung ihrer Unfruchtbarkeit auf Kur zu gehen, wie es ihr die Ärzte angeraten hatten.

Johann, nur zu willig, dem Kaiser zu gehorchen, schrieb einen Abschiedsbrief an Milli. Ahnungsvoll übernahm das Mädchen das Schreiben, das ihr ein Diener Johanns überbrachte, öffnete es mit zitternden Händen und las die Worte, wie sie Liebhaber zu allen Zeiten zu Papier bringen, las, wieviel sie Johann einst bedeutet habe, daß er aber nicht anders könne, als dem Wunsch des Kaisers zu entsprechen.

In den nächsten Tagen war die junge Frau kaum ansprechbar; sie hatte sich in ihr Zimmer zurückgezogen, aus dem man von Zeit zu Zeit heftiges Schluchzen vernahm. Der Kummer der Tochter ging Frau Stubel zu Herzen, und sie beschloß, Forderungen an den Erzherzog zu stellen. Schließlich war der Ruf Ludmillas ruiniert, und irgendwie mußte sie doch in Zukunft versorgt sein! Johann sollte der Tochter entweder eine Abfindung in beträchtlicher Höhe zahlen oder eine monatliche Apanage aussetzen, so daß sie sorgenfrei leben konnte.

Johann hörte sich die Vorstellungen von Frau Stubel an – und versprach, sich mit Milli auszusöhnen. Was ihn dazu bewog, wußte er wohl selbst nicht so recht genau. Vielleicht war es die Macht der Gewohnheit, vielleicht Mitleid mit der zu Tode betrübten Milli oder einfach das Vergnügen, sich wieder einmal gegen die Forderungen des Kaisers stellen zu können? Der Erzherzog schenkte jedenfalls Ludmilla einen wunderschönen Blumenstrauß und bat in aller Form um Verzeihung.

Nur zu gern ließ sich das Mädchen dazu bewegen, die alten Beziehungen wieder aufzunehmen; aber es wurde nichts mehr so wie früher. Immer öfter ging Johann seine eigenen Wege, die manchmal abenteuerliche Abwege wurden. Er wußte nun, daß Milli bereit war, ihm alles zu verzeihen, und dies gab ihm einen Freiraum, den er schamlos ausnützte. Hinter dem Rücken seiner Geliebten begann er eine kurze, aber heftige Romanze mit Ludmillas eigener Schwester Lory, einem Vollblutweib, sinnlich, raffiniert und leidenschaftlich. Lange schon hatte sie ein Auge auf den Erzherzog geworfen, ohne daß ihre feurigen, vielsagenden Blicke erwidert worden wären. Es galt nur, ihn in ihre Nähe zu bringen, dann würde er ihr nicht widerstehen können, das wußte sie. Und sie dachte sich nichts dabei, der Schwester den Liebhaber auszuspannen. Der Erzherzog war reich und hatte Einfluß, ihn konnte sie bedenkenlos ausnehmen. Natürlich war es für Lory auch nicht schwer, ihn ins Bett zu locken, und ehe er sich's versah, wurde ihm auch schon die Rechnung präsentiert. Lory forderte für ihre Dienste Geld, und Johann mußte, ob er wollte oder nicht, für seine Untreue zahlen. Von schlechtem Gewissen geplagt, gab er Lory mehr, als sie sich vorgestellt hatte, da er fürchtete, sie würde ihrer Schwester von der Affäre berichten. Je mehr Schweigegeld er aber bezahlte, desto unverschämter forderte Lory, so daß der Erzherzog schließlich erklärte, seine Mittel seien völlig erschöpft.

Obwohl Johann das Verhältnis zu vertuschen suchte, kamen Milli doch Gerüchte zu Ohren, und sie quälte den Geliebten mit ständiger Eifersucht, nicht gerade das geeignete Mittel, ihn zu halten. Aber sie liebte Johann wirklich und wollte ihn unter keinen Umständen verlieren.

Die Mutter Johanns und seine Schwester versuchten währenddessen ununterbrochen, ihn zu einer standesgemäßen Ehe zu überreden. Für ihn allerdings waren »glücklich« und »verheiratet« zwei Begriffe, die einander ausschlossen. Aber obwohl er sich nicht mit Heiratsplänen trug, hatte er sich doch Gedanken gemacht, wie das Mädchen seiner Wahl auszusehen hätte: Es sollte kein Blaustrumpf sein, aber mit vielen Interessen, ein frommes, tugendhaftes Geschöpf, an dem er sich erbauen konnte und durch das er selbst besser zu werden hoffte. Vielleicht erkannte Johann in stillen Stunden, daß er jemanden an seiner Seite brauchte, der ihm Halt geben konnte. Er mußte sich selbst eingestehen, daß er oft zu sehr auf seinen eigenen Vorteil bedacht war, daß sein Verhalten gegenüber dem Kaiser und dem Thronfolger zu unbe-

Johann Orth als Schiffskapitän. Karikatur

Ludmilla Stubel. Photographie

dacht, zu undurchsichtig war. Er war und blieb ein Glücksritter, der dem Namen Habsburg oft keine Ehre machte.

Das zeigte sich vor allem bei seinem dubiosen Abenteuer mit
Prinz Ferdinand von Sachsen-Coburg. Die Abmachungen
auf dem Berliner Kongreß 1878 und die wirren Zustände auf
dem Balkan hatten dazu geführt, daß der erst kürzlich
geschaffene bulgarische Fürstenthron vakant war. Es erwies
sich als schwierig, einen geeigneten Kandidaten zu finden,
der sich bereit erklärte, ein Land zu regieren, das im Kon-
fliktbereich der Großmachtinteressen lag und zudem noch
heillos unterentwickelt, bar jeder Zivilisation geschweige
denn Kultur war. Nachdem Alexander von Battenberg vorübergehend glücklos versucht hatte, die Geschicke des ihm
unbekannten Landes zu lenken, mischte sich Erzherzog
Johann Salvator in die Politik auf dem Balkan. Durch die
Presse brachte er den Namen Ferdinands von Sachsen-
Coburg in Gespräch, von dem er allerdings selbst nicht viel
hielt. Er machte dem Coburger Aussichten, ohne dazu auch
nur im mindesten berechtigt zu sein – all dies hinter dem
Rücken des Kaisers. Das Spiel Johanns war gefährlich, und
niemand schien es recht durchschauen zu können. Die in
seine Pläne Eingeweihten munkelten, daß er selbst den bulgarischen Fürstenthron anstrebe, und die Idee wäre auch gar
nicht so abwegig gewesen, hätte er nicht bei zwei entsprechenden Anfragen ausweichend geantwortet. Vielleicht sah
er in einer Kandidatur eine Chance für die Habsburger; aber
wie auch immer die Gerüchte gingen, Johann liebte die Intrige und mischte munter mit. Sein Engagement erklärte er
damit, daß er sich berechtigte Hoffnungen auf den Oberbefehl in der bulgarischen Armee mache, sollte Ferdinand den
Fürstenthron besteigen.

Aber wie immer, wenn nicht mit offenen Karten gespielt
wird, gab es einen Verlierer, der sich mit Schimpf und Schan-

de bedeckte, und der hieß in diesem Fall Erzherzog Johann Salvator. Ferdinand, der schließlich doch Fürst von Bulgarien geworden war (und 1908 auch zum Zaren gekrönt wurde), dachte nicht daran, sein Heer in die Hände des unzuverlässigen Erzherzogs zu legen. Johanns Rechnung war wieder einmal nicht aufgegangen, diesmal vielleicht sogar zum Nachteil der bulgarischen Armee, die der Erzherzog aufgrund seiner Kenntnisse sicherlich modernisiert und schlagkräftig gemacht hätte.

Natürlich waren die Pläne Johanns auch dem Kaiser nicht verborgen geblieben. Franz Joseph sah es vor allem als unerhörten Vertrauensbruch an, daß Johann ihn für sein Abenteuer um Geld aus dem Familienfonds gebeten hatte, was der Kaiser ihm auch gewährte. Der Monarch meinte nun verbittert: »Ich wollte dem Erzherzog damit eine Wohltat erweisen, und ich guter Kerl bin ihm aufgesessen.« Selbst Kronprinz Rudolf, von dem Johann Verständnis erhofft hatte, zeigte sich über die Anmaßung des Vetters empört. Wütend schrieb er ihm: »Deine bulgarische Geschichte finde ich odios. Ich möchte Dich ganz gerne als Admiral an der Spitze meiner großen österreichisch-ungarischen Flotte sehen (jetzt sind es ja nur ein paar alte qualmende Kasten), aber als Balkanese könntest Du mir zuwieder werden.«

Alle, auch Johann, wußten, daß sein Ruf als Soldat das einzige war, das ihn wirklich auszeichnete. Das mußten Kaiser und Thronfolger neidlos anerkennen; er war bei seiner Truppe beliebt, wenngleich es durch seine oft kontroversiellen Anschauungen nach wie vor immer wieder zu Zwistigkeiten mit den Vorgesetzten kam.

Das änderte sich natürlich, als Johann als Kommandant der dritten Infanterie-Truppendivision in Linz eingesetzt wurde. Hier konnte er nach seinen Vorstellungen schalten und walten, und es dauerte nicht lange, da war der Erzherzog in der oberösterreichischen Stadt so beliebt, daß ihm der Gemeinderat das Ehrenbürgerrecht verlieh.

Diese Auszeichnung fiel fast auf den Tag genau mit der kaiserlichen Bewilligung seines Ansuchens um Enthebung aus dem Militärdienst zusammen. Im September hatte sich Johann zu einem unerhörten Schritt entschieden: Er bat den Kaiser um seinen Abschied aus der k.u.k. Armee. Und Franz Joseph unterzeichnete nur allzu willig das Dekret, das Johann von seinen Pflichten entband. Freilich war dies nur der Anfang. Johann hatte genug von den Fesseln, die ihm die kaiserliche Familie auf Schritt und Tritt anlegte, er suchte nun endgültig die Freiheit, die ihm seine Abkunft bisher verwehrt hatte. Auch seine Mutter konnte ihn von dieser Überzeugung nicht abbringen.

Nur wenig später suchte Erzherzog Johann offiziell um seine Entlassung aus dem habsburgischen Familienverband nach. Unter dem Namen Johann Orth – nach seinem Schloß am Traunsee, das er besonders liebte – wollte er das, wie es ihm schien, vernünftige Leben eines Normalsterblichen führen. Und er konnte Ludmilla Stubel, die immer noch an seiner Seite ein Schattendasein führte, heiraten.

Um das Leben mit Johann war Milli indes nicht zu beneiden. Sein zwiespältiges Wesen drückte sich auch in schwankenden Launen aus. Er zweifelte stets aufs neue daran, ob Ludmilla die Frau fürs Leben sei, und ließ sie diese Zweifel auch weidlich spüren, und immer wieder versuchte er sich von ihr zu lösen. Die eleganteste, wenn auch nicht gerade rücksichtsvollste Methode sah er zeitweise darin, Hals über Kopf zu heiraten, ohne daß die Ärmste von diesem Plan erfuhr. Die Frau dazu war auch schon gefunden: Caroline Gräfin Attems. Der Erzherzog hatte sie durch Zufall kennengelernt und war von ihr hingerissen. Sie verkörperte all das, was er sich in seinen Träumen vorgestellt hatte, sie war schön, geistreich und von Adel, wenn auch nach den habsburgischen Statuten nicht standesgemäß.

Carla, wie ihre Freunde sie nannten, war unbeschreiblich glücklich mit dem Erzherzog, und nur allzu bereitwillig kam ihr »Ja« von den Lippen, als Johann sie um ihre Hand bat. Auch Johanns Mutter, die sich oft genug gegen das Verhältnis mit Milli Stubel ausgesprochen hatte, hieß die zukünftige Schwiegertochter herzlich willkommen. Alle wußten allerdings, daß auch die größte Liebe nicht zur Ehe führen konnte, wenn der Kaiser seine Einwilligung verweigerte.

Nicht unfreundlich empfing Franz Joseph den Toskanaprinzen an diesem Frühlingstag 1883, obwohl er sich – wie bei Johann so oft der Fall – wieder einmal auf eine unliebsame Überraschung gefaßt machen mußte. Nachdem Johann mit eindringlichen Worten seine Bitte vorgetragen und die Gründe für eine Eheschließung mit der Gräfin erläutert hatte, zeigte der Herrscher zunächst ein erstauntes Gesicht; dann aber schüttelte er den Kopf und unterbrach den Erzherzog: »Oho, also das ist es, was du im Sinn hast ... Wenn dir die Sache nicht besonders zu Herzen geht, wäre mein Wunsch, daß du auf diese Idee verzichtest.«

Wie vor den Kopf geschlagen brachte Johann kein Wort mehr heraus, konnte nicht mehr sagen, daß er ohnehin eine morganatische Ehe habe beantragen wollen, daß er gerne für seine Frau und die zukünftigen Kinder auf alle Rechte und Ansprüche verzichte. Die Worte des Kaisers ließen keine Debatte mehr zu. Kannte Franz Joseph denn keine Gefühle mehr? Hatte er nicht selbst aus Liebe geheiratet?

Aber noch war Johann nicht stark genug, den letzten Schritt zu tun und das Kaiserhaus zu verlassen. Und je mehr Zeit verstrich, desto mehr erkalteten auch seine Gefühle für Carla. Jetzt sah Milli Stubel ihre Stunde für gekommen an. Sie hatte ihren Schani nie aufgegeben, und auch wenn er sie oft, und das vor der Dienerschaft, gedemütigt hatte: in ihrem Inneren hatte sie ihm immer wieder verziehen. Er konnte machen, was er wollte: einmal würde er zu ihr zurückkommen. Das fühlte sie. Bei alldem war Milli aber keine stille Dulderin und wehrte sich ihrer Haut, wenn es ihr angebracht schien. So schrieb sie Johann einmal einen deutlichen Brief: »Für die tiefe Demüthigung und Beleidigung, die Du mir angesichts Deiner Diener zufügtest hast Du nur als Entschuldigung das eine Wort ›Ärger‹; wenn jemand Grund zum Ärger hätte so wäre ich es gewesen; warum provozirst Du immer solche Auftritte? Das ich es mit der Zeit satt bekommen muß, ist leicht begreiflich … Du schreibst mein Herz oder die Vernunft soll mich zu Dir zurückführen, ja was das Herz anlangt würde selbes mir sofort sagen in Deine Arme zurückzukehren, aber die Vernunft räth mir zu reiflicher Überlegung, denn weiter so eine unsichere Existenz zu haben als es besonders in der letzten Zeit der Fall war, wo Du mir jede Minute unverblümt zu verstehen gabst, ich kann gehen wenn es mir beliebt, dem will und kann ich mich nicht mehr aussetzen; ich müßte mich vor mir selbst schämen, ewig nur als eine Geduldete (und die sich nur bei Dir anfrißt dies Deine eigenen Worte am Tag unserer letzten Begegnung) … zu leben.«

Tiefe Schatten waren im Laufe der Jahre auf die Beziehung der beiden gefallen. Der Zwist ging oft wochenlang weiter, bis es dann doch wieder zur Versöhnung kam. Sie kamen nicht voneinander los. So schwach Milli schien, im Kampf um ihr Glück zeigte sie eine bewundernswerte Stärke und Konsequenz.

Die Affäre mit der Gräfin Attems gehörte allmählich der Vergangenheit an, Johann war zu Milli zurückgekehrt und behandelte sie fortan besser. War er im Freundeskreis eingeladen, nahm er sie ohne Bedenken mit, und auch auf seinen Seereisen begleitete sie ihn, worüber so mancher Moralapostel die Nase rümpfte. Aber Johann sah über das alles hinweg, als würde es ihn nicht mehr richtig betreffen. Er hatte große, ganz anders geartete Pläne, in die er wahrscheinlich Milli von allem Anfang an einweihte: Der Erzherzog stand an der Schwelle zu einem neuen Leben, zu einem Leben, von dem er seit den Tagen, als er noch unter den Fittichen des Kaisers gestanden war, immer geträumt hatte. Er wollte alle Fesseln, die ihm von Geburt angelegt waren, abstreifen und frei wie ein Vogel, als einfacher Bürger, übers Meer fahren. Mit Überseehandel wollte er sich sein Brot redlich verdienen und nicht wie bisher von der kaiserlichen Apanage ein Luxusleben führen. Und dabei war ihm Milli Stubel auch nicht hinderlich, im Gegenteil: In ihrer bürgerlichen Art konnte sie ihm ein Heim schaffen, wie es Millionen ihr eigen nannten.

Erzherzog Johann, der Sohn des Großherzogs der Toskana, bat den Kaiser also um die Erlaubnis, aus dem habsburgischen Familienverband ausscheiden zu dürfen. In einem Brief vom 8. Oktober 1889 heißt es:

»Ich verzichte demnach freiwillig und unbeeinflußt auf Rang und Stand, indem ich Titel und Rechte eines Erzherzogs sowie meine militärische Charge ehrfurchtsvoll in die Hände Eurer Majestät zurücklege, dagegen Eure Majestät untertänigst bitte, mir einen bürgerlichen Namen verleihen zu wollen. Ferne vom Vaterlande werde ich mir einen Lebenszweck, einen Lebenserwerb, wahrscheinlich zu See, suchen und mir eine bescheidene, aber achtungswerte Stellung zu gründen trachten ... Da ich aber diesen Schritt selbst teuer genug mit meiner ganzen sozialen Existenz – mit allem was Hoffnung und Zukunft heißt, bezahle, werden Eure Majestät zu verzeihen wissen.

Eurer Majestät treugehorsamster Untertan

Erzherzog Johann, FML.«

Das hatte es bis dahin noch nie gegeben: Ein Erzherzog quittierte seinen Dienst, setzte seine Existenz als Mitglied des Erzhauses auf Spiel, um bürgerlich zu werden!

Der Kaiser war wahrscheinlich wie vor den Kopf geschlagen, aber in seiner stoischen Art ließ er auch diese Katastrophe über sich ergehen, ohne großes Aufhebens von der Sache zu machen. Zu viele Probleme hatte ihm Johann in seinem bisherigen bewegten Leben zu lösen gegeben, zu viel Ärger hatte er verursacht. Es war besser, er schied aus dem Haus Habsburg aus, und man war den unliebsamen Patron für immer los. Johann erhielt also schnell das kaiserliche Einverständnis; es durfte zu keinem Skandal kommen, besonders jetzt nicht, wenige Monate nach der Tragödie von Mayerling. Immer noch munkelte man alles mögliche, und auch der Name Johanns war im Zusammenhang mit dem Selbstmord Rudolfs gefallen, freilich ohne einen direkten Zusammenhang zwischen den Vorgängen in der Januarnacht und einem eventuellen Aufenthalt Johanns im Jagdschloß herstellen zu können; der Erzherzog hatte sich in der Zeit, als die Tat geschah, Hunderte Kilometer entfernt in Fiume aufgehalten. Aber in Wien gingen noch immer Gerüchte um, daß die beiden jungen Männer in Umsturzpläne mit den Ungarn verwickelt gewesen wären und daß eine Entdeckung dieser gegen den Kaiser gerichteten Aktionen zum sicheren Tod der beiden hätte führen können.

Der Kaiser genehmigte also die Verzichtserklärung und enthob Johann seiner militärischen Chargen; zudem wurden ihm seine Apanagen gestrichen. Allerdings hatte der Herrscher auch verfügt, daß Johann nicht ohne seine ausdrückliche Genehmigung ins Ausland fahren dürfe. Was dieser Satz für die Pläne Johanns bedeutete, wurde ihm erst klar, als er seine Vorstellungen, Handel mit Südamerika zu betreiben, in die Tat umsetzen wollte. Als Habsburger Erzherzog hatte er keinen Paß besessen und auch nicht benötigt, jetzt aber brauchte er einen, um seine Geschäfte führen zu können. Und damit tauchte auch die Frage der Staatsbürgerschaft auf. Schließlich händigte man Johann in London einen österreichischen Paß für sechs Monate aus, was aber noch nicht bedeutete, daß er damit die österreichische Staatsbürgerschaft besaß, im Gegenteil: man legte ihm nahe, sich um die Schweizer Staatsangehörigkeit zu bemühen. Aber auch die eidgenössischen Behörden kamen einem Johann Orth nicht so sehr entgegen, wie es bei einem Habsburger der Fall gewesen wäre. Noch als Erzherzog hatte Johann, der sich von Kindheit an zum Meer hingezogen fühlte und Seereisen über alles liebte, das Kapitänspatent erworben. Er war sehr stolz gewesen, als er die keineswegs leichte Prüfung abgelegt und den Titel eines »Capitano a lungo corso« erworben hatte. Und nun plante Johann, ein Schiff zu kaufen, um Waren aus Europa nach Südamerika zu transportieren. Auf der Rückreise wollte er dann Salpeter aus Chile laden. Das Kapitänspatent gab ihm eine gewisse Sicherheit zur Durchführung seiner Pläne; allerdings stellten ihm die Schweizer Behörden vor Augen, daß er bei Erhalt der Schweizer Staatsbürgerschaft ebendieses Patent verlieren würde. Johann Orth wandte sich noch einmal an den Kaiser und bat auch die zuständigen Minister, sein Ansuchen um die österreichische Staatsbürgerschaft gnädig zu behandeln. Aber alle seine Wünsche wurden rundweg abgelehnt.

Es sah schlecht aus für die Zukunftspläne des ehemaligen Erzherzogs. Aber er war nicht der Mann, die Flinte so leicht ins Korn zu werfen, er wollte sein Ziel erreichen, und sei es auch mit dem Kopf durch die Wand. Und diese »Alles oder Nichts«-Einstellung kostete ihn schließlich nicht nur seinen Titel, sein Ansehen, sein Vermögen, sondern am Ende auch noch das Leben. Denn so sehr Johann sich auch bemühte, als einfacher Bürgerlicher ein geordnetes Leben zu führen, so wenig gelang es ihm. Irgend etwas stellte sich ihm immer wieder in den Weg, überall tauchten Schwierigkeiten auf, und Johann tat ein übriges, um die Lage noch komplizierter zu machen. Als er sich das erste Schiff gekauft hatte, heuerte er gleichzeitig einen Kapitän namens Sodich mit an. Wahrscheinlich wollte sich Johann Orth nicht so recht auf seine eigenen seemännischen Kenntnisse verlassen und einen erfahrenen Seemann an seiner Seite wissen. Er mußte aber nur zu bald einsehen, daß das Schiff »Caesarea« nicht geeignet war, die weite Strecke über den Atlantik zurückzulegen. In Dünkirchen verkaufte er es und erwarb ein englisches Schiff namens »Saint Margaret«.

Dieses Schiff sollte sein Schicksal werden.

Von Anfang an gab es Aufregungen und Ärger. Johann hatte nicht genügend Bargeld und andere finanzielle Mittel, um das Schiff bezahlen zu können. Zähneknirschend nahm er einen Kredit auf und hoffte, die Schulden nach der ersten Transatlantikfahrt begleichen zu können. Zu allem Überfluß war die »Saint Margaret« in einem bedenklichen Zustand. Sie mußte dringend auf einer Reede in London überholt werden, wollte man sich nicht unnötig in Gefahr begeben.

Endlich war alles soweit, die »Saint Margaret« war vom untersten zum obersten Deck überholt, alle Mängel behoben, und man konnte darangehen, die Fracht zu verladen. Aber immer noch gab es politische Probleme. Das Schiff sollte unter österreichischer Flagge auslaufen, dazu mußte es aber in einem österreichischen Heimathafen registriert sein. Ministerpräsident Eduard Graf Taaffe gab Johann den Rat, die »Saint Margaret« in Triest anzumelden. Monate der Tatenlosigkeit gingen dahin, man mußte auf günstigen Wind und passendes Wetter waren. Als letzter Auslauftermin war der 17. April 1890 festgesetzt worden. Bis dahin sollten alle Formalitäten erledigt sein.

273

Aber mitten in den letzten Vorbereitungen schien es sich Johann Orth wieder einmal anders überlegt zu haben. Am 3. März traf eine Depesche aus Sofia in Wien ein, die wie eine Bombe einschlug: Angeblich sollte sich Johann Orth seit einigen Tagen in Sofia aufhalten, um Fürst Ferdinand dazu zu überreden, ihm eine Leutnantsstelle im bulgarischen Heer zu verschaffen. Als Ferdinand dieses Ansinnen, wahrscheinlich auch mit Rücksicht auf Wien, ablehnte, drohte Johann, sich an die Hohe Pforte zu wenden und in das türkische Heer einzutreten. Aber auch diese Aussicht konnte Ferdinand nicht umstimmen oder gar erschrecken. Vielleicht hatte er den Glücksritter endlich durchschaut und wußte, daß solche Aussagen eher als Trotzreaktionen zu behandeln waren.

Zerknirscht wandte sich Johann nun mit einer Petition an den Kaiser, um eine Bescheinigung für sein Schiff zu bekommen. Franz Joseph antwortete zwar nicht persönlich, gab aber die Anweisung, man möge Johann Orth ein »Passavanti« der königlich ungarischen Seebehörde ausstellen. Damit war das Schiff startklar; die große Reise ins Ungewisse konnte beginnen.

Im Morgengrauen des 26. März 1890 lichtete die »Saint Margaret« den schweren Anker; die Maschinen des Schleppdampfers begannen zu stampfen, und ganz langsam glitt das Schiff die Themse hinunter, dem Meer entgegen. Dicker Nebel lag über dem Fluß, man sah kaum die Hand vor Augen. Plötzlich gab es einen fürchterlichen Krach, Stahl knirschte, und das Schiff wurde von Grund auf durchgeschüttelt. Schreie ertönten, aber immer noch war nicht zu erkennen, was eigentlich geschehen war. Als sich die erste Aufregung gelegt hatte, stellte man fest, daß der englische Dampfer »Theviot« das Schiff gerammt hatte. Die »Saint Margaret« war schwer lädiert, und es bedeutete ein beträchtliches Risiko, die Reise dennoch anzutreten. Für Johann

Orth aber gab es kein Zurück mehr. Er hatte 24 Mann ange-
heuert, vom »Fremden-Blatt« als »österreichische Sklaven«
bezeichnet, die lauter ausgesucht schöne und schneidige
Leute gewesen sein sollen. Für alle Eventualitäten war vorge-
sorgt worden: An Bord gab es ein Observatorium mit genau-
en Karten und präzisen Instrumenten, selbst eine Apotheke
hatte Johann einbauen lassen, um im Krankheitsfall – und
damit mußte man auf einer so langen Reise immer rechnen –
alles Nötige zur Hand zu haben. Die Kajüte Johanns war mit
dem gewohnten Komfort ausgestattet, er wollte auch als
Bürgerlicher nicht auf seine Bequemlichkeit verzichten. Und
zu jedermanns Überraschung prangte an der Wand in voller
Größe – das Bild des Kaisers.
Die »Saint Margaret« war schwer mit Zement beladen, den
man nach La Plata bringen wollte. Johann stellte sich als
Erster Offizier zur Verfügung, das Kommando aber sollte
uneingeschränkt der Kapitän haben.
Von Anfang an fuhr das Pech mit übers Meer. Johann, der
nach außen hin Optimismus ausstrahlte, mußte von bösen
Vorahnungen befallen gewesen sein und mag vielleicht sein
nahes Ende vorausgesehen haben, denn er verfaßte an Bord
ein ausführliches Testament. Milli Stubel, seine langjährige
Geliebte, wurde äußerst großzügig bedacht. Der Erzherzog
hatte sie, da Milli in London nicht persönlich anwesend war,
in der britischen Hauptstadt »per procurationem« geheiratet.
Ursprünglich hätte Milli mit nach Südamerika reisen sollen,
dann aber kaufte Johann für sie eine Karte für einen Passa-
gierdampfer. Sie wollten sich erst wiedersehen, wenn er heil in
Südamerika angekommen war. Und es war gut, daß die Frau
nicht an Bord war, denn ein Ungemach löste das andere ab.
Mitten im Ozean brach durch die unbemerkt gebliebene
Schlamperei eines Matrosen im Schiffsrumpf ein Brand aus,
der nur mit Mühe einzudämmen war. Binnen kurzer Zeit

hatte das Feuer heftig um sich gegriffen, und für Schiff und Besatzung bestand höchste Gefahr. Kaum waren die Löscharbeiten abgeschlossen, als sich der Himmel verfinsterte und schwere Brecher gegen die Planken donnerten, Vorboten eines wütenden Sturmes, während dessen das Schiff mehr als einmal zu kentern drohte. Als der Orkan vorüber war, glaubte man das Ärgste überwunden zu haben; aber nun folgte eine Zeit der absoluten Windstille, und die »Saint Margaret« bewegte sich kaum einen Knoten in der Stunde, sie schien wie festgeschmiedet in der glühenden Sonne vor Anker zu liegen. Endlich, nach einer schier endlosen Fahrt, lief das Schiff in der La-Plata-Mündung ein. In übergroßer Erleichterung telegraphierte Johann am 30. Mai 1890 an seine Mutter: »Felicamente arrivato«. Maria Antonia, die sich zu dieser Zeit in Mühlbach in Tirol aufhielt, konnte erleichtert aufatmen.

Auch Johann hätte nun friedlichere Tage verleben können, wäre es nicht schon während der beschwerlichen Reise auf See zu Unstimmigkeiten zwischen ihm und dem Kapitän gekommen. Sodich warf Johann vor, er behandle ihn als bloße Marionette und reiße die Befehlsgewalt an sich. Die Situation war schließlich so verfahren, daß Sodich von Bord ging. Auch mit dem Zweiten Offizier gab es Schwierigkeiten; der Mann hatte beim Entladen des Schiffes Zahlen gefälscht und 48 Faß zuviel verrechnet; Johann Orth entließ ihn fristlos. Die Mannschaft hatte ihre anfängliche Begeisterung verloren, einer klagte darüber, Angst vor dem Meer zu haben, er wollte in Südamerika bleiben und sich dort ansiedeln; auch ein anderer bat um seinen Abschied. Ein Wort gab das andere, das Beispiel der Offiziere machte Schule, und plötzlich erklärte die gesamte Mannschaft, man wolle »mit diesem Narren« nicht mehr fahren. Johann war gezwungen, eine neue Mannschaft anzuheuern, die das Schiff und seine Tücken nicht kannte.

In der Zwischenzeit war endlich Milli eingetroffen; sie sollte die nächste Fahrt rund um das Kap Horn mitmachen. Für Johann, dem es in Südamerika nicht gefiel, war sie ein Lichtblick, wie ein Gruß aus der fernen Heimat. Er wollte so schnell wie möglich nach Chile, um Salpeter zu laden und dann endlich das Kommando zur Heimreise zu erteilen. Aber zunächst mußte man im Hafen vor Anker liegen, bis eine Antwort aus Wien auf Johanns Ansuchen um Paßverlängerung eintraf. Gottlob ließ dies nicht allzu lange auf sich warten.

Nun stand dem Schiff und seiner neuen Besatzung der schwierigste und gefährlichste Teil der Reise bevor: die riskante Fahrt um das Kap Horn, ein gewagtes Abenteuer zu dieser Jahreszeit – in Südamerika ist im Juli tiefster Winter. Aber Johann konnte und wollte nicht auf bessere Zeiten hoffen. Er schenkte Warnungen kein Gehör und schlug alle gutgemeinten Ratschläge in den Wind. Die Anker wurden gelichtet, das Schiff glitt langsam aus der La-Plata-Mündung in die offene See hinaus – und verschwand für immer.

Augenzeugen berichteten, daß man Teile eines Wracks, Bretter und Planken, in der Nähe von Kap Tres Puntas gesichtet habe. Wahrscheinlich trieben hier die Reste der »Saint Margaret« im Meer. Das Schiff war vermutlich in der Nacht vom 20. auf den 21. Juli in einen Orkan gekommen, den niemand überlebte. Das Schicksal des ehemaligen Erzherzogs, der als Bürger Johann Orth eine Lebensaufgabe gefunden zu haben glaubte, und seiner treuen Lebensgefährtin Ludmilla hatte sich erfüllt.

Wie immer, wenn ein Habsburger auf geheimnisvolle Weise ums Leben gekommen war, rankten sich auch um den Tod Johann Orths zahlreiche Legenden. Man wollte nicht wahrhaben, daß dieser ungewöhnliche Mensch einen ganz gewöhnlichen Seemannstod gefunden hatte. Für so manchen lebte er noch jahrelang an der Seite seiner Milli Stubel als Bauer oder Farmer in Südamerika weiter, andere wollten ihn sogar in Wien gesehen haben. Auch die Behörden ließen sich reichlich Zeit und erklärten Johann Orth erst am 6. Mai 1911 offiziell für tot.

Johann hatte seine Prophezeiung der Gräfin Larisch gegenüber wahr gemacht: Er war gestorben, ohne tot zu sein.

Literaturhinweise

Anders, F. / Eggert, Kl.: Maximilian von Mexiko. St. Pölten – Wien 1982

Andics, Hellmut: Die Frauen der Habsburger. Wien – München – Zürich 1969

Baltazzi-Scharschmid, Heinrich / Swistun, Hermann: Die Familien Baltazzi-Vetsera im kaiserlichen Wien. Wien – Graz 1980

Bayer, Erich: Wörterbuch zur Geschichte. Stuttgart 1960

Becker, A.M.: Die letzten Tage und der Tod Maximilians II. Wien 1877

Bezoni, Juliette: Die Frauen waren ihr Schicksal. München 1947

Bibl, Viktor: Die Korrespondenz Maximilians II. 2 Bände 1564–1567. In: Veröffentlichungen der Kommission für Neuere Geschichte Österreichs, Band 14 und 16, Wien 1916–1921.

Bibl, Viktor: Der Tod des Don Carlos. Wien – Leipzig 1918

Bibl, Viktor: Das Don Carlos Problem im Lichte der neuesten Forschungen. In: Historische Blätter, Band 1, 1921

Bibl, Viktor: Kaiser Franz, der letzte römisch-deutsche Kaiser. Leipzig – Wien 1938

Bibl, Viktor: Maximilian II., deutscher Kaiser. Leipzig 1929

Bourgoing, Jean de: Marie Louise von Österreich – Kaiserin der Franzosen – Herzogin von Parma. Wien – Zürich 1949

Briefe und Akten zur Geschichte des sechzehnten Jahrhunderts, mit besonderer Rücksicht auf Bayerns Fürstenhaus. Band 1–5, bearb. von Druffel und Walter Goetz. München 1873–1898

Büdinger, M.: Don Carlos Haft und Tod. Wien 1891

Conte Corti, Egon Caesar: Kaiser Franz Joseph. 3 Bände, Wien 1950–1955

Conte Corti, Egon Caesar: Maximilian von Mexiko. Wien 1978

Conte Corti, Egon Caesar: Maximilian und Charlotte von Mexiko. 2 Bände, Zürich – Leipzig – Wien 1924

Conte Corti, Egon Caesar: Vom Kind zum Kaiser. Graz – Salzburg – Wien 1950

Chroust, Anton: Aus den letzten Tagen des Kaisers Rudolf II. Aufsätze und Vorträge. Leipzig 1939

Evans, R.J.W.: Das Werden der Habsburgermonarchie 1550 – 1700. Graz – Wien – Köln 1986

Evans, R.J.W.: Rudolf II. Graz – Wien – Köln 1980

Fichtenau, Heinrich: Der junge Maximilian (1459–1482). Wien 1959

Fiedler, J.: Die Relationen der Botschafter Venedigs über Deutschland und Österreich im XVI. Jahrhundert. In: Fontes rerum Austriacarum, II. Abt., Band 30

Flesch-Brunningen, Hans: Die letzten Habsburger in Augenzeugenberichten. Düsseldorf 1967

Gachard, I.P. (Hg.): Phillip II. von Spanien in Briefen an seine Töchter. München 1947.

Gebhard, Bruno: Handbuch der deutschen Geschichte. 4 Bände, Stuttgart 1954

Gillet, J.F.A.: Crato von Crafftheim und seine Freunde. 2 Bände, Frankfurt / Main 1860–1861

Gindeley, Anton: Rudolf II. und seine Zeit, Prag 1868

Größing, Helmuth / Stuhlhofer, Franz: Versuch einer Deutung der Rolle der Astrologie in den persönlichen und politischen Entscheidungen einiger Habsburger des Spätmittelalters. Wien 1980

Größing, Sigrid-Maria: Amor im Hause Habsburg. Wien 1990

Habsburg, Otto: Karl V. Wien – München 1979

Hamann, Brigitte: Rudolf, Kronprinz und Rebell. Wien 1978

Hamann, Brigitte (Hg.): Die Habsburger. Ein biographisches Lexikon. Wien 1988

Hamann, Brigitte: Mit Kaiser Max in Mexiko. Wien – München 1983

Hantsch, Hugo: Die Geschichte Österreichs 1618–1916. Graz 1937–1969

Havemann, W.: Don Juan d'Austria. Gotha 1865

Heilmeyer, L. (Hg.): Rezepttaschenbuch. Jena 1950

Heyck, Ed.: Kaiser Maximilian I. Bielefeld – Leipzig 1898

Hirn, Josef: Erzherzog Ferdinand II. von Tirol. Innsbruck 1885–1887

Holtzmann, Robert: Kaiser Maximilian II. bis zu seiner Thronbesteigung (1527–1564). Berlin 1903

Hofmann, Christian: Das spanische Hofzeremoniell von 1500–1700. Frankfurt 1985

Holzer, Hans: Der Fluch über dem Hause Habsburg. München 1981

Ketösy, Graf M.: Habsburgische Mesalliancen und Liebesaffairen im 19. Jahrhundert. Leipzig 1900

Khevenhüller-Metsch, Georg: Geheimes Tagebuch 1548–1605

Kühn, Joachim: Das Ende des maximilianischen Kaiserreiches in Mexiko. Göttingen – Berlin – Frankfurt 1965

Kuhn, Annette / Rüsen, Jörn (Hg.): Frauen in der Geschichte. Düsseldorf 1982

Leitner, Thea: Habsburgs vergessene Kinder. Wien 1989

Leitner, Thea: Habsburgs verkaufte Töchter. Wien 1987

Lexikon der Astrologie. Freiburg 1981

Lhotzky, Alphons: Das Haus Habsburg. Wien 1971

Louise, Prinzessin von Coburg: Throne, die ich stürzen sah. Wien 1926

Lyons, A.S. / Petrucelli, R.J.: Die Geschichte der Medizin im Spiegel der Kunst. Köln 1980

Mann, Golo: Wallenstein. Frankfurt / Main 1971

Marie Louise: Briefe. München o. J.

McGuigan, Dorothy Guis: Familie Habsburg. München – Wien – Zürich 1967

Mecenseffy, Grete: Maximilian II in neuer Sicht. In: Jahrbuch für die Geschichte des Protestantismus in Österreich 92 / 1976

Mraz, Gerda: Rudolf II. und seine Brüder. In: Katalog der Ausstellung »Renaissance in Österreich. Geschichte, Wissenschaft und Kunst.« Horn 1974

Morton, H.V.: Wanderungen in Spanien. Frankfurt 1968

Palmer, Alan: Metternich. London 1972

Pfandl, Ludwig: Philipp II. München 1969

Prag um 1600. Kunst und Kultur am Hofe Kaiser Rudolfs II. Wien 1988 (Ausstellungskatalog)

Rabl, Elisabeth: Das Bild der Habsburger in den venetianischen Gesandtschaftsberichten und Finalrelationen. Unveröffentlichte Seminararbeit, Salzburg 1979

Ranke, Leopold von: Savonarola, Geschichte des Don Carlos, Die großen Mächte. Leipzig 1938

Ranke, Leopold von: Deutsche Geschichte im Zeitalter der Reformation. Band 5, Leipzig 1881

Redlich, Oswald: Das Werden einer Großmacht. Baden 1938

Reifenscheid, Richard: Die Habsburger in Lebensbildern. Graz – Wien – Köln 1982

Ritter, Moritz: Deutsche Geschichte im Zeitalter der Gegenreformation und des Dreißigjährigen Krieges. Stuttgart 1983

Ritter, Rudolf: Unsterbliche Romanzen. Mühlacker 1974

Schaeffer, Emil: Habsburger schreiben Briefe. Leipzig 1935

Schiel, Irmgard: Marie Louise. Eine Habsburgerin für Napoleon. Stuttgart 1983

Schimmelpfennig: Crato Johannes (Kraft) v. Crafftheim: In: Allgemeine Deutsche Biographie, Band IV, Leipzig 1876

Schlosser, Julius von: Die Kunst und Wunderkammern der Spätrenaissance. Leipzig 1908

Schnürer, Franz: Habsburger Anekdoten. Stuttgart 1906

Schwarzenfeld, Gertrude von: Rudolf II. München 1979

Seligmann, Kurt: Das Weltreich der Magie. Wiesbaden 1979

Senfelder, L.: Kaiser Maximilians II. letzte Lebensjahre und Tod. In: Blätter des Vereins für Landeskunde in Niederösterreich, Band 32, 1898

Sutter Fichtner, Paula: Ferdinand I. Graz – Wien – Köln 1986

Tritsch, Walter: Metternich und sein Monarch. Darmstadt 1952

Wallersee, Maria Freiin von: Meine Vergangenheit. Berlin 1913

Weissensteiner, Friedrich: Die anderen Habsburger. Wien 1987

Weissensteiner, Friedrich: Ein Aussteiger aus dem Kaiserhaus. Johann Orth. Wien 1985

Wiesflecker, Hermann: Kaiser Maximilian I. Wien 1971–1986

Wiesflecker, Hermann: Friedrich III. und der junge Maximilian. Wiener Neustadt 1966

Wölfling, Leopold: Habsburger unter sich. Berlin 1921.

Wostry, Wilhelm: Kaiser Rudolf II., der Sonderling in der Prager Burg.
In: Prager Jahrbuch 1943

Zierl, Antonia: Kaiserin Eleonore und ihr Kreis. Unveröffentlichte
Dissertation, Wien 1966

Zöllner, Erich: Geschichte Österreichs. 5. Aufl., Wien 1974

Register

283

Rudolf I.
Kg. 1273–1291
∞ 1. Gertrud (Anna) v. Hohenberg
2. Elisabeth (Agnes) v. Burgund

Hartmann † 1281

Rudolf II. † 1290
∞ Agnes v. Böhmen

Johann (Parricida) † 1313

1. **Albrecht I.**
Hg. 1282, Kg. 1298–1308
∞ Elisabeth v. Görz-Tirol

Rudolf III.
Hg. 1298
Kg. v. Böhmen 1306–1307
∞ 1. Blanka v. Frankreich
2. Elisabeth v. Polen

Friedrich I. (III.)
Hg. 1308, Kg. 1322 † 1330
∞ Isabella (Elisabeth) v. Aragon

Friedrich III. † 1362

Leopold I. † 1326
∞ Katharina v. Savoyen

Albrecht II.
Hg. 1330–1358
∞ Johanna v. Pfirt

Otto
Hg. 1330–1339
∞ 1. Elisabeth v. Bayern
2. Anna v. Böhmen

1. Friedrich II. † 1344

2. Friedrich II. † 1344

Leopold II. † 1344

Rudolf IV.
Hg. 1358–1365
∞ Katharina v. Luxemburg

← *Albertiner*

Leopoldiner →

Albrecht III.
Hg. 1365–1395
∞ 1. Elisabeth v. Luxemburg
2. Beatrix v. Hohenzollern

Leopold IV.
(1386), 1395–1411
∞ Katharina v. Burgund

Wilhelm
Hg. 1386–1406
∞ Johanna v. Anjou-Neapel

Ernst (d. Eiserne)
Hg. (1386), 1402–1424
∞ 1. Margarete v. Pommern
2. Cymburgis v. Masowien

Leopold III.
Hg. 1370 (1379)–1386
∞ Viridis Visconti

Tiroler Linie

Friedrich IV.
Hg. (1402), 1406–1439
∞ 1. Elisabeth v. d. Pfalz
2. Anna v. Braunschweig

Albrecht IV.
Hg. 1395–1404
∞ Johanna v. Bayern

Albrecht V. (II.)
Hg. (1404) 1411,
Kg. v. Böhmen
u. Ungarn 1437,
dt. Kg. 1438. † 1439
∞ Elisabeth v.
Luxemburg

Ladislaus Postumus
1440, bzw. 1452
Kg. v. Ungarn
1453 Kg. v. Böhmen
† 1457

2. **Friedrich V. (III.)**
Innerösterr. 1439
Kg. 1440, K. 1452–1493
∞ Eleonora (Helena) v. Portugal

Albrecht VI.
† 1463
Vorlande 1446
Oberösterr. 1458
Niederösterr. 1461
∞ Mechthild v. d. Pfalz

2. Siegmund
Tirol u. Vorlande
(1439) 1446–1490 (Verzicht) † 1496
∞ 1. Eleonore
v. Schottland
2. Katharina v. Sachsen

Maximilian I.
Kg. 1486, K. 1508–1519
∞ 1. Maria v. Burgund
2. Bianca Maria Sforza

1. Philipp I.

Margarete † 1530

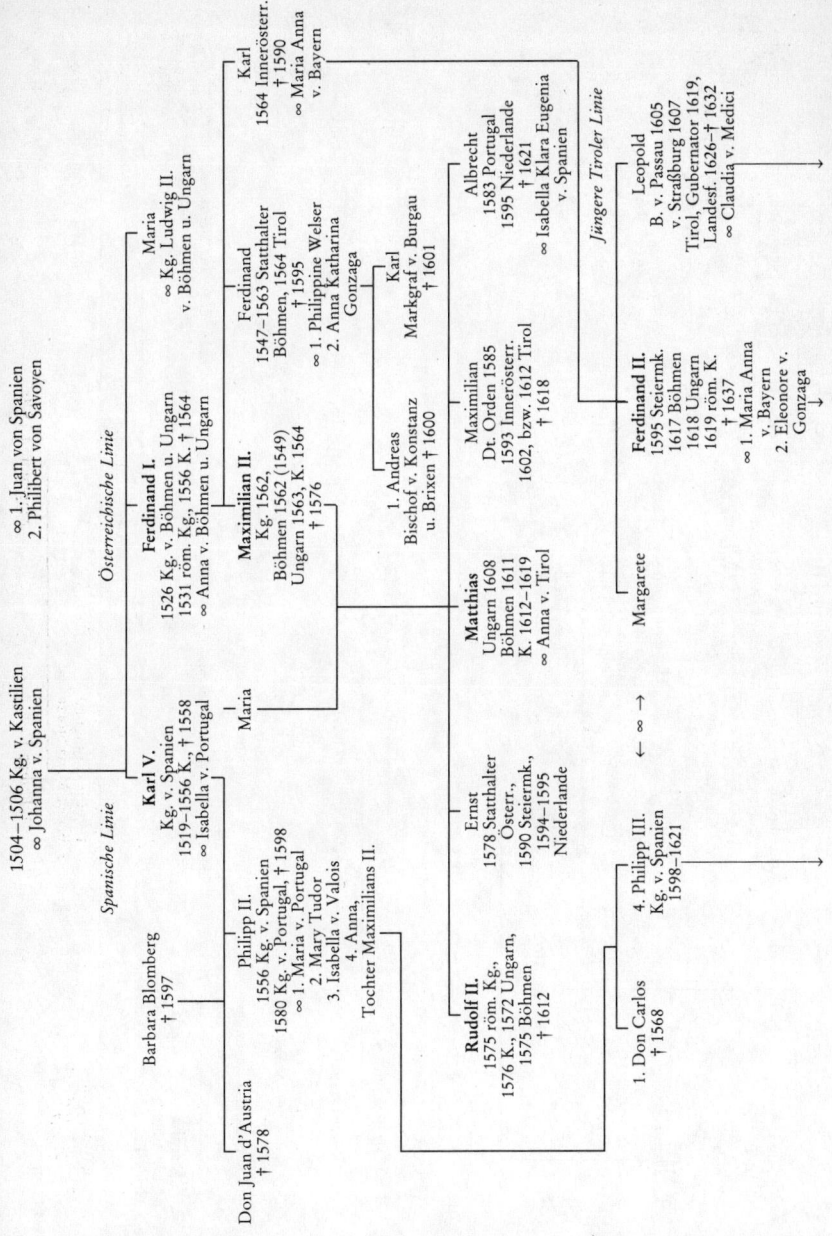

1504–1506 Kg. v. Kastilien
∞ Johanna v. Spanien

Maria
∞ 1. Juan von Spanien
2. Philibert von Savoyen

Österreichische Linie

Karl
1564 Inneröster.
† 1590
∞ Maria Anna
v. Bayern

Maria
∞ Kg. Ludwig II.
v. Böhmen u. Ungarn

Ferdinand I.
1526 Kg. v. Böhmen u. Ungarn
1531 röm. Kg., 1556 K. † 1564
∞ Anna v. Böhmen u. Ungarn

Ferdinand
1547–1563 Statthalter
Böhmen, 1564 Tirol
† 1595
∞ 1. Philippine Welser
2. Anna Katharina
Gonzaga

Albrecht
1583 Portugal
1595 Niederlande
† 1621
∞ Isabella Klara Eugenia
v. Spanien

Jüngere Tiroler Linie

Leopold
B. v. Passau 1605
v. Straßburg 1607
Tirol, Gubernator 1619,
Landesf. 1626–† 1632
∞ Claudia v. Medici
→

Karl V.
Kg. v. Spanien
1519–1556 K., † 1558
∞ Isabella v. Portugal

Maximilian II.
Kg. 1562,
Böhmen 1562 (1549)
Ungarn 1563, K. 1564
† 1576

Karl
Markgraf v. Burgau
† 1601

Maximilian
Dt. Orden 1585
1593 Inneröster.
1602, bzw. 1612 Tirol
† 1618

1. Andreas
Bischof v. Konstanz
u. Brixen † 1600

Ferdinand II.
1595 Steiermk.
1617 Böhmen
1618 Ungarn
1619 röm. K.
† 1637
∞ 1. Maria Anna
v. Bayern
2. Eleonore v.
Gonzaga
→

Spanische Linie

Maria

Matthias
Ungarn 1608
Böhmen 1611
K. 1612–1619
∞ Anna v. Tirol

← ∞ → →

Margarete

Barbara Blomberg
† 1597

Philipp II.
1556 Kg. v. Spanien
1580 Kg. v. Portugal, † 1598
∞ 1. Maria v. Portugal
2. Mary Tudor
3. Isabella v. Valois
4. Anna,
Tochter Maximilians II.

Ernst
1578 Statthalter
Österr.,
1590 Steiermk.
1594–1595
Niederlande

4. Philipp III.
Kg. v. Spanien
1598–1621
→

Don Juan d'Austria
† 1578

Rudolf II.
1575 röm. Kg.,
1576 K., 1572 Ungarn,
1575 Böhmen
† 1612

1. Don Carlos
† 1568

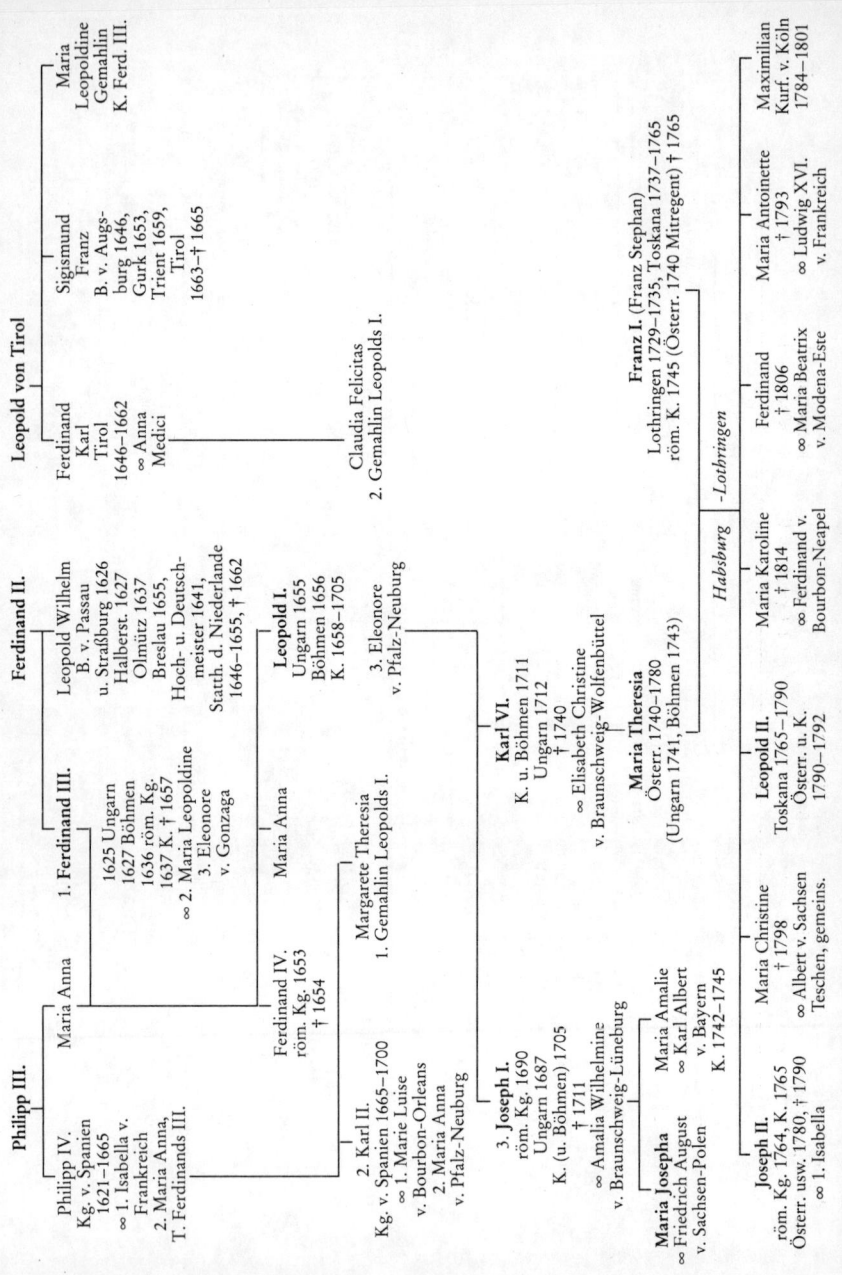

Leopold von Tirol

Maria Leopoldine
Gemahlin
K. Ferd. III.

Sigismund Franz
B. v. Augsburg 1646,
Gurk 1653,
Trient 1659,
Tirol
1663–† 1665

Ferdinand Karl
Tirol
1646–1662
∞ Anna Medici

Claudia Felicitas
2. Gemahlin Leopolds I.

Maximilian
Kurf. v. Köln
1784–1801

Maria Antoinette
† 1793
∞ Ludwig XVI.
v. Frankreich

Ferdinand
† 1806
∞ Maria Beatrix
v. Modena-Este

Franz I. (Franz Stephan)
Lothringen 1729–1735, Toskana 1737–1765
röm. K. 1745 (Österr. 1740 Mitregent) † 1765

-Lothringen

Ferdinand II.

Leopold Wilhelm
B. v. Passau
u. Straßburg 1626
Halberst. 1627
Olmütz 1637
Breslau 1655,
Hoch- u. Deutsch-
meister 1641,
Statth. d. Niederlande
1646–1655, † 1662

Leopold I.
Ungarn 1655
Böhmen 1656
K. 1658–1705
3. Eleonore
v. Pfalz-Neuburg

Maria Anna

Maria Karoline
† 1814
∞ Ferdinand v.
Bourbon-Neapel

Habsburg

Philipp III.

Maria Anna

1. **Ferdinand III.**
1625 Ungarn
1627 Böhmen
1636 röm. Kg.
1637 K. † 1657
∞ 2. Maria Leopoldine
3. Eleonore
v. Gonzaga

Maria Anna

Margarete Theresia
1. Gemahlin Leopolds I.

Ferdinand IV.
röm. Kg. 1653
† 1654

Karl VI.
K. u. Böhmen 1711
Ungarn 1712
† 1740
∞ Elisabeth Christine
v. Braunschweig-Wolfenbüttel

Maria Theresia
Österr. 1740–1780
(Ungarn 1741, Böhmen 1743)

Philipp IV.
Kg. v. Spanien
1621–1665
∞ 1. Isabella v.
Frankreich
2. Maria Anna,
T. Ferdinands III.

2. Karl II.
Kg. v. Spanien 1665–1700
∞ 1. Marie Luise
v. Bourbon-Orleans
2. Maria Anna
v. Pfalz-Neuburg

3. **Joseph I.**
röm. Kg. 1690
Ungarn 1687
K. (u. Böhmen) 1705
† 1711
∞ Amalia Wilhelmine
v. Braunschweig-Lüneburg

Maria Amalie
∞ Karl Albert
v. Bayern
K. 1742–1745

Leopold II.
Toskana 1765–1790
Österr. u. K.
1790–1792

Maria Christine
† 1798
∞ Albert v. Sachsen
Teschen, gemeins.

Maria Josepha
∞ Friedrich August
v. Sachsen-Polen

Joseph II.
röm. Kg. 1764, K. 1765
Österr. usw. 1780, † 1790
∞ 1. Isabella

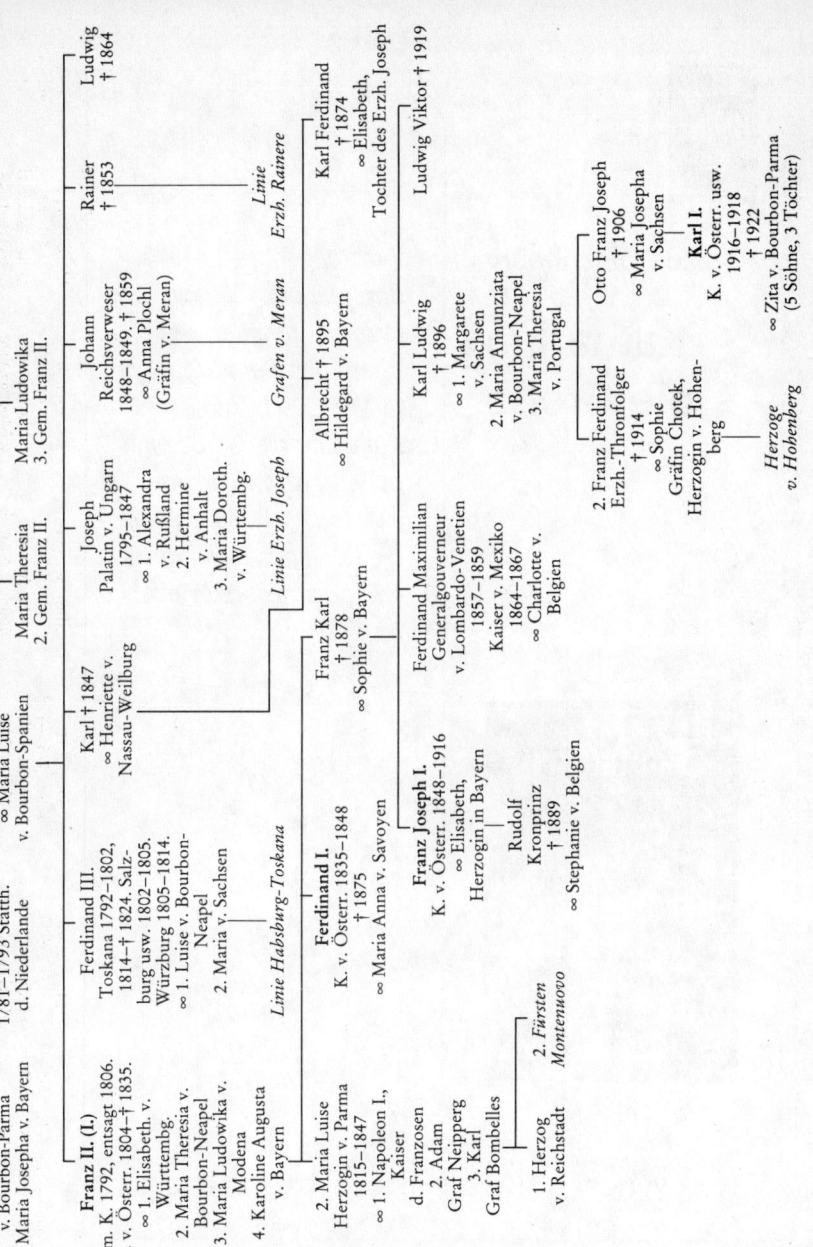

v. Bourbon-Parma
2. Maria Josepha v. Bayern

Franz II. (I.)
röm. K. 1792, entsagt 1806.
K. v. Österr. 1804–† 1835.
∞ 1. Elisabeth. v. Württembg.
2. Maria Theresia v. Bourbon-Neapel
3. Maria Ludowika v. Modena
4. Karoline Augusta v. Bayern

1781–1793 Statth. d. Niederlande

∞ Maria Luise v. Bourbon-Spanien

Ferdinand III.
Toskana 1792–1802, 1814–† 1824. Salzburg usw. 1802–1805. Würzburg 1805–1814.
∞ 1. Luise v. Bourbon-Neapel
2. Maria v. Sachsen

Linie Habsburg-Toskana

Karl † 1847
∞ Henriette v. Nassau-Weilburg

Maria Theresia
2. Gem. Franz II.

Maria Ludowika
3. Gem. Franz II.

Joseph
Palatin v. Ungarn 1795–1847
∞ 1. Alexandra v. Rußland
2. Hermine v. Anhalt
3. Maria Doroth. v. Württembg.

Linie Erzh. Joseph

Johann
Reichsverweser 1848–1849. † 1859
∞ Anna Plochl (Gräfin v. Meran)

Grafen v. Meran

Rainer
† 1853

Ludwig
† 1864

Linie Erzh. Rainere

Karl Ferdinand
† 1874
∞ Elisabeth, Tochter des Erzh. Joseph

Albrecht † 1895
∞ Hildegard v. Bayern

Ludwig Viktor † 1919

Ferdinand I.
K. v. Österr. 1835–1848
† 1875
∞ Maria Anna v. Savoyen

Franz Karl
† 1878
∞ Sophie v. Bayern

Franz Joseph I.
K. v. Österr. 1848–1916
∞ Elisabeth, Herzogin in Bayern

Rudolf
Kronprinz
† 1889
∞ Stephanie v. Belgien

Ferdinand Maximilian
Generalgouverneur v. Lombardo-Venetien 1857–1859
Kaiser v. Mexiko 1864–1867
∞ Charlotte v. Belgien

Karl Ludwig
† 1896
∞ 1. Margarete v. Sachsen
2. Maria Annunziata v. Bourbon-Neapel
3. Maria Theresia v. Portugal

2. Franz Ferdinand
Erzh.-Thronfolger
† 1914
∞ Sophie Gräfin Chotek, Herzogin v. Hohenberg

Herzoge v. Hohenberg

Otto Franz Joseph
† 1906
∞ Maria Josepha v. Sachsen

Karl I.
K. v. Österr. usw. 1916–1918
† 1922
∞ Zita v. Bourbon-Parma
(5 Söhne, 3 Töchter)

2. Maria Luise
Herzogin v. Parma 1815–1847
∞ 1. Napoleon I., Kaiser d. Franzosen
2. Adam Graf Neipperg
3. Karl Graf Bombelles

1. Herzog v. Reichstadt

2. *Fürsten Montenuovo*

Zoé Oldenbourg

Katharina die Große

*Ihre Zeitgenossen -
darunter auch Voltaire und
Diderot - nannten sie
„Stern des Nordens", doch
für die Geschichte ist
Katharina die Große eine
außergewöhnliche wie
zwiespältige Herrscherin,
die Rußlands Stellung als
europäische Großmacht
festigte.*

19/353

Heyne-Taschenbücher

Österreich

Land der Musik

Der Walzerkönig

Ein begnadeter Künstler

19/550

19/461

Die Biographie des großen Musikers, das Bild seiner Epoche und das Porträt der Strauß-Familie, der legendären Walzerdynastie.

Leben und Werk des genialen Musikers und Komponisten, des großen Liedschöpfers und Symphonikers Franz Schubert.

Heyne-Taschenbücher